跨文化视域下
高校来华留学生
教育管理问题研究

袁海萍　著

上海财经大学出版社
SHANGHAI UNIVERSITY OF FINANCE & ECONOMICS PRESS

图书在版编目(CIP)数据

跨文化视域下高校来华留学生教育管理问题研究/袁海萍著. 一上海:上海财经大学出版社,2024.5

ISBN 978-7-5642-4333-3/F·4333

Ⅰ.①跨…　Ⅱ.①袁…　Ⅲ.①高等学校-留学生-教育管理-研究-中国　Ⅳ.①G648.9

中国国家版本馆 CIP 数据核字(2024)第 051497 号

本书获得上海财经大学中央高校"双一流"建设引导专项资金、中央高校基本科研业务费及上海财经大学国际商务汉语教学与资源开发基地资助出版。

□ 责任编辑　马伟国
□ 封面设计　张克瑶

跨文化视域下高校来华留学生教育管理问题研究

袁海萍　著

上海财经大学出版社出版发行

(上海市中山北一路 369 号　邮编 200083)

网　　址:http://www.sufep.com

电子邮箱:webmaster @ sufep.com

全国新华书店经销

上海颛辉印刷厂有限公司印刷装订

2024 年 5 月第 1 版　2024 年 5 月第 1 次印刷

710mm×1000mm　1/16　15 印张(插页:2)　212 千字

定价:78.00 元

前　言

　　放眼当今时代,跨文化交流的重要性日趋凸显,留学生教育市场国际竞争日益激烈,如何进一步提升来华留学生教育管理质量,服务高校"双一流建设"和国家外交战略大局,加快建成"留学强国",实现留学生教育的政治、经济、外交、文化等综合价值,已成为我国高校面临的重大而紧迫的课题。习近平总书记在全国高校思想政治工作会议上强调,"要把思想政治工作贯穿教育教学全过程,开创我国高等教育事业发展的新局面"。毋庸置疑,留学生的教育管理工作是高校思想政治教育工作的重要组成部分,提升来华留学生教育管理质量,增强其针对性和有效性,是加强和改进高校思想政治教育工作的内在要义和客观要求。本书就是在这一时代背景下,基于跨文化视域对来华留学生的教育管理问题进行研究与探索。

　　本书设计了"一个核心理论,两个研究视角,三个分析向度,四大关键要素"的内容架构和分析理路。具体来说,一是将跨文化这一核心理论的分析框架和研究方法贯穿于本书研究的始终,将之融入来华留学生教育管理的各个环节展开系统考量,无论是留学生教育管理现状的梳理还是破解思路的构建,均体现跨文化理论对教育实践的观照和指导。二是从国际到国内、从历史到现实这两大视角,对来华留学生教育的发展历史进行审视,对现状与问题加以多层面的深刻剖析。三是紧紧围绕跨文化理论中的"跨文化差异、跨文化交流和跨文化适应"三个分析向度进行理论阐释与问题归因。其中,重点梳理提炼了跨文化差异中的高、低语境文化理论和文化模式类型理论,跨文化交流中的语言与非语言交流、影响跨文化交流的心理障碍,以及跨文化适应、跨文化调整、跨文化训练等理论内容与问题。四是从"文化、环境、人、管理"(CEPM)这四大关键要素切入,搭建了"文化、环境、人、管理"这一 CEPM 分析模型,对来华留学生教育的难题、背后的成因和解决的对策展开深入研究。

研究逻辑总体上遵循"跨文化差异—跨文化交流—跨文化适应"的理论证成逻辑和"从问题意识到对策研究再到创新发展"的实践导向逻辑进行论证。突出问题导向,体现系统思维,注重多维视域,运用精细化思维和类型化研究方法,力争对来华留学生教育管理中的难题进行精准分析,尝试应用交叉学科理论对出路与对策进行深入论证与探索。研究的出发点和落脚点就是要力争客观地总结和提炼来华留学生教育管理中的历史经验,多向度、有针对性地分析现存的难题,最终为有效提升来华留学生教育管理的有效性提供理论支撑和实践指引,为反思、优化、改革、创新现行教育管理体制与管理方法提供新视角。

目　录

导　论

　　接收和培养来华留学生,向全世界推广汉语和中国文化,是我国的基本国策之一,也是贯彻落实习近平总书记关于构建人类命运共同体重要论述的重要载体。在 2014 年 12 月召开的全国留学工作会议上,习近平总书记强调,"留学工作要适应国家发展大势和党和国家工作大局……要培养造就更多优秀人才,努力开创留学工作新局面,为实现'两个一百年'奋斗目标、实现中华民族伟大复兴的中国梦不断作出新的更大的贡献"[①]。党和国家一系列纲领性文件也对来华留学教育的重要性进行了强调,为贯彻落实《国家中长期教育改革和发展规划纲要(2010—2020 年)》,推动来华留学工作的进一步发展,教育部还于 2010 年专门制定了《留学中国计划》,提出"到 2020 年,要使我国成为亚洲最大的留学目的地国家"[②]。多年来,我国高校来华留学生教育得到了快速发展,规模持续扩大、结构逐步优化,留学生管理服务水平也不断上升。然而,要达到服务我国高校的"双一流"建设,服务国家外交战略的大局,打造留学中国的国际教育品牌的目标,当前高校来华留学生教育还有较大的差距。

　　当前高校普遍采用来华留学生院系二级管理模式,中外学生之间交流交往频繁,高校来华留学生已经成为高校开展学生工作的重要目标群体。毋庸置

---

　　① 全国留学工作会议召开 习近平作出重要指示 李克强作出批示[EB/OL]. (2014-12-13)[2023-01-01]. http://www.gov.cn/xinwen/2014-12/13/content_2790506.htm.

　　② 教育部. 教育部《关于印发〈留学中国计划〉的通知》(教外来〔2010〕68 号)[A/OL]. (2010-09-21)[2024-01-01]. https://www.gov.cn/zwgk/2010-09/28/content_1711971.htm.

疑,留学生的教育管理工作是高校思想政治教育工作的重要组成部分,提升来华留学生教育管理质量,增强其针对性和有效性,是加强和改进高校思想政治教育工作的内在要义和客观要求。高校对留学生开展的宣传思想工作也是国家对外宣传工作不可或缺的一环。在 2013 年 8 月 19 日召开的全国宣传思想工作会议上,习近平总书记指出,要"精心做好对外宣传工作,创新对外宣传方式,着力打造融通中外的新概念新范畴新表述,讲好中国故事,传播中国声音"。因此,对留学生开展宣传思想工作也非常有必要性。简言之,来华留学生方面的研究也属于高校学生管理和高校思想政治教育的研究范畴。本书拟从跨文化的视角对高校来华留学生教育进行研究,本导论部分将对研究的背景、研究现状和研究设计进行详细阐述。

一、选题背景、缘起与研究价值

(一)选题背景

1. 跨文化问题日益引起全球性的重视

当前,世界各国几乎无一例外都被不同程度地卷入全球经济一体化的浪潮中,在这一过程中,人们逐渐意识到,全球化和国际化并不意味着一元化和完全趋同化,我们所处的时代,仍然是多元文化并存的时代,个体之间、民族之间、国家之间,文化差异或文化沟壑无时不在。费孝通先生曾指出,"人类社会的不同群体经历了从各自封闭逐步走向全球化的过程,当群体能够在自给自足的封闭状态下生存和发展时,各个不相关联的群体尽可以各是其是、各美其美、各不相干"①,但是伴随着全球化进程的加速,不同国家、不同群体之间相互隔绝的状态已经一去不复返了,取而代之的是国家之间、民族之间、群体之间的接触和交流,也相应地带来了不同文化之间的融合与冲突。有学者指出:"在国际关系中,不论它叫文明冲突还是叫宗教冲突乃至发生激烈的军事冲突,亦不论其宏

---

① 费孝通. 全球化与文化自觉——费孝通晚年文选(精)[M]. 北京:外语教学与研究出版社,2013:5.

观论之还是微观论之,其实质则属于跨文化冲突。"①人们也越来越意识到文化的重要作用,意识到跨文化问题的重要性。大量学者对文化的重要作用进行过论述,美国政治家丹尼尔·帕特里克·莫伊尼汉曾经指出:"保守地说,真理的中心在于,对一个社会的成功起决定作用是文化,而不是政治。开明地说,真理的中心在于,政治可以改变文化,使文化免于沉沦。"②哈里森、福山、亨廷顿、波特等在《文化的重要作用:价值观如何影响人类进步》一书中对文化的重要作用进行了论证,认为文化是形塑一个社会的政治和经济行为的关键因素。③ 亨廷顿还提出了著名的"文明冲突论"主张,在他的著作《文明的冲突和世界秩序的重建》中,他对相关观点进行了详细阐述,其核心观点就是在"冷战"后,世界上发生的国际冲突将主要根源于文化、宗教的差异及冲突,而并不是源自经济和意识形态,不同文明之间的冲突将主宰全球政治,文明冲突是世界和平的最大威胁,世界政治格局将以文化和文明界限重新形成等。④ 尽管亨廷顿的观点也引发了很多争议和批判,但是他指出的文化差异甚至文化冲突在全球一体化的今天,对于国家之间、民族之间、文化之间关系的重要影响具有非常重要的时代意义。

应该承认,文化的多样性和个性化是当今社会的客观现实,来自不同民族和国家的人们由于经济发展层次、政治制度、宗教信仰、风俗习惯等的差异,在文化上必然表现为差异性和多样化。文化多样性有利于不同的文化之间的相互交流、借鉴,使得世界文化生态保持平衡。2001 年,联合国教科文组织发布的《世界文化多样性宣言》就旗帜鲜明地指出:"文化多样性是交流、革新和创作的

---

① 车英,欧阳云玲. 冲突与融合:全球化语境下跨文化传播的主旋律[J]. 武汉大学学报(哲学社会科学版),2004,57(4):570-576.

② 塞缪尔·亨廷顿,劳伦斯·哈里森,等. 文化的重要作用:价值观如何影响人类进步[M]. 北京:新华出版社,2002.

③ 塞缪尔·亨廷顿,劳伦斯·哈里森,等. 文化的重要作用:价值观如何影响人类进步[M]. 北京:新华出版社,2002.

④ 塞缪尔·亨廷顿. 文明的冲突与世界秩序的重建[M]. 北京:新华出版社,2015.

源泉,对人类来讲就像生物多样性对维持生物平衡那样必不可少。从这个意义上来讲,文化多样性是人类的共同遗产,应当从当代人和子孙后代的利益考量予以承认和肯定。"①大到一个国家,小到一个跨国公司,当内部成员之间存在文化差异和冲突时,如何处理因为跨文化因素而出现的问题,就变得非常重要和敏感。以西方国家处理种族问题而言,也经历了所谓的"熔炉论"和"多元文化主义"等的论争,到现在仍然在继续,比如美国作为一个移民国家,如何协调种群矛盾,是一个非常重要的问题。早在1782年,法裔美国学者埃克托·圣约翰·克雷夫科尔就提出了著名的"熔炉论",认为美国已经并将继续把来自不同民族的人融化为一个新的人种,即美国人。该理论拥护者众多,并且有很多学者对该理论进行了阐释和变化,其实该理论的实质就是"同化论",即外来群体必然通过全盘接受主流群体的文化,完全认同主流的种群文化,最终达到"社会融合"。② 也有很多学者对此提出批评,提出了"文化多元论",认为美国应该是各个不同民族文化的联合体,各个族群自身的文化应该保持独立。这一理论逐步得到了人们的认同,尤其是种群矛盾较为激烈的国家,"多元文化"逐渐成为政府的文化政策,如加拿大、瑞典、澳大利亚,加拿大甚至还在内阁增设了"多元文化部长",在地方政府设立了"多元文化工作部"。③ 1995年,"全球文化多样性大会"在澳大利亚召开,会议将"多元文化"的内涵总结为:"多元文化包含各种群体平等享有文化认同权、社会公平权以及经济收益需求。"④当然,多元文化主义也不间断地面临一些批评,有批评认为多元文化主义会成为改头换面的种族主义,过于强调种族差异,而在不同种族和不同文化的交流、融合和借鉴之间挖下了深深的鸿沟。如何保持其中的一个度的问题,是任何一个国家、一个组

---

① 孙伟平. 论文化多样性与跨文化交流[J]. 山东社会科学,2011(11):5-9.

② 关于"同化论"及相关论述,参见 Gordon M M. Assimilation in American Life[M]//Assimilation in American Life. Oxford:Oxford University Press,1964:115-131.

③ 李明欢."多元文化"论争世纪回眸[J]. 社会学研究,2001(3):99-105.

④ 李明欢."多元文化"论争世纪回眸[J]. 社会学研究,2001(3):99-105.

织在处理跨文化问题中需要考虑的问题,既要尊重不同文化的独特性和差异性,又要让不同群体和文化之间能够形成良性的沟通、交流态势。所谓的"求同"和"存异"二者均不可偏废,"存异"所展现的是丰富性和多样性,而"求同"所反映的是相互增强了解和促进融合的过程。中华文明历来有兼收并蓄的开放胸怀,中国共产党也始终致力于人类文明共同体的构建。党的二十大报告指出:"中国始终坚持维护世界和平、促进共同发展的外交政策宗旨,致力于推动构建人类命运共同体。"2023 年 3 月,习近平总书记在中国共产党与世界政党高层对话会上指出:"在各国前途命运紧密相连的今天,不同文明包容共存、交流互鉴,在推动人类社会现代化进程、繁荣世界文明百花园中具有不可替代的作用。"我们认为,人类文明共同体思想是指导来华留学教育工作的重要遵循。

随着通信技术和互联网的普及,我们的世界已经成为名副其实的"地球村",不同国家、不同民族和不同文化之间的接触日渐频繁,因文化差异和文化冲突引起的纷争甚至战争时而爆发,如 2015 年法国的《查理周刊》血案等,都与文化差异和文化冲突有着直接或间接的联系。具体到一家跨国公司、一所国际学校,文化差异和文化冲突同样存在,并日益受到理论界的关注,进而产生了跨文化传播、跨文化管理、跨文化交流等不同学科,相应的研究成果也被运用到不同层次的跨文化管理实践中。

2. 世界各国对留学生教育市场的争夺日趋白热化

随着全球经济一体化趋势的发展,世界各国的人才流动逐步由最初的区域性流动转向全球性流动,各国对全球留学生市场的争夺已经达到白热化的地步,各国都将留学生教育提升到非常高的战略地位,对吸引外国留学生的重视程度也达到了前所未有的地步,留学生教育因此成为很多国家的重要战略之一。尽管对于留学生教育,不同国家的重视早晚以及重视程度存在差异,但是,进入 21 世纪以后,对于吸引各国留学生,以及发展留学生教育带来的政治、经济、文化、外交等多方面的价值,得到了几乎所有国家的公认。就留学生教育的政治利益而言,早在 1945 年,美国负责文化事务的助理国务卿威廉·本顿就指出,从长远而言,接收和培养外国留学生是一本万利、最有前景的有效方式。他的主要观点就是要通过留学生教育影响各国精英,进而达到"文化转型"的目的。① 在经济方面,留学生教育能够带来巨大的经济利益,包括大量的学费收入,以及学生留学期间的各类消费等,尤其是 1994 年世界贸易组织通过的《服务贸易总协定》将教育纳入"国际服务贸易"范畴,使之成为国际服务贸易的第五大类之后②,以国际生源市场为中心的国际教育大市场逐步形成,很多国家如美国、英国、澳大利亚等开始将留学生教育作为刺激本国经济的有效手段,在美国、新西兰、澳大利亚,教育的出口总额占本国服务贸易总额的百分比分别达到了 3.8%、4.9% 和 11.6%,相应地,教育服务贸易也分别成为该国的第五、第四和第三大服务出口产业,经济合作与发展组织(OECD)国家 1998 年在国际教育服务中获得了高达 300 亿美元的贸易量。③ 在文化上,各国将吸收各国留学生作为丰富本国多元文化,保持本国文化多样性的重要手段,同时,留学教育也是吸引世界优秀人才为本国所用、丰富本国人力资源国际竞争力的重要渠道之一。最后,对来华留学生开展宣传工作是我国对外宣传的一个有效渠道。在 2013 年召开的全国宣传思想会议上,习近平同志指出,"要精心做好对外宣传工作,创新对外宣传方式,着力打造融通中外的新概念新范畴新表述,讲好中国故事,传播好中国声音"。2018 年,习近平出席全国宣传思想工作会议时指出,要"讲好中国故事、传播好中国声音,向世界展现真实、立体、全面的中国,提高国家文化软实力和中华文化影响力"。做好留学生教育有利于引导来自世界各地的留学生客观认识中国,讲好中国故事,起到国家形象营造和传播的作用,提升

① 弗兰克·宁柯维奇.美国对外文化关系的历史轨迹[J].编译参考,1991(8).

② 《服务贸易总协定》简称 GATS(General Agreement of Trade in Service),该协定及附件于 1994 年由 WTO 公布,于 1995 年生效,确定了国际教育的服务贸易地位。到 2002 年已有 40 多个国家全部或部分承诺,中国政府也作出了部分承诺。

③ Larsen K,Lancrin S V. The Learning business,can trade in international education works? [J]. Organisation for Economic Cooperation & Development the OECD Observer,2002(235):26-28.

国家的软实力。通过对留学生做好对外宣传工作,也是政府开展民间外交的有效渠道之一,可以更广泛、更直接地影响各国的公众以及主流社会人士,增强本国文化的吸引力,发挥政治影响力,改善和优化国际舆论环境,进而维护国家利益。

在此背景下,世界各国高度重视留学生教育事业,采取各种措施,积极参与国际教育市场的竞争。很多国家制定了留学教育计划,如日本于 1983 年和 2008 年先后推出了"留学生 10 万人计划"和"留学生 30 万人计划"。[①] 英国于 1999 年推出第一期"首相行动计划",提出到 2005 年,英国招收各类外国留学生人数要超过 7.5 万人,每年要赢得 7 亿英镑的收入,到 2006 年,英国宣布实施第二期"首相行动计划",提出到 2011 年,留学生人数增加到 10 万人。[②] 我国同样高度重视,2010 年发布了《国家中长期教育改革和发展规划纲要(2010—2020年)》,《纲要》提出要"进一步扩大外国留学生规模",随后教育部制定了《留学中国计划》,提出到 2020 年,我国留学生总数要超过 50 万人。欧盟则先后通过了《伊拉斯马斯计划》(1987 年)和《博洛尼亚宣言》(1999 年),以促进欧洲各国学生在欧洲内部交流和交换学习。很多国家还成立了专门的机构,推进留学生教育的发展。例如,德国的"德国学术交换服务中心"(German Academic Exchange Service,DAAD)的主要职能就是为了推动德国的高等教育国际化。[③] 澳大利亚则早在 2001 年就建立了"澳大利亚教育国际"和"澳大利亚贸易委员会"两个官方机构,专门促进海外教育事业的发展。此外,各国还通过完善相关法规,来推动留学生教育的发展,保障各国留学生的权益。例如,2000 年澳大利亚通过了《海外学生教育服务法》,次年又制定了《海外学生教育服务条例》,对

---

① 管斌. 日本的国家教育战略与"留学生 30 万人计划"[J]. 高教探索,2010(5):41-45.
② 丁笑炯. 从经济收益到学生体验——英国高校留学生政策转向述评[J]. 高等教育研究,2011(5):104-109.
③ 张伟. 德国招收外国留学生策略研究[J]. 中国高教研究,2013(12):42-50.

留学生教育的权益及各类标准进行了明确规定。[①] 德国则修订了《移民法》,放宽了留学生在德国工作和居留的限制。我国也于近年放宽了留学生实习和就业的限制。各国留学生教育,尤其是西方国家,在留学生规模达到一定程度后,在全球留学生争夺日益激烈的状况下,开始转向注重留学生的留学体验,提供更好的服务,实施更人性化、个性化的留学生管理,以进一步推动留学生教育的发展。有学者指出,英国留学生政策发生了由经济收益向学生体验的转向,通过鼓励英国学生与留学生结对、鼓励英国家庭的东道主家庭活动、鼓励留学生参与社区服务,让留学生融入英国本土生活,提高文化认同感,同时为留学生提供各类培训,注重留学生能力建设,为留学生提供丰富有效的职业咨询等;此外,英国还委托专业机构对留学生的学习生活进行调查,如"国际毕业生见解小组",了解留学生的评价和需求,进一步提高留学生教育和服务的质量。[②]

3. 我国已经成为留学生教育大国,但离来华留学生教育强国尚有距离

根据教育部门户网站公布的数据,2015 年全年我国共有 397 635 名各类外国留学人员在华留学,来自 202 个国家和地区,分布在我国 811 所高校、科研院所和教学机构中。其中学历生比例占来华留学生总数的 46.47%,学历结构也不断优化;"一带一路"沿线国家的留学生人数呈现迅速上升态势;享受中国政府奖学金的来华留学生共计 40 600 人,占来华留学生总人数的 10.21%。[③] 根据中国新闻网 2019 年 4 月 12 日的报道,2018 年共有来自 196 个国家和地区的49.2 万名各类外国留学人员在中国 31 个省(区、市)的 1 004 所高等院校学习,其中亚洲学生总数多,占 59.95%;学历生比例占 52.44%。

回顾我国来华留学事业的发展历程,可谓艰难曲折。新中国成立后,我国

① 张民选. 澳大利亚:迅速崛起的教育出口大国[J]. 教育发展研究,2003,23(11):62-65.
② 丁笑炳. 从经济收益到学生体验——英国高校留学生政策转向述评[J]. 高等教育研究,2011(5):104-109.
③ 教育部. 2015 年全国来华留学生数据发布[EB/OL]. (2016-04-14)[2024-01-01]. http://www.moe.edu.cn/jyb_xwfb/gzdt_gzdt/s5987/201604/t20160414_238263.html.

面临西方国家的经济封锁,主要以接收社会主义国家的留学生为主,1950 年我国迎来了首批留学生,仅 33 人,直到 1965 年,我国接收的来华留学生共计才7 259 人;由于"文化大革命"期间高校停课的影响,自 1966 年至 1973 年,我国停止招收留学生,外国留学生教育处于中断状态;1973 年至 1977 年,我国接收了来自 69 个建交国家的 2 066 名外国留学生;改革开放后,随着中国经济的发展、综合国力的增强、国际地位的上升,我国的留学生教育进入快速发展时期,尤其是 90 年代以来,我国开始进入全方位外交战略时期,高校办学自主权得到进一步确认和强化,留学生教育进入了突飞猛进的时期。根据测算,自 1990 年(7 494 人)起至 2018 年(492 185 人),我国来华留学生总人数翻了 60 多倍。2019 年以后,因疫情等因素影响,我国来华留学生人数增长有所减缓。

进入 21 世纪后,中国大力发展来华留学生教育事业的脚步并未停歇。在2014 年全国留学工作会议上,习近平总书记指出:"留学事业历来与国家和民族的命运紧密相连,在新形势下要努力开创留学工作的新局面,为实现'两个一百年'的奋斗目标、实现中华民族伟大复兴的中国梦作出新的更大的贡献。"①多年来,中国通过开办孔子学院,提升国家软实力,吸引更多学生来华留学;与多个国家和地区签订关于来华留学以及高等教育国际合作的协议,推动留学生事业的发展。如 2009 年时任美国总统的奥巴马访问中国时,与中国签订了"十万人留学中国计划",即到 2014 年争取让 10 万美国年轻人到中国留学;我国参与的国际机构和国际组织对留学生工作也有很强的推动作用,如中国—东盟自由贸易区的建设对中国留学事业起到了很大的促进作用,到 2011 年,东盟国家有 31所大学同中国的 47 所大学签订了 135 份合作协议,东盟国家来华留学生因此人数大增,2013 年,中国来自东盟国家的留学生规模已经超过了 6 万人;2012年在中非合作论坛上中国政府提出要实施"非洲人才计划",要在三年内为非洲

---

① 习近平:努力开创留学工作新局面[EB/OL].(2014-12-14)[2024-01-01]. http://news. xinhuanet. com/mrdx/2014/12/14/c_133853565. htm.

培训各类人才 3 万名;2016 年 7 月,教育部《推进共建"一带一路"教育行动》发布,作为国家"一带一路"建设中教育领域的相应配套措施,该《行动》提出要实施名为"丝绸之路"的留学推进计划,并成立"丝绸之路"中国政府奖学金。到 2020 年,按照我国教育部 2010 年发布的《留学中国计划》,中国将要成为亚洲最大的留学目的国,要突破 50 万人的留学生总规模,其中高等学历教育留学生的人数要达到 15 万人。

中国目前已经成为世界第二大经济体,从数量规模而言,我国可以算得上是留学生教育大国。然而,要成为真正的留学生教育强国,我们必须做到《留学中国计划》中所提出的那样,要"建立与我国国际地位、教育规模和水平相适应的来华留学工作与服务体系;造就出一大批来华留学教育的高水平师资;形成来华留学教育特色鲜明的大学群和高水平学科群;培养一大批知华、友华的高素质来华留学毕业生"①。2015 年国务院印发《统筹推进世界一流大学和一流学科建设总体方案》也提出,要"增强对外籍优秀教师和高水平留学生的吸引力……切实提高我国高等教育的国际竞争力和话语权,树立中国大学的良好品牌和形象"。对比目标,我国来华留学生教育的任务依然艰巨。

客观而言,目前我国来华留学生教育还存在不少问题,包括:来华留学生生源结构的优化问题,如国别结构、学历结构、公费生与自费生的比例结构、留学区域结构等都不同程度地存在不均衡的情况;高校体制机制建设的问题,留学生管理机制建设不够完善、相关规章制度不健全等;留学生教育服务质量和水平不够高,相关留学配套服务产品不完善的问题。此外,还有高校留学生教育师资建设、管理队伍建设、课程建设、校园文化建设等多方面的问题。我国要建立与我国综合国力和国际影响力相适应的来华留学生教育体系,还需要国家、社会、高校、教师、中外学生等各个层面的共同努力。

---

① 教育部. 教育部《关于印发〈留学中国计划〉的通知》(教外来〔2010〕68 号)〔A/OL〕. (2010-09-21)〔2024-01-01〕. http://www.gov.cn/zwgk/2010-09/28/content_1711971.htm.

（二）选题缘起

在上文的研究背景中，笔者呈现了本研究的问题情境，即在全球一体化浪潮迅猛发展的今天，不同文化群体之间的文化差异乃至文化冲突问题日益凸显，在跨文化交往过程中，人们面对文化差异问题时精神紧绷、极度敏感，这是因为文化差异产生的各类纷争时刻都在发生着。来华留学生教育本身具有特殊性，留学生们来自世界各地，是时时刻刻进行着跨文化活动的群体，如高校的留学生教育管理、留学生在留学目的地的跨文化学习和生活适应、中外学生之间及留学生之间的跨文化交往，可以说留学生教育中跨文化实践活动随时随地在发生。而另一个大的情境就是在高等教育国际化竞争日益激烈的当前，各国将留学生教育事业视为国家一项重要的事关政治、经济、文化发展的战略来抓，中国如何不断提高来华留学生教育管理的水平和质量，建立与我国综合实力和国际影响力相适应的来华留学生教育体系，实现从来华留学生教育大国向教育强国转变，是当前我国教育管理部门和高校面临的一个迫切任务。

高校来华留学生教育管理的具体目标包括：促进来华留学生知识的学习，生活方式的适应与转变，正确的道德观念的形成，增进对中国历史文化的了解，以及不同的文化之间如何正确交流、沟通、相处等多个方面。为了达成这一目标，高校可以通过一系列教育管理的任务设定去达成，如课堂教学、课外活动管理、思想教育、文化浸润等多个任务环节。客观地审视当前来华留学生教育的现状，应该承认，当前高校来华留学生的教育形态与我们主观设定的目标还有较大的差距。有些目标我们基本达到了，如改善校园硬件环境，为留学生提供良好的学习、住宿条件，又如开展各类课堂教学开展知识传授等，但是在很多方面还做得不够好，导致很多留学生教育理想状态应该达到的目标还没有达成，或者只是部分地达成。具体而言，我们的来华留学生教育管理还存在很多问题，如在入口关上，因为要保证规模而放松了入学审核，导致因生源质量问题而影响培养质量的问题；在日常管理中还是粗放式的方式，以安全稳定为首要目标,导致日常管理不够精细化的问题;在留学生教育管理中存在服务意识不强、配套服务不够完善的问题;促进来华留学生跨文化适应的方式方法还不够丰富化;在增进留学生对中国国情、历史文化等方面的了解方面还做得不够等。造成这些问题的因素有很多,有传统观念的因素,也有历史发展的因素;有学校客观硬性和软性环境的因素,也有教师和管理人员的因素。但是,其中一个非常重要的因素和视角不容忽视,那就是跨文化的因素。来华留学生教育天然地就带有跨文化的特征,每个留学生的留学生活都是一段跨文化的经历,在留学生教育管理中,是否有跨文化的视角,管理人员是否有跨文化的知识和能力储备,在具体的教育管理中是否能够将文化差异因素考虑在内,充分融入跨文化理论开展留学生教育实践,都将影响留学生们在学习、生活等各方面的适应情况,尤其是在具体的教育效果上,具有跨文化的教育管理必定更能对来华留学生的知识学习、生活方式转变、对中国历史现状的理解等各个环节起到促进作用。因此,跨文化的维度将是缩小来华留学生教育管理的当前形态与我们留学生教育的主观设定目标之间的差距的重要考量角度之一。

本书即是基于以上考量,拟从跨文化的视角对来华留学生教育管理问题进行探究,用跨文化的理论视角贯穿全文,对当前来华留学生教育管理的现状及困境进行归纳和分析,最终给出基于跨文化理论视角的破解思路,为高校来华留学生教育管理水平的优化和来华留学生教育质量的提升,提供具有针对性、操作性的对策建议。需要指出的是,来华留学生教育涉及的因素很多,相应的教育学、心理学、文化学、传播学、管理学的理论也很多,要解决来华留学生教育存在的问题,需要多角度、多渠道、多手段的协同,方可取得综合成效。本书提出的跨文化的视角只是其中的一条思路,并不能解决留学生教育管理中存在的所有问题,因此,在最终的破解对策中,为考虑全面性,也有部分对策并不完全是基于跨文化理论的视角而提出的。

(三)研究价值

本书的价值主要体现在理论价值和现实价值两个层面,其中理论价值主要指对现有关于跨文化问题及留学生教育管理问题等研究的空白填补及丰富完善；现实价值则主要体现在通过研究进一步促进来华留学生教育管理水平的提升，进而在国家、高校和学生三个层面体现出来的现实实践价值。

1. 理论价值

本书的理论价值主要体现在两个方面：一是进一步为跨文化问题研究增添新的研究素材和研究视角。很多学者将爱德华·霍尔（Edward Hall）在 1959 年出版的《无声的语言》（*The Silent Language*）一书看作是跨文化问题研究的奠基之作。经过数十年的发展，大量学者对跨文化问题进行了研究，相继形成了很多研究领域分支，如跨文化交际学、跨文化传播学、跨文化管理学、跨文化教育学等。而跨文化研究的对象群体也很多，我们可以借鉴胡文仲在其著作《跨文化交际学概论》中对可能遭遇"文化休克"的群体的分类，包括留学生、长期驻外工作人员、旅游者、短期出差的商人、外交官、政府官员等，还有移民和政治避难者等。以留学生为研究对象开展跨文化研究是其中的一个部分。目前已有研究大多是以西方发达国家的资料为基础，美国国际教育专家阿尔特巴赫（1991）就曾经指出，现有的留学生研究文献大多是关于在工业化国家学习的第三世界国家留学生的适应和回国问题等的研究，而这些只是留学生问题的一部分而已。[①] 必须承认，西方的研究成果很难恰当地解释在中国的留学生的跨文化适应问题。就我国学术界对留学生跨文化问题的研究而言，有不少是针对我国留学生在其他国家碰到的跨文化问题进行研究的，如郑雪和贝利（1991）《在加拿大的中国留学生的文化适应研究》一文中以加拿大的中国学生为研究对象；徐光兴（2000）《跨文化适应的留学生活：中国留学生的心理健康与援助》对留日中国学生的跨文化适应问题进行了探讨；陈向明（2004）《旅居者与外国人——留美中国学生跨文化人际交往研究》则是通过质性研究的方式，对留美

---

① Altbach P G. Impact and adjustment: foreign students in comparative perspective[J]. Higher Education, 1991, 21(3): 305-323.

中国学生的跨文化人际交往情况进行了研究。对在中国的外国留学生的跨文化研究兴起于近十几年，一些研究者从心理学的角度开展相关研究，如陈慧（2003）的博士论文《在京留学生适应及影响因素研究》主要从心理学的角度，通过实证的方法进行了研究；王冬燕（2013）的博士论文《来华留学生跨文化适应性规则提取研究》对来华留学生跨文化适应影响因素与适应性水平之间的关系进行探讨，并为相关领域的心理测量的数据分析方法扩充了新内容；杨军红（2005）的博士论文《来华留学生跨文化适应问题研究》和朱国辉（2011）的博士论文《高校来华留学生跨文化适应问题研究》均对来华留学生跨文化适应的状况和存在问题进行研究。此外，研究者们也发表了不少论文，对来华留学生的跨文化适应现状、存在问题、解决对策等进行探讨，也有根据留学生留学所在地或针对某一特定国家或地区的留学生的跨文化适应问题进行研究的，如何森等（2008）的论文《来沪美国留学生跨文化人际交往问题》、潘晓青（2014）的论文《美国在华留学生跨文化人际适应质性研究》、王祖嫘（2016）的论文《北京高校留学生跨文化适应实证研究》等。本书针对在中国的外国留学生开展跨文化研究，探索来自世界各国的来华留学生在中国的留学环境下可能碰到的跨文化问题，以及高校教育管理的难题和困境，讲述的是中国环境下的中国故事。本书与前述一些来华留学生跨文化问题研究不同的是，本书并不主要是从留学生的角度来探讨他们的文化适应问题，而更多的是从跨文化的角度对留学生教育管理的历史和现状进行考量，最终从跨文化的角度给出相应的政策建议，目的是提升来华留学生教育管理的质量和水平，是跨文化理论对具体教育实践指导的体现。

二是进一步丰富了来华留学生教育管理方面的研究。多年来，研究者们从不同角度对来华留学生教育工作开展了卓有成效的研究，研究范围主要包括纵向的留学生教育历史、现状及未来发展趋势，横向的则从来华留学生教育管理中的不同侧面开展研究，如留学生教育的体制与政策、奖学金、课堂教学、课外活动、思想教育、兼职就业等。而在开展这些研究时,有普遍性的针对所有留学生的,更多的则是按照学校和学科差异、国别差异、性别差异、地区差异等开展个性研究或者比较研究;在具体研究方法上,有一般而言的经验研究,也有定量和定性研究。本书并不是对留学生教育管理中的某一个特定部分进行细化研究,而是从相对宏观的角度,对来华留学生教育管理的发展历史和发展现状进行探讨,同时引入跨文化理论,从跨文化的角度对如何优化和提升留学生教育管理水平构建相应的破解思路。

此外,本书还进一步丰富了高校学生教育管理和高校思想政治教育方面的研究。当前,在很多高校,来华留学生群体的数量比例已经超过了全校学生总数的10%,对于如何开展留学生教育管理以及开展中外学生共同学习生活的学生工作,对于很多学生工作者来说还是一个比较新的也是比较棘手的任务。本书希望能够为高校中外学生教育管理提供具有针对性的参考和借鉴。

2. 现实价值

从跨文化的视角对来华留学生教育管理问题进行考察和研究,其现实价值可以从学生、高校和国家三个层面论述。

首先,从学生层面而言,有利于培养学生成长、成才,这里所说的学生既包括来华留学生,也包括中国学生。我国从1950年招收首批33名来华留学生开始,到2018年留学生总人数已超过49万人。我们的国家、社会和高校面临着如此大规模的来自世界各地的留学生,相关的管理和服务是否能够跟上、是否能够为他们提供优质的教育产品和配套生活服务,这都直接影响着留学生的培养质量以及留学满意度。与在本国读大学的学生相比,留学生们都要面临跨文化的现实问题,他们绝大多数是第一次来到中国,第一次来到自己留学所在的城市和大学,远离故乡和亲人,面临着完全不同的语言、文化、饮食等环境,跨文化适应是他们每个个体都将面临的重要问题,新奇、压抑、神秘、挑战,五味杂陈,不同留学生的个体适应能力也有较大差异,大多数会经历所谓的"文化休克",但是有的留学生能够很快地适应,有的留学生则会引起一些心理问题,如孤独寂寞、害怕与人交往等,进而厌学、逃课,由文化适应问题导致学业适应不良,不能按时毕业,有的学生甚至提前退学,结束了留学生活。高校在具体教育管理中是否能够从留学生的跨文化适应角度出发,为留学生的跨文化学业、生活适应提供各种方便,以及在日常管理中能否有足够的跨文化敏感度,从跨文化的角度进行留学生管理,这都直接影响留学生的成长、成才。高校留学生教育中因为文化差异问题导致的矛盾、冲突也不乏先例,2008 年 10 月发生在上海外国语大学的中日学生冲突就是由生活中的小冲突进而引发中日学生之间的集体冲突事件。

值得提出的是,提高来华留学生教育管理质量,对中国学生的培养也有重要意义,这主要是基于高校的学生构成情况以及相应的留学生管理体制机制的变化来说的,随着来华留学生规模的大幅扩大,在很多高校来华留学生数量已经达到一定的比例。以上海为例,根据新闻报道,近几年每年都约有 5.6 万名外国留学生在 40 多所高校和科研机构学习,他们来自 180 多个国家。[①] 就高校而言,早在 2012 年,来华留学生超过 1 000 人的高校就已经超过 12 所。[②] 在留学生规模增大的情况下,高校普遍采用中外学生趋同管理模式,以及留学生的院系"二级管理"模式,留学生学习生活完全与中国学生在一起,他们在同一课堂上课,共同开展课外实践活动,留学生的精神面貌、学业成绩、思想状况等都会直接对中国学生造成影响,因此,从这个角度而言,从跨文化角度出发提高来华留学生教育管理质量,对中国学生的成长、成才同样重要。

其次,就高校而言,做好跨文化视域下的留学生教育管理,有利于高校提高留学生管理水平、优化留学生教育质量、提高教育国际化水平和国际影响力。

① 徐瑞哲. 在沪常驻外国人约 17 万,首开 6 家国际学生服务中心[EB/OL]. (2016-06-27)[2024-01-01]. www. shobserver. com/news/detail? id=22125.

② 桑翔. 来沪留学生数量 10 年长了 10 倍[EB/OL]. (2014-04-13)[2024-01-01]. http://www. shedunews. com/zhuanti/xinwenzhuanti/2014expo11th/2014expo11th_shsj/2014/04/13/633443. html.

2015年国务院印发《统筹推进世界一流大学和一流学科建设总体方案》指出,要增强我国对高水平留学生的吸引力,要增强中国高等教育在国际上的话语权和竞争力,树立起我国大学的国际品牌形象。国际留学生规模和教育质量已经成为衡量高校的国际影响力的重要指标之一。一所国际化的大学不一定是一流的大学,但是一所一流大学必定是国际化的大学,这可以说是普遍认同的一个道理。高校来华留学生来自不同国家,语言和专业基础均有差别,多样化的学生生源必然带来多样化的需求,这给教师的授课方式、方法等带来了新的挑战,有助于教师找到教学中的缺点和不足,对学生因材施教,总结教学规律;各国留学生共同参与教学过程,也方便教师了解和借鉴各国优秀的教育模式和经验,有利于提升高校教育教学质量;在教师与学生共同探讨学术问题的过程中,通过交流,能够了解各国学术动态,增强学术研究的国际合作。来华留学生毕业后到世界各地工作,作为学校的国际校友资源,他们是学校国际影响力传播的重要力量;同时,从跨文化的角度,本书有利于进一步提高高校留学生教育管理水平和质量。当前高校留学生管理队伍建设还很欠缺,除了留管人员外,在院系的专职留学生辅导员队伍并未完全配齐,留学生基本由院系中的中国辅导员顺带着管理,很多辅导员在语言能力、跨文化素养、对留学生的了解等方面都非常欠缺,本书可以为他们提供一定的实践借鉴,有利于他们顺利开展留学生的管理工作,也有利于校园安全稳定和和谐校园的建设,以及国际化校园文化的营造。

再次,就国家层面而言,从跨文化的角度开展高校留学生教育管理,提高留学生教育管理质量,可以从政治、经济、社会等多个角度为我国带来重要利益。2010年发布的《国家中长期教育改革和发展规划纲要(2010—2020年)》和之后教育部印发的《留学中国计划》都对大力发展留学生教育做出了具体安排和部署,其中,《留学中国计划》明确,要努力建立与我国的国际地位、教育规模和水平相适应、相匹配的来华留学工作与服务体系,可见党和国家对留学生教育事业的重视程度。进一步发展留学生教育事业,在政治方面,培养大量的知华友华的国际友人,通过留学生的几何倍数的传播效应,有利于向世界讲好中国故事、传播中国声音,树立中国良好的国际形象,纠正和消弭一些国家对中国的历史、现状、发展道路等的歪曲和误解,充分发挥留学生教育的民间外交作用,提高中国的国际影响力;在经济方面,在国际教育贸易高度产业化的今天,留学生教育已经成为国际贸易领域的一个热点领域,留学生教育带来的学生的学费、生活消费等已经成为很多国家的重要财政收入之一,对我国而言,留学生教育的经济效益正在日益显现,市场化、产业化的留学生教育也正在发展阶段,鉴于我国留学生规模正处于稳步扩大,留学生教育带来的经济效益必将给我国经济带来大量的收益;在社会方面,来自各国的留学生带来了多彩的异国文化,丰富了我国的文化多样性,多样性是当今社会的宝贵资源,是社会保持活力的体现。此外,很多优秀的留学生在中国实习或者工作,能够为我国在人力资源方面提供重要的补充。美国之所以成为科技创新大国,就与留住了来自世界各地的优秀人才有直接关系。中国正在逐步步入老龄化社会,未来必将面临老龄化和劳动力短缺的困境,长期以来,我国对留学生的实习和就业的政策相对较紧,但是我们也发现这一情况开始有所变化。2016 年,中共中央办公厅、国务院办公厅印发了《关于加强外国人永久居留服务管理的意见》,该《意见》指出"放宽外国优秀留学生在华工作限制,为其毕业后在中国境内工作和申请永久居留提供渠道"①。上海则先行先试,于 2015 年 8 月就发布了《关于服务具有全球影响力的科技创新中心建设 实施更加开放的海外人才引进政策的实施办法(试行)》,作为加快建设具有全球影响力的科技创新中心在人才政策方面的配套措施,该办法由上海市人力资源和社会保障局、上海市外国专家局、上海市公安局、上海市经济和信息化委员会联合发布,提出要试点开展外国来华留学生毕业后直接留

---

① 中共中央办公厅,国务院办公厅. 关于加强外国人永久居留服务管理的意见[A/OL]. (2016-02-18)[2024-01-01]. https://www.gov.cn/zhengce/2016-02/18/content_5043448.htm.

沪就业工作,对于在本市高校取得硕士及以上学位且在上海自贸区、张江高新区就业的外国留学毕业生,可按规定办理《外国人就业许可证书》和《外国人就业证》,并办理相应的工作类居留许可。① 相信未来对于外国留学生就业的相关政策一定会更加开放和国际化,而中国也将从中享受到相应的人口红利。

二、研究现状与趋势

(一)研究现状综述

1. 跨文化研究

(1)跨文化维度分析研究

在跨文化研究中,跨文化维度分析研究是较为重要的一个内容,很多学者构建了相应的文化分析维度模式,以此来区分不同的文化类型。美国人类文化学家爱德华·霍尔(Edward T. Hall)提出了著名的高情境和低情境文化分析框架。② 荷兰跨文化研究专家霍夫斯泰德(G. Hofstede)的文化五维度模式影响也非常广泛,包括权利距离、不确定性回避、个人与集体主义、男性化与女性化、长期和短期取向等③,其研究结果对跨文化管理和沟通提供了很好的参考。荷兰管理咨询专家冯斯·特姆彭纳斯(Fons Trompenaars)和英国学者查尔斯·汉普顿·特纳(Charles Hampden-Turner)模仿霍夫斯泰德的文化维度模式,以帕森斯的价值观取向和关系取向理论为基础,将国家和民族文化分为七大基本维度:普遍主义和特殊主义、个体主义和集体主义、中性与情绪化、关系特定与关系扩散、成就文化与归因文化、时间取向和环境取向。④ 此外,还有克拉克洪

---

① 上海市人力资源和社会保障局,上海市外国专家局,上海市公安局.关于服务具有全球影响力的科技创新中心建设 实施更加开放的海外人才引进政策的实施办法(试行)[A/OL]. (2015-08-05)[2024-01-01]. https://www. sgst. cn/doc/feeb43c9b1f3e77bc106c9102d749.
② Hall E T. The Hidden Dimension[J]. Hidden Dimension,1966(1):94.
③ 吉尔特·霍夫斯泰德,格特·扬·霍夫斯泰德. 文化与组织:心理软件的力量[M]. 北京:中国人民大学出版社,2010.
④ Trompenaars F,Turner C H. Riding the Waves of Culture[J]. Turner,1998,60(1):123-124.

(Klukhohm)和斯多特贝克(Strodtbeck)的价值双向模型,它强调人类文化根据五个维度形成自己的价值观系统,一种文化跟另一种文化在这五种维度上形成双向对比,五个维度包括人的本性、人和自然的关系、时间观念、做事方式、人与人之间的关系,在这些取向中,某两种特定的文化之间都存在二元对立的情况。[①]

学者们对文化分析维度的划分和争论一直在继续,应该承认,这些划分按照不同的立场、角度将文化分解为相对易于辨认的要素或特质,为人们观察和理解不同国家的文化和民族提供了"坐标系",让人们可以理解来自不同文化的群体或个体的行为现象背后的文化差异,为人们开展跨文化交际和跨文化管理提供了可依据和参考的模式。当然,这些维度的划分主要是基于不同文化的比较而归纳得出的,是一种主观分析的呈现,必然存在一定的缺陷和不足,比如缺乏建构意义,有的分类也略显机械生硬,容易犯以偏概全的错误等。

(2)跨文化适应研究

关于跨文化适应方面的研究,最早可以追溯到19世纪初的美国。美国著名人类学家罗伯特·雷德菲尔德(Redfield)等人指出,跨文化适应是两个由个体组成的不同文化群体在相互接触及互动的过程中,随之出现的文化模式的变化。这种互动或变化从理论上而言是双向的,然后在现实中往往是文化弱势的一方做出改变,去适应新的文化模式。跨文化适应的英文术语有culture adaption、acculturation和enculturation等好几种,不同术语的侧重点各不相同,其中culture adaption强调面临异质文化的行为选择和调整,一般用于旅居者的短期适应;acculturation则强调个体进入一种文化后的行为变迁和适应过程,是一种再社会化过程中的文化适应,多用于长期移民的文化适应;而enculturation则强调,个体在早期社会化的过程中,对母文化习俗以及价值观的动态学

---

① Kluckhohn F R,Strodtbeck F L. Variations in value orientations[J]. Variations in value orientations,1961,76.

习过程,是一种内文化适应或者文化适应。一般而言,跨文化研究者们大多对在一种文化中已经完全社会化的成人到新的文化环境中选择和调整自己的行为的过程开展研究。跨文化适应中的交际者也可分为不同的类型,Brislin(1981)认为可以分为 14 种类型,包括外国学生、外交官或者使领馆工作人员、海外军人、旅行者、派往他国的商业人员等。①

陈国明(2012)对跨文化适应的理论构建进行了阐述,他指出,跨文化适应是不同文化个体之间持续互动的过程,双方通过非言语和言语的交流,最终形成一种平衡与共生的和谐状态。这个过程是动态的,旨在增加不同文化之间的理解、尊重,最终达到接受的目的。从理解到尊重再到接受,是跨文化适应最终的发展方向。陈国明认为,跨文化适应的互动过程可以看作是互动双方跨越边际的一种博弈的过程,跨文化适应的双方在互动过程中经过融合、调和和整合,进而对立双方达到相互渗透和认同的目标。交际者在跨文化互动过程中,需要培养"边际智慧",获得大融合的能力,后者包括敏觉力(sensibility)和创造力(creativity)两个方面。②

关于跨文化适应的研究,Kim(1995)将其分为个体层面和群体层面的研究。其中个体层面的研究主要是研究旅居者(sojourner)在陌生的或者新的文化环境中的心理调整,进而可以解释短期旅居者、移民、不同民族的成员等再社会化及应对的过程。对于群体层面的跨文化适应研究,文化心理学家的主要关注点是来自不同文化背景的群体,他们交往后的濡化(acculturation)的过程,这个过程中的一方或者双方在价值取向和信仰方面会产生变化。而社会学领域则更关注群体在跨文化适应中的权利和资源的分配问题。③

研究者们普遍认为跨文化适应的过程具有不同的阶段或者维度,Mansell

① Brislin R W. Cross-cultural encounters:face-to-face interaction[M]//Cross-cultural encounters, face-to-face interaction. Oxford:Pergamon Press,1981.
② 陈国明,余彤. 跨文化适应理论构建[J]. 学术研究,2012(1):130-138.
③ 陈国明,余彤. 跨文化适应理论构建[J]. 学术研究,2012(1):130-138.

(1981)指出跨文化适应过程中的情感体验有四个发展维度,包括疏离感(alienation)、边缘化(marginality)、濡化(acculturation)和二元性(duality)四个阶段。Taylor(1994)提出的转化学习模式将跨文化适应的过程分为三个部分:转变的前提、过程和结果。① 此外,Lysgaard 的跨文化适应 U 型曲线将跨文化适应分为蜜月期、危机期、恢复期、适应期四个阶段。Dew Nesdale 和 H. Douglas Brown(2000)也将跨文化适应分为四个阶段,前者分为欣快阶段、休克阶段、反常期、同化或适应阶段,后者分为新奇阶段、文化冲突阶段、复苏阶段和融入阶段。美国心理学家阿德勒还提出了五个阶段模式假说,包括接触阶段、不统一阶段、否定阶段、自律阶段和独立阶段。②

对于如何更好地达到跨文化适应的目标,即一般采用何种跨文化适应模式,研究者们归纳出了五种常见的跨文化适应模式:学习模式(the learning model)、恢复模式(the recuperation model)、动态减压模式(the dynamic tension reduction)、复原模式(the recovery model)和辩证模式(the dialectical mode)。其中,学习模式认为,跨文化适应的过程就是学习居住国社会文化习俗的过程,也是获取跨文化交际沟通能力的过程。传播学者普遍认为需要学习必要的言语和非言语的沟通技能,以便更有效地与当地人交往。恢复模式则假定一个旅居者都会经历一个"文化休克"(culture shock)的过程,而跨文化适应则是他从"文化休克"中复原并适应客居国文化的机制和过程,Lysgarrd 提出了跨文化适应的 U 型曲线就是其中一例,描述了旅居者在跨文化适应中从最初的"蜜月期"到压抑沮丧的低潮期,再到逐步适应重回 U 型曲线顶端的过程,其个人身份也转变为"多元文化者"。动态减压模式则将跨文化适应看作为一个动态的过程,在这个过程中,个体从一开始接触不同的文化时心理体系的平衡会

① Taylor,Charles. Multiculturalism:examining the politics of recognition[M]. Princeton,NJ:Princeton University Press,1994.

② 转引自徐光兴. 跨文化适应的留学生活:中国留学生的心理健康与援助[M]. 上海:上海辞书出版社,2000:4,12-15,10.

被打破甚至是瓦解,由此产生的压力和不确定性继而会促进个体努力去应对内部的不平衡或不协调。Torbiörn(1982)提出的主观调整模式(subjective adjustment)就是这一类方法,该模式认为,旅居者的满意体验会使其达到内心的平衡,继而达到跨文化适应,反之则不能。① 前面提到的恢复模式关注"文化休克"症状,而复原模式则关注旅居者或移民者通过学习,"从异质文化的边缘到中心,从否定到无视到理解和移情状态的渐进心理过程"②。Bennett(1986)的跨文化适应发展模式就是一个较为典型的例子,该模式是跨文化敏感力从民族中心主义到民族相对主义的发展。③ 辩证模式则认为跨文化适应是一个辩证的、无限循环的过程,强调跨文化适应是一个持续、互动、循环的过程。Anderson(1994)认为,在跨文化适应的过程中,处理问题的每一个循环,对旅居者来说都是一定程度上的重生。④

以上关于跨文化适应模式的研究,都存在一定程度上的内容重叠,但是各自有其侧重点,比如有的将跨文化适应看作是一个线性过程,有的则看作是非线性的、动态的过程,这都能够为我们更深入地了解跨文化适应的过程提供大量的信息和参考借鉴。

此外,学者们还研究了跨文化适应的影响因素,国内外学者们的观点可以分为内部因素和外部因素两类,其中内部因素主要包括民族中心主义、歧视与偏见、人口统计变量、刻板印象、评价与应对方式等,外部因素则主要包括环境变化、价值观念、文化距离、社会支持网络等。

(3)跨文化传播研究

---

① Torbiörn I. Living Abroad:Personal Adjustment and Personnel Policy in the Overseas Setting [J]. Psyccritiques,1983,28(5).

② Anderson L E. A new look at an old construct:Cross-cultural adaptation[J]. International Journal of Intercultural Relations,1994,18(3):293-328.

③ Bennett M J. A developmental approach to training for intercultural sensitivity[J]. International Journal of Intercultural Relations,1986,10(2):179-196.

④ Anderson L E. A new look at an old construct:Cross-cultural adaptation[J]. International Journal of Intercultural Relations,1994,18(3):293-328.

　　武汉大学传播学教授单波(2011)指出,跨文化传播的基本理论命题围绕着三大命题展开:①文化与传播的关系是同构的关系,即所谓文化就是传播,传播即文化,传播在创造和改变文化,而文化本身又创造了某种互动方式,文化还具有民族中心主义倾向;②人与人的传播关系,即人是传播关系的总和;③他者的意义,即主体通过他者来建构自我意义。单波认为,应该用文化与传播同构的概念来观察文化和传播的偏向命题,而在传播中我与他者是共生的两个主体,我们在差异中理解自我,通过对话达到互意性理解。①

　　对于当前全球化语境下的跨文化传播,车英、欧阳云玲(2004)认为,冲突与融合是全球化语境下跨文化传播的主旋律,跨文化传播包含全球化与地域化、异质化与同质化之间的对峙和互动的过程,只有在兼顾本土文化优势和吸收外来文化精粹的民族才能在发展中找到合适的空间,我国的跨文化传播应该倡导多元文化"共存互补",充分发挥儒家"和而不同"的智慧,进而消除和减少文化冲突。② 李彦亮(2006)指出,在诸多引起跨文化冲突的因素中,不同个体之间的价值观差异是最根本的原因,个体之间的跨文化沟通障碍则是最直接的原因,思维习惯和工作方式不同也是较为重要的原因。跨文化管理中的重要组成部分就是跨文化冲突的管理。③ 单波、姜可雨(2013)对"全球本土化"的跨文化悖论进行了阐述,"全球本土化"由"全球化"和"本土化"两个概念构建而来,具有很强的跨文化意义,也展现了突出的跨文化悖论。全球化不可能代替本土化,本土化同样也不能代替全球化。文章指出,当前的全球本土化陷入了全球本土化—全球化—去全球化—本土化—去本土化的轨迹,要用跨文化传播的视角来调试文化差距和文化冲突,培养文化互动空间,达到文化间的互惠理解和建构

---

　　① 单波.跨文化传播的基本理论命题[J].华中师范大学学报(人文社会科学版),2011,50(1):103-113.

　　② 车英,欧阳云玲.冲突与融合:全球化语境下跨文化传播的主旋律[J].武汉大学学报(哲学社会科学版),2004,57(4):570-576.

　　③ 李彦亮.跨文化冲突与跨文化管理[J].科学社会主义,2006(2):70-73.

平衡,同时关注全球化与本土化的同质性和异质性,实现文化之间的互动和谐。① 刘双(2000)从文化身份的视角对跨文化传播进行阐述,他指出,在跨文化传播中,交际双方彼此解释清楚各自的文化身份特征,有利于减少偏见和建立信任感。文化身份是一个文化群体的成员对自身文化的认同感,会通过人的言行思想表现出来,文化身份决定了一个文化群体中的个体如何感知外在世界,在交际中如何编码和传递信息,以及如何理解和接受信息编码等。文化身份的内涵可以表现为自我意识、人际关系、表现方式、惯性与动性、传播信息内容、环境变化、情感因素这七大方面。②

(4)跨文化交际及跨文化教育研究

跨文化交际通常是指来自一种文化背景的人或群体与来自另一个文化背景的人或群体进行的交流,交际双方可以是不同民族、不同国家、不同种族的人,也可以是主流文化与亚文化之间或亚文化之间的人。对跨文化交际的研究始于 20 世纪 60 年代的美国,一般而言,跨文化交际的研究内容包括影响跨文化交际行为的因素,如价值观、社会准则、生活方式、文化取向等;言语和非言语行为对跨文化交际行为的影响,尤其是这二者在不同文化中存在的差异,非言语行为主要指人体语、时间语和空间语。人体语相对容易理解,如声音的音调、快慢、停顿等;时间语主要涉及人们对准时、延时、时间早晚等的理解;空间语则指人们交际过程中的身体距离方面,相比而言,国外对非言语行为的研究更为深入全面一些。对于我国高校在跨文化交际能力培养现状,高一虹(1998)认为存在过度注重"功效"的缺陷,具体表现为整体系统性不强;注重外在效果而轻内在能力;长于实用价值,而缺少终极关怀等。因此,她提出跨文化交际能力培养做"道"与"器"之分,其中"道"指健全的人格和能产性交际取向,而"器"则指

———————

① 单波,姜可雨."全球本土化"的跨文化悖论及其解决路径[J].新疆师范大学学报(哲学社会科学版),2013(1):41-48.

② 刘双.文化身份与跨文化传播[J].外语学刊,2000(1):87-91.

具体的文化知识、交际技巧和功效。①

　　跨文化教育的出现源于第二次世界大战后，各国间移民情况大量出现，如何对他们开展文化和心理教育，让他们尽快融入当地社会，便成为很紧迫的问题。跨文化教育这一概念于 1992 年由联合国教科文组织整体提出，之后在 2007 年联合国教科文组织发布的《跨文化教育指南》(Guidelines on Intercultural Education)中指出，跨文化教育的实践要遵循三大基本原则：一是要考虑学习者不同的文化身份，提供的文化教育应该在其接受范围之内；二是跨文化教育的目的是要帮助学习者融入和参加当地社会生活，向他们传授多国文化，培养文化态度和文化技能；三是跨文化教育的目标在于通过文化态度、知识、技能的学习和影响，让学习者之间能够不论种族、宗教团体、社会背景，都能够相互尊重、理解和团结。② 联合国教科文组织的重视和推广引发了教育界的广泛关注，跨文化教育逐步成为 21 世纪的重要思潮之一。③ 我国学者黄志成和魏晓明(2007)将跨文化教育作为国际教育新思潮进行了论述，指出跨文化教育是对多元文化教育的超越，前者是主动性、互动性的教育，而后者是消极被动型共存，跨文化教育的核心就是要让学生接受和欣赏文化差异，不同文化相互尊重、相互学习。学校应该在课程和教学中充分考虑学生的不同的文化特性，要加强对教师的跨文化培训，加强学生外语培训等。④ 德国学者克里斯托弗·乌尔夫(2010)在《北京大学教育评论》上发表了《作为跨文化教育的教育：一场全球变革》一文，文章指出，全球化在带来以经济发展为主的正面影响的同时，也带来了战争、苦难、贫困、过度开发、对自然的毁坏等，文化多样化趋势不可避免。因此，在教育中应该引入以和平和社会公正为导向、重视可持续发展的跨文化教

　　① 高一虹. 跨文化交际能力的"道"与"器"[J]. 语言教学与研究,1998(3):39-53.
　　② Organization S C. UNESCO Guidelines on Intercultural Education[J]. United Nations Educational Scientific & Cultural Organization,2007:43.
　　③ 转引自张琳琳,赵俊峰. 来华留学生跨文化教育课程研究[J]. 外语学刊,2014(5):121-123.
　　④ 黄志成,魏晓明. 跨文化教育——国际教育新思潮[J]. 全球教育展望,2007,36(11):58-64.

育,培养各国学生应对社会和自然中出现的差异性、他者性和不可预测性。文章认为跨文化学习是一种多模式的学习,主要包括四个方式,即模仿学习、作为表演过程的跨文化学习、探究式学习、通过仪式来促进学习和交流。在文中,他高度强调了在文化多样化的今天和未来,坚持跨文化教育视角在教育中的重要性。①

2. 留学生教育管理研究

随着我国教育国际化及来华留学生人数增加,国内关于来华留学生教育与管理的研究也日渐增多,了解相关的研究文献,可以为本书提供研究参考和借鉴。目前,留学生教育管理的研究主要包括以下几个主题:对来华留学生发展历史的梳理;来华留学生教育管理的战略定位和管理模式研究;来华留学生教育的现状和发展策略研究;世界各国留学生管理经验借鉴等。

(1)对来华留学生发展历史的梳理

一些学者对新中国成立以来的留学生教育发展历程进行了系统梳理,包括数据梳理、政策梳理、发展变化原因分析等多个视角。原国家教育委员会国际合作司司长于富增 2009 年的专著《改革开放 30 年的来华留学生教育》对改革开放前后的留学生教育进行了系统梳理,主要包括留学生教育的历史背景、国家关于留学生教育的政策沿革、留学生生源构成的变化、接收留学生的院校变化等,系统梳理了 20 世纪 80 年代以来世界外国留学生教育的发展特点,并从我国来华留学生教育的发展历程和发展阶段两个方面开展了国际比较,指出了我国留学生教育存在的缺点和不足。总体而言,该书梳理系统、数据丰富,可以作为了解我国来华留学生教育发展历史的经典著作。② 程家福(2009)的论文《新中国来华留学教育结构研究(1950—2007)》基于 1950—2007 年的来华留学生数据,对新中国来华留学教育结构进行了研究,其研究发现,新中国成立以

---

① 克里斯托弗·乌尔夫,刘子瑜.作为跨文化教育的教育:一场全球变革[J].北京大学教育评论,2010,8(4):163-176.

② 于富增.改革开放 30 年的来华留学生教育[M].北京:北京语言大学出版社,2009.

来,政治因素对留学教育的影响力逐渐减弱,经济方面的因素则日益增强;来华留学生的国别从单一到多样化,中国的周边国已经成为主要生源国;从学科分布看,学习人文学科的越来越多,语言生超过了六成;从学历分布看,留学生主体从学历生转向非学历生,其中普通进修生规模所占规模最大;他还通过与发达国家相比,发现我国来华留学生存在教育层次低、科类分布不均衡的情况。[①]董泽宇(2012)的著作《来华留学教育研究》则分 1950—1977 年、1978—1997 年、1998 年至今三个阶段对我国来华留学教育的历史进行了系统梳理,文章的特色在于从国际和国内两个角度对来华留学教育政策的动力来源进行了阐述,并将中国的留学生教育置于全球留学教育的大背景下系统考察,分析了国际留学教育的发展和变迁对我国来华留学生教育工作构成的影响,还分析了促进留学教育发展的主要推动力,并对我国来华留学教育的发展进行了相应分析,包括政治因素、经济因素、社会因素、高等教育因素等,并揭示了发展动力的影响因素和作用机制。[②]

(2)来华留学生教育管理的战略定位和管理模式研究

①来华留学生教育的战略定位

发展来华留学生教育,首先要明确国家对来华留学生教育的战略定位。蒋凯(2010)认为,当今留学生规模发展迅速、流向多元、教育市场化日趋明显,导致留学生市场竞争白热化,然而中国的来华留学生教育存在学历层次低、专业和国别结构不平衡、重视程度不够以及规章制度不够完善等问题;我国应该高度重视来华留学生教育,通过来华留学生教育培养大量专业和管理人才,促进国际交流与合作,服务国家外交,增强软实力,推动人力资源强国建设和一流大学建设,并创造实际经济效益,拉动我国的经济增长。论文认为来华留学生教育的科学战略定位应该是"建设亚洲最大的高质量留学教育目的地国,为世界各国培养大批高层次专业和管理人才,增进我国同其他国家的相互了解和交

① 程家福.新中国来华留学教育结构研究(1950—2007 年)[D].上海:华东师范大学,2009.

② 董泽宇.来华留学教育研究[M].北京:国家行政学院出版社,2012.

流,发展和巩固我国同世界各国的友好合作关系,服务外交大局,增强国家软实力,实现和提升来华留学生教育促进经济增长的价值,为建设创新型国家和人力资源强国提供坚实的人才和知识支撑,成为我国教育国际合作与交流的一个核心成分和外交工作的有机组成部分"[①],而要保障这一战略定位的落实,应该重点处理好规模扩大与质量提升的关系、立足现实和重点突破之间的关系、来华留学和出国留学之间的关系。郑向荣(2010a)认为,我国应将来华留学生教育作为我国平衡贸易逆差、发展经济的新增长点,作为我国高等教育国际化的必然选择,以及在新的历史环境下引进国际高素质人才的重要手段。[②]

②来华留学生教育的管理模式

就高校来华留学生教育管理模式而言,学者们普遍认同当前应该实行趋同管理模式。夏青(2010)指出高校不断健全和完善留学生的学籍管理制度,采用学分制成绩管理办法以及现代化教学网络管理手段,这为实施留学生教学管理的趋同提供了有力保障。然而由于缺乏统一的入学评价体系和完善的评定机制与课程体系,以及教学内容方面还不适应学历留学生的学习,这都是当前留学生"趋同教学管理"存在的客观问题。她提出,应该从提高生源质量、采取"适度趋同"原则、灵活选课、改革课程和教学体系、引入"导师制"加强专业指导等多方面来推进学历留学生的"趋同教学管理"。[③] 彭庆红和李慧琳(2012)对来华留学生事务管理从特殊照顾到趋同管理的过程进行了回顾,在我国留学教育发展初期,留学生实行特殊化管理模式,主要体现在生活上如外宾一样的特殊照顾,学习则是单独教学的特殊管理,造成这一阶段特殊管理的原因是政治经济环境的影响、高校教学管理自主权的缺乏以及对留学生身份定位不明确等。文章认为,在国际化背景下高校留学生事务管理模式应该转向跨文化趋同管理,同时完善相关政策,提高管理规范化水平。在具体管理上,要引导留学生做好

---

① 蒋凯. 来华留学生教育的战略定位:基于多因素的分析[J]. 中国高教研究,2010(5):17-20.
② 郑向荣. 当前我国发展来华留学生教育的意义与优势分析[J]. 高教探索,2010(5):103-106.
③ 夏青. 对来华学历留学生实施"趋同教学管理"模式的思考[J]. 教育探索,2010(9):72-73.

自身定位,对留学生类别细化并进行分层管理,让留学生充分实现自治,参与管理与服务。[①] 彭庆红和李慧琳(2013)认为,当前我国高校留学生管理模式存在两种:一种是内部智能型管理模式,这一类主要在"国际交流与合作处"下面设置或者平行设置"留学生办公室"来开展留学生日常管理,另一种是外部事业型综合学院管理模式,这一类主要通过"国际文化交流学院"或"国际教育学院",全面行使留学生招生、教学和日常事务管理职能。在留学生规模激增的状况下,这两个模式都各有其不适之处,文章提出实行分层管理模式,即对学历留学生纳入本国学生事务管理的体系下,实行趋同管理,而对语言生等非学历留学生则进行市场化管理,进而提高留学生教育的质量和效果。[②] 这一观点与赵金坡(2011)提出的建议颇为相似,后者提出要对学位留学生与非学位留学生进行分层管理,构建来华留学生区域性分层教育与管理平台;高校应集中精力做好学位留学生的工作,从完善专业建设、办好招生录取、推进校际合作等方面入手;非学位留学生主张完全市场化,由地方政府创建综合性平台,做好短期进修生和培训生的教育工作,推动教育经济的发展。[③]

(3)来华留学生教育的现状和发展策略研究

①我国来华留学生教育的优势分析

赵金坡(2011)指出影响来华留学的外部因素指全球经济走向、国家之间的关系等,内部因素则指国家的总体实力和接纳留学生的机构的教育和管理服务水平,后者包括良好的工作机制、院校的教育和管理服务、学科专业实力以及与海外合作平台的搭建等。[④] 也有学者对我国高校发展留学生教育的优势和劣势进行了分析,对于我国高校留学生教育的优势,郭秀晶和周永源(2010)认为我

[①] 彭庆红,李慧琳. 从特殊照顾到趋同管理:高校来华留学生事务管理的回顾与展望[J]. 河南师范大学学报(哲学社会科学版),2012,39(5):241-245.

[②] 彭庆红,李慧琳. 高校来华留学生事务现行管理模式分析与分层管理模式探索[J]. 现代大学教育,2013(1):51-56.

[③] 赵金坡. 来华留学生区域性分层教育与管理平台的构建[J]. 高教探索,2011(5):92-95.

[④] 赵金坡. 来华留学生区域性分层教育与管理平台的构建[J]. 高教探索,2011(5):92-95.

国经济发展速度快、外交环境良好、中国文化的国际影响力日益增强、高等教育发展迅速等,都为我国大力发展留学生教育提供了很好的条件[1];郑向荣(2010a)认为除了政治、经济、社会、高等教育方面的优势以外,中国还有良好的地缘优势和语言优势。[2]

②来华留学生教育管理的现状

林声明和刘世清(2009)通过对 1998—2007 年中美留学生教育的比较,发现我国与美国在留学生数量、学科领域、学科分布上有较大差距,主要原因是语言障碍、留学生政策、学科环境和资金投入上的差距。[3] 丁笑炯(2010)基于上海四所高校的数据,对留学生需要什么样的教育进行了调查,调查内容包括留学生希望用什么语言学习、自身的努力程度、对学校行政和服务的评价、对勤工俭学和打工的看法等,调查发现,当前我国留学生的相关规章制度,多是以管理者的视角制定的,在一定程度上脱离了留学生的需要,进而造成留学生的留学满意度不高。[4] 单宝顺(2011)认为,当前来华留学生教育中存在几大突出矛盾:刚性管理与柔性管理、趋同与求异、高效管理模式与留学生管理模式、个性集体与共性集体之间的矛盾等。[5] 陆德阳(2013)指出,来华留学生教育中存在的"镀金"现象,是当前高校来华留学生教育面临的现实问题。当前来华留学生存在总体基础差,学习动机不强,毕业水平难以达标,学校则过于强调快速发展,重视规模的提升,却往往在质量方面容易放松要求,而主管部门又缺少有效的监管措施。[6] 陈丽萍和田晓苗(2014)对教育部指定开展留学生教育体制改革的 5 所高校开展了调研分析,认为试点高校留学生教育存在"多元与不均衡并存"的

---

① 郭秀晶,周永源.关于我国高校留学生教育发展的综合分析[J].中国高等教育,2010(8):30-31.
② 郑向荣.当前我国发展来华留学生教育的意义与优势分析[J].高教探索,2010(5):103-106.
③ 林声明,刘世清.1998—2007 年中美留学生教育比较研究[J].现代教育管理,2009(12):90-93.
④ 丁笑炯.来华留学生需要什么样的教育——基于上海市四所高校的数据[J].高等教育研究,2010(6):38-43.
⑤ 单宝顺.试论在华留学生管理中的几对矛盾[A]//徐为民.来华留学生教育的理念与实践.杭州:浙江大学出版社,2011:175-181.
⑥ 陆德阳.不容忽视来华留学生教育的镀金现象[J].探索与争鸣,2013(8):47-51.

状况,多元体现在来源国、分布高校、教育层次、专业选择等方面,但是这些多元的方面同时也存在不均衡的现象。分析认为导致这些问题的原因包括:高校重物质吸引,轻软实力发挥;强调与国际接轨,忽略本土资源开发;管理不规范,管理人员专业化缺乏;教育管理部分的统筹管理功能没有很好发挥等。[①]

③发展来华留学生教育的对策研究

有学者从宏观的层面提出我国来华留学生教育未来的发展策略。黄骏和乔增芳(2006)判断未来国际留学生教育有几个走向,即走产业化道路,注重服务质量,更加注重国际合作,更灵活多样且富有个性特色,中国要发展留学生教育事业,应该处理好扩大规模与提升质量之间的关系,提高留学生教育的层次,大力提高中国高校的国际化水平,加强体制改革和创新。[②] 林声明和刘世清(2009)认为,我国应该加大对孔子学院的投入,为留学生创造更好条件,建立多样化留学生奖学金制度,加强学科课程设置的国际化,发挥学科优势和特色。郑向荣(2010b)认为,我国要将留学生教育的发展与国家整体发展战略相结合,要将留学生教育与学校自身的发展相结合,树立留学生教育产业观、市场观和服务观,提升教育质量,打造品牌,并优化留学生支持系统,如对引入多元化的投入机制提供经济支持,完善法律法规、提供法律保障,以及健全社会化管理和服务体系等。此外,还要加强留学生教育的对内宣传和对外宣传,作为留学生教育规模扩大的有力推手。[③] 陆德阳(2013)提出要转变观念,重视留学生教育质量,制定全国统一的考核标准,逐步提高入学要求。[④]

有学者对高校层面发展来华留学生教育的策略进行了阐释。金泉元(2014)认为,高校留学生教育应该精心构筑软环境,包括学校科学规划、完善配套政策体

① 陈丽萍,田晓苗.试点高校来华留学生教育"内涵发展"研究——国家教育体制改革试点调研报告[J].中国高教研究,2014(11):49-53.
② 黄骏,乔增芳.当代国际留学生教育发展的特点与走向[J].广西民族大学学报(哲学社会科学版),2006,28(s2):205-208.
③ 郑向荣.对当前扩大来华留学生教育规模的思考[J].教育探索,2010(8):83-85.
④ 陆德阳.不容忽视来华留学生教育的镀金现象[J].探索与争鸣,2013(8):47-51.

系、加强制度建设、从专业结构和课程教材等方面入手构建科学的留学生培养体系，打造一支高水平的师资队伍和管理队伍等。[①] 陈丽萍和田晓苗（2014）认为，高校来华留学生要从激发高校内生动力，形成招生、培养和评估一体的综合体系，以及做好大学治理，发挥多元利益主义的能动性这两个方面做好高校留学生教育的"内涵发展"。[②] 白瑛（2015）认为，要做好以文化认同为导向的人性化管理和趋同管理，做好招生宣传，完善课程设置，加强留学生就业指导和校友工作，提升留学生管理效率和质量。[③] 此外，段伟和刘慎军（2014）从发生学视角，对来华留学生突发事件管理过程进行了分析，认为留学生危机管理的过程可以包括：事前预防管理阶段，该阶段要建立预警机制；事中应急管理阶段，该阶段主要是快速、有效地处理好危机；事后恢复管理阶段则旨在消除影响，总结经验。[④]

④来华留学生思想教育研究

思想教育问题是影响高校来华留学生留学积极性、学习生活适应程度以及能否顺利毕业的重要因素，不少学者开展了相关研究。冯保平（1995）指出，思想教育工作是我国社会主义制度的特点，留学生的思想教育工作是高校思想政治工作的组成部分，也是做好留学生工作的重要保证。在来华留学生思想教育的内容方面，冯保平（1995）认为，要做好遵纪守法教育、学风教育、团结友好教育，同时帮助留学生了解我国国情。[⑤] 李慧琳和张营广（2014）认为，来华留学生思想教育应该包括遵纪守法、道德规范和历史文化传统教育，世界观和人生观教育，以及科学思维方式的培养等内容。对来华留学生进行的思想教育应区别于国内大学生，要帮助来华留学生了解中国的历史和现实，并在此基础上达到理解中国、认同中国现行政治经济制度的目的，逐步消除因为意识形态和政治

---

① 金泉元. 高校留学生教育软环境建设探析[J]. 江苏高教,2014(1):123-124.

② 陈丽萍,田晓苗. 试点高校来华留学生教育"内涵发展"研究——国家教育体制改革试点调研报告[J]. 中国高教研究,2014(11):49-53.

③ 白瑛. 高校来华留学生管理中存在的问题与改进措施[J]. 山东社会科学,2015(s1):152-153.

④ 段伟,刘慎军. 来华留学生危机管理过程的发生学探析[J]. 教育评论,2014(6):65-68.

⑤ 冯保平. 建立具有中国特色的留学生教育管理模式[J]. 中国高教研究,1995(2):87-89.

经济体制差异带来的各种适应障碍与抵触情绪,可以更好地促使他们遵守我国法律与校规校纪,更快地适应在中国的学习与生活,从而成为连通中国与世界的友好使者。① 陆德阳(2006)认为,应该加强对留学生的中国文化教育,中国文化中的和谐观念、儒家思想的"正心、修身、齐家、治国、平天下"的人生理想、强调个人修养、中国的风俗习惯等都应该成为中国文化教育的内容,要通过书本学习、旅游观光、社会实践等多种手段开展中国文化教育。②

在具体如何开展来华留学生思想教育方面,刘世伟(2000)认为,留学生思想教育应该遵循以下原则:积极影响、不强加于人,严格管理与思想管理相结合,平等信任,有针对性等;还提出了感染教育法和冲突缓解法的两个基本方法。③ 程伟华等(2010)认为,留学生思想教育应该从规章制度保障入手,渗透入教学和科研中,融入日常留学生管理中,充分发挥校园文化的潜在教育功能,充分利用现代传媒渠道开展思想教育,还要加强相关理论研究。④ 李慧琳和张营广(2014)认为,高校应该从跨文化留学生事务管理队伍建设、从文化生活建设中实现"润物细无声"的教育、实现课堂教育和多媒体资源的融入式教育,提升思想教育实效。⑤ 张晓郁(2014)还对华裔留学生的思想教育进行了探讨,他认为对华裔留学生应该加强中国传统文化教育和爱国主义教育,加强以寻根访故为主题的实践活动,加强校园文化建设,促进华裔留学生与学校师生的沟通融合,将华裔留学生思想教育与日常生活管理结合起来。⑥

⑤来华留学生教育工作队伍建设研究

① 李慧琳,张营广. 趋同管理背景下高校来华留学生思想教育问题探析[J]. 思想教育研究,2014(11):98-100.

② 陆德阳. 加强留学生中国文化教育的思考[J]. 当代青年研究,2006(4):41-44.

③ 刘世伟. 加强来华留学生思想教育工作[J]. 东北大学学报(社会科学版),2000,2(2):103-105.

④ 程伟华,李远,陈月红,等. 农业院校外国留学生思想教育创新研究[J]. 高等农业教育,2010(10):66-68.

⑤ 李慧琳,张营广. 趋同管理背景下高校来华留学生思想教育问题探析[J]. 思想教育研究,2014(11):98-100.

⑥ 张晓郁. 华裔留学生思想教育若干思考[J]. 沈阳大学学报(社会科学版),2014,16(2):193-195.

对于留学生教育者或者管理者的基本素质要求的问题,研究者们普遍认为政治素质、文化素质、外语能力、服务意识等都是非常必要的(高剑华,1993;①雷伟中,1999②)。王幼敏(2003)对留学生教育工作队伍的智力结构进行了探讨,认为留学生教育工作队伍的智力结构是多维、动态的综合体,包括专业、年龄、智能、知识和素质五大构成部分,其中在知识结构方面,认为留学生教育工作者应该具备留学生教育专业知识、语言知识和世界各地的语言、习俗等一般知识,而在素质结构方面,则应该具备良好的政治素养、一丝不苟的工作作风以及热情的工作态度等。③ 傅索雅(2006)也提出留学生管理者应该加强意识增进,主要包括规则意识、文化意识和服务意识三个方面。④

⑥来华留学生教育评估体系建设研究

留学生教育评估体系在国外发展得较为成熟,主要是国家、学校以及社会第三方共同评估的格局,我国当前则主要以国家教育管理部门的评估为主。顾斌(2011)认为,当前我国对留学生教育管理评估存在重视不够、评估方法不完善、评估质量不高、评估受干扰等现实问题,留学生教育管理应该建立多元化的评估体系,制定留学生教育管理评估体系应该遵循科学性、导向性、整体优化、客观性、简易性、定量与定性相结合的原则,全面客观反映评估目的、价值客体的特征和属性以及价值主体的需要。要树立正确评估指导思想、加强组织领导、内容选择全面、评估指标科学且能量化、重视内部自评和外部独立评估相结合、注重评估后的整改和以评促建,最终建立多元化的评估体系。⑤

(4)世界各国留学生管理经验借鉴

外国尤其是留学生教育大国发展留学生教育的经验、举措,可以为我国留

---

① 高剑华. 浅谈留学生管理干部素质[J]. 辽宁师范大学学报(社会科学版),1993(4):40-42.

② 雷伟中. 提高留学生管理人员素质的探讨[J]. 高教论坛,1999(3):90-91.

③ 王幼敏. 论留学生教育工作队伍的智力结构[J]. 云南师范大学学报(对外汉语教学与研究版),2003,1(3):45-47.

④ 傅索雅. 略谈留学生管理者的意识增进[J]. 北京广播电视大学学报,2006(3):37-41.

⑤ 顾斌. 试析留学生教育管理多元化的评估体系[J]. 黑龙江高教研究,2011(5):54-56.

学生教育管理提供借鉴。王苏春等(2009)认为,发达国家留学生教育的经验值得借鉴,如帮助留学生解决经济问题,主要通过社会团体、企业等设立奖学金的形式,如英国和日本;鼓励留学生攻读高等级学位,日本是其中的典型;加强宣传,注重与国外教育机构的合作;推行短期留学制度;注重教育质量等。① 管斌(2010)介绍了日本2008年提出的"留学生30万人计划"的经验,该计划被日本当作一项重要的国家战略,针对不同的区域和国家制定了不同的招生政策,并且调整了日本的留学生政策的方针和措施,从强调"知识性的国际贡献"转向"获取优秀人才"。该计划还从高校、留学生就业到生活环境三个方面提出了可行措施:大学保证教学质量,提升国际竞争力;加强产学官各界联手,促进留学生留在日本就业;为留学生创造安心学习的良好环境。② 丁笑炯(2011)指出英国的留学生政策从全成本收费、扩大规模、追求经济效益,转向了提高留学生学习生活体验,提供更好、更多的服务,包括多管齐下,推动留学生全面融入当地社会;提高留学生就业能力,做好职业咨询和规划;多方位开展培训,加强与留学生教育相关的教师、中介、企业的培训,加强能力建设等。③ 张伟(2013)对德国招收外国留学生的策略进行了研究,作为全球最受留学生欢迎的非英语国家,在欧洲一体化进程中,德国积极行动,指定了专门机构DAAD(德国学术交换服务中心),对德国高等教育和科学成就进行营销和从事高等教育的国际化推广;修订了移民法,放宽外国留学生工作和居留的限制,还加强对留学生服务支持,如2008年提出了"促进国际学生融入计划",2010年又联手德国大学校长联席会议共同研究制定了《德国高校留学事务准则》,对留学生的服务准则和标准进行了规定;此外,德国还通过DAAD等机构加强对德国高等教育的海外营

---

① 王苏春,王勇,唐德才. 发达国家留学生教育经验对我国留学生教育的启示[J]. 教育探索,2009(9):146-147.

② 管斌. 日本的国家教育战略与"留学生30万人计划"[J]. 高教探索,2010(5):41-45.

③ 丁笑炯. 从经济收益到学生体验——英国高校留学生政策转向述评[J]. 高等教育研究,2011(5):104-109.

销,包括成立专门的营销组织,提出具有感染力的宣传口号,提供不同语言的信息和宣传资料,开展丰富多样的促销活动等;另外,德国还积极推动跨国高等教育,如联合培养项目等。① 殷小琴(2011)指出,美国在 2000 年以后,针对留学生人数呈现停滞甚至下降的现象,调整了留学生政策,包括提高教育质量,采取多元教育输出形式,典型的做法就是直接在国外建立分校;重视对留学生优秀学生的资助,加大对美国教育的宣传,在全世界设立了 450 多家美国教育咨询中心;限制敏感技术领域招生,同时放宽其他领域的签证政策等。这些政策调整的深层原因包括:一是出于国际政治利益的考虑,希望通过留学生教育培养亲美势力;二是经济利益考量,通过留学生教育解决高校财政难题;三是人力资源考量,充分吸收各国优秀人才发展美国知识经济。② 戴宝印和查芳灵(2014)认为,美国的学历留学生发展历史可以为我国提供很好的经验借鉴,美国出国攻读学历的留学生一般选择英语为母语的国家攻读学位,主要分布在欧美等高等教育发达的国家,主要在本科和硕士层次,在专业方面主要是人文社会科学和经管、生命科学等。相比而言,我国学历留学生存在规模不大、国别和专业结构不合理、学历层次较低、学历生整体质量不高等问题;我国应该从加强内涵建设、扩大招生尤其是对东南亚和日韩的招生、做好本硕博三个阶段的项目、加强全英文经管人文类项目建设、构建英文环境、加强多渠道留学生经费资助等渠道,推动我国学历留学生事业的发展。③ 李慧琳和张营广(2014)还以德国亚琛工业大学为例,对德国大学外国留学生事务管理的经验进行了研究,发现德国亚琛工业大学留学生事务管理有三大特征,即机构精简一体化、学生趋同自治化、生活服务社会化。④

① 张伟.德国招收外国留学生策略研究[J].中国高教研究,2013(12):42-50.

② 殷小琴.美国留学生政策的调整及原因分析[J].教育评论,2011(3):146-149.

③ 戴宝印,查芳灵.刍议美国海外学历留学生对我国发展学历留学生的启示[J].学术论坛,2014,37(10):163-167.

④ 李慧琳,张营广.趋同管理背景下高校来华留学生思想教育问题探析[J].思想教育研究,2014(11):98-100.

3. 跨文化视域下留学生教育管理研究

国内学者对来华留学生的跨文化适应问题开展了研究,主要包括来华留学生跨文化适应的表现、影响因素、适应状况、对策建议等多个方面。

(1)来华留学生跨文化冲突的表现及影响因素

郭继超(2001)认为来华留学生教育中的文化冲突可以分为技术层面的表层文化冲突,社会规范、时空观等层面的中层文化冲突,以及深层次的核心文化冲突。① 谢新(2006)认为,历史背景差异、宗教习俗差异和语言文化差异,构成了留学生文化差异的主要表现,而文化差异容易引起文化休克、文化冲突等,继而导致留学生突发事件的发生。② 张秋红和李纯丽(2009)认为,留学生跨文化不适应表现为内在的心理不适应,如孤独、思乡、无能感、不安全感,以及外部的忧郁、易怒、自我封闭的情绪和行为。影响跨文化适应的直接原因就是文化差异,其负面影响普遍出现在留学生到新环境的第3~8个月。③ 王冬燕等(2012)基于10个省市、15所高校的1 294名来华留学生的实证研究,发现在来华留学生跨文化适应的影响因素中,社会服务系统和留学生自身的性格因素是对留学生影响较大的因素。此外,学校环境、教师形象等也对留学生的适应性有一定的影响。④ 文雯(2014)发现留学生的跨文化适应水平主要受与中国师生的互动情况(包括与中国学生、中国老师以及与学校的行政人员的互动)的影响,留学生与中国师生互动越好,其跨文化适应能力越强。与其他研究不同的是,该研究调查发现东亚地区的留学生跨文化适应较之于西方国家的学生有更多的困难,文章认为可能因为这些国家的学生受儒家文化影响,性格相对内向,同时容易有抱团的情况,进而导致与中国师生的互动较少,影响了跨文化适应。也有

① 郭继超. 留学生管理工作中的文化冲突及其对策[J]. 中国高教研究,2001(11):68-69.
② 谢新. 文化差异与留学生突发事件的预防及管理[J]. 中国高等教育,2006(5):49-50.
③ 张秋红,李纯丽. 留学生跨文化心理探究与高校外国留学生管理[J]. 兰州学刊,2009(s1):212-215.
④ 王冬燕,钱锦昕,余嘉元. 基于决策树的来华留学生跨文化适应性研究[J]. 心理学探新,2012,32(3):225-230.

研究针对特定国家的来华留学生开展研究,如刘宏宇和贾卓超(2014)以来华中亚留学生为研究对象,对留学生跨文化适应状况进行了研究,发现社会环境、个体因素、语言障碍和原有文化与心理四个方面是影响跨文化适应的主要因素。[①]潘晓青(2014)以美国在华留学生为研究对象,以质性研究方法,对跨文化人际适应的状况进行了探究,发现美国留学生与中国人的跨文化人际交往主要受语言障碍、刻板印象和文化差异的影响,而刻板印象则与种族和国别有关,文化差异则主要体现在普遍和特殊主义、平等自由和服从上级、就事论事和人情面子、人际距离的远近方面。[②]

华东师范大学的两篇博士论文,对来华留学生跨文化适应的影响因素进行了相对系统的研究。杨军红(2005)的博士论文《来华留学生跨文化适应问题研究》发现,留学生性别、文化背景、来华时间、汉语水平、来华学习的目的对留学的适应影响显著。在社会环境因素的影响中,在华的社会支持因素对留学生适应的影响要远大于文化距离的因素。研究结果显示,来华留学生在人际交往的适应方面普遍感觉困难,主要影响因素包括汉语水平障碍、兴趣爱好的差异、学校的沟通和交流机制的缺失、因价值观不同导致的交际风格差异等,此外,各国学生固守本国文化的"惰性心理"也是很大的障碍因素之一。[③] 朱国辉(2011)的论文《高校来华留学生跨文化适应问题研究》认为,在心理适应方面,留学生的年龄、国别、留学时间以及对中国的了解程度都对心理适应有显著影响;在留学生社会文化适应中,同样存在性别和国别上的显著差异,留学生学习动机越强,跨文化适应程度就越高。在留学生心理适应和社会文化适应两个方面,家人和亲戚朋友是他们缓解适应问题的重要社会支持,而以老师和管理人员为代表的学校支持作用并不显著。在留学生学术适应方面,留学生认为学校的图书馆设

---

① 刘宏宇,贾卓超. 来华留学生跨文化适应研究——以来华中亚留学生为个案[J]. 中央民族大学学报(哲学社会科学版),2014(4):171-176.

② 潘晓青. 美国在华留学生跨文化人际适应质性研究[J]. 比较教育研究,2014(8):74-81.

③ 杨军红. 来华留学生跨文化适应问题研究[D]. 上海:华东师范大学,2005.

施和留学生教育管理水平有待提高,留学生的国别、留学身份、对中国和大学的了解程度对他们的学术适应产生显著影响,同样,留学生学习动机越强,学术适应的困难程度就越低,家人、亲戚、朋友和中国老师是留学生缓解学术适应的重要支持来源。①

（2）来华留学生跨文化适应现状及教育管理对策研究

研究者们通过实证研究,发现来华留学生普遍存在不同程度的跨文化适应问题,如朱国辉（2011）通过问卷调查,发现来华留学生总体存在轻度抑郁的状况。② 胡炯梅和姚雪玲（2014）发现留学生与中国学生的交往频度低、交往渠道有限、工具性目的突出、交往主要依赖学校组织的活动等特征,影响交往的主要障碍因素包括价值观因素、学校的制度安排因素、文化隔阂因素、语言因素和主观偏见因素等。③ 王祖嫘（2016）发现,北京高校的留学生跨文化适应状况显著高于中等水平,在心理、文化、语言、生活方面的适应性相继递减,适应情况呈现区域和阶段性差异。④

对于如何帮助来华留学生顺利地进行跨文化适应,郭继超（2001）认为,要加强跨文化培训,以人为本促进跨文化理解,建立健全管理支撑体系,处理和解决好留学生教育中的跨文化冲突问题。⑤ 杨军红（2005）认为应该在管理方式上实行中外学生"趋同"管理;多渠道鼓励留学生参与中国当地社会文化生活,增进对中国国情和中国文化的了解;营造环境,加强社会支持;加强管理人员跨文化交际能力培训,提高服务水平。此外,还要充分开发留学生的语言文化、信息和跨文化经历资源,开发跨文化课程和项目,培养跨文化能力。⑥ 谢新（2006）指

---

① 朱国辉. 高校来华留学生跨文化适应问题研究[D]. 上海:华东师范大学,2011.

② 朱国辉. 高校来华留学生跨文化适应问题研究[D]. 上海:华东师范大学,2011.

③ 胡炯梅,姚雪玲. 来华留学生跨文化人际交往障碍与调适研究[J]. 新疆师范大学学报（哲学社会科学版）,2014(2):129-132.

④ 王祖嫘. 北京高校留学生跨文化适应实证研究[J]. 中国高教研究,2016(1):91-96.

⑤ 郭继超. 留学生管理工作中的文化冲突及其对策[J]. 中国高教研究,2001(11):68-69.

⑥ 杨军红. 来华留学生跨文化适应问题研究[D]. 上海:华东师范大学,2005.

出,高校应该通过文化系列讲座、留学生导师制度和心理咨询制度,鼓励中外学生相互交流,从突发事件管理预案等多个方面来预防和管理留学生突发事件。①张秋红和李纯丽(2009)提出用情感管理的方法来帮助留学生良好地应对跨文化适应问题,具体包括提供良好的服务、加强沟通以及发挥情感因素的作用等。② 朱国辉(2011)提出要构建和完善来华留学生的社会支持网络,从国家、学校、学生社团以及学生个人几个方面来促进来华留学生的跨文化适应。伊莉曼·艾孜买提(2012)提出构建中亚留学生的跨文化管理模式,包括树立"以我为主,以人为本"的跨文化管理理念;建立并完善跨文化管理的评估体系;加强对留学生工作人员的跨文化管理培训;尊重文化,以文化认同感教育留学生等。③ 刘宏宇和贾卓超(2014)建议要对留学生实行差异管理和趋同管理相结合,充分利用留学生自身的社会支持网络,加强对留学生的跨文化支持等方面,促进留学生的跨文化适应。④ 潘晓青(2014)给出了语言培训、跨文化教育和培训、调整学校相关制度的对策建议。⑤ 胡炯梅和姚雪玲(2014)还提出要发挥学生组织的作用,创造和组织国际交流的机会,以提高留学生跨文化人际交往效果。⑥ 王祖嫘(2016)提出要从管理机制创新、推动中外趋同、加强留学生群体研究和建立有效文化传播渠道等方面来帮助留学生更好地实现跨文化适应。⑦

(3)来华留学生跨文化教育研究

一些研究者认为,对来华留学生,应该通过课堂教学和课外辅导等多种方式,提高来华留学生的跨文化能力。杨颖(2012)指出,在留学生文化休克应对

① 谢新. 文化差异与留学生突发事件的预防及管理[J]. 中国高等教育,2006(5):49-50.
② 张秋红,李纯丽. 留学生跨文化心理探究与高校外国留学生管理[J]. 兰州学刊,2009(s1):212-215.
③ 伊莉曼·艾孜买提. 中亚来华留学生的跨文化管理模式初探[J]. 新疆社会科学(汉文版),2012(3):74-77.
④ 刘宏宇,贾卓超. 来华留学生跨文化适应研究——以来华中亚留学生为个案[J]. 中央民族大学学报(哲学社会科学版),2014(4):171-176.
⑤ 潘晓青. 美国在华留学生跨文化人际适应质性研究[J]. 比较教育研究,2014(8):74-81.
⑥ 胡炯梅,姚雪玲. 来华留学生跨文化人际交往障碍与调适研究[J]. 新疆师范大学学报(哲学社会科学版),2014(2):129-132.
⑦ 王祖嫘. 北京高校留学生跨文化适应实证研究[J]. 中国高教研究,2016(1):91-96.

方面,可以将中国传统心理思想如老子的无为而治、见素抱朴、顺其自然等观点运用于个体和团体心理咨询中,在跨文化适应的不同阶段中,要充分运用中国传统思想的"礼""义""仁"等思想,在蜜月阶段,通过心理关怀来换取文化认同,将中华本土文化运用于留学生心理调适中。[①] 谭旭虎(2014)对来华留学生的跨文化交际课程教学进行了探讨,认为跨文化交际课程应该包括目的语交际文化内容,如应该介绍目的语文化的社会交往和社会活动中最常见的言语和非言语行为,包括规则性和知识性的内容,同时也应该教授文化、价值观、民族中心主义、刻板印象、跨文化意识等核心概念,培养留学生对自我文化和异质文化的反思和审视的能力,此外,跨文化交际课程应该结合当代中国实际,将政治、经济、社会的现实内容融入课堂中,还可以加入跨文化商务的内容。在教学方法上,应该遵循建构主义教学原则、由浅入深的策略、注重体验式教学、运用科技手段营造多层次教学平台等。[②] 张琳琳和赵俊峰(2014)也提出要将身心修养和道德素质纳入跨文化教育的培养目标中,在课程内容的选择上,要遵循两个原则:一是实践原则,即在中国时和离开中国后都能在实践中运用;二是能力原则,即要符合留学生的汉语水平和理解能力。文章还认为,跨文化教育课程的评价应该包括来自专家、教师、留学生三方的评价意见。[③]

(4)来华留学生眼里的中国形象研究

有学者对来华留学生眼里的中国形象进行了调查研究,并对如何塑造中国的国际形象、提高中国的软实力提出了政策建议。叶淑兰(2013)基于上海高校留学生的问卷和访谈,对留学生的中国观进行了调查,发现留学生在中国留学的经历有助于他们丰富中国政治、经济、人文地理的知识,他们也更容易对中国政治、经济和文化做出正向的积极评价,有利于他们更好地融入中国社会,增强对中国的归属感和情感认同。她还发现,奖学金并不一定能够有效改变留学生

① 杨颖. 中国传统心理思想在留学生"文化休克"现象中的运用[J]. 兰州学刊,2012(12):211-213.
② 谭旭虎. 来华留学生跨文化交际课程教学探索[J]. 黑龙江高教研究,2014(7):4-6.
③ 张琳琳,赵俊峰. 来华留学生跨文化教育课程研究[J]. 外语学刊,2014(5):121-123.

对中国的看法和情感,留学生的中国观主要受其自身的价值取向和对中国政治经济制度、社会公平、中国人的文明素质等方面感知的影响。① 李涛(2013)则探讨了中国对东南亚国家来华留学生的公共外交问题。他认为对东南亚留学生的公共外交有利于增强我国在东南亚的文化吸引力和政治影响力,传播正面的国家形象。我国留学生事业的快速发展以及留学生群体的"他者镜像"的作用,都使得对东南亚留学生的公共外交具有很强的可行性。目前中国对东南亚留学生的公共外交还存在中国国家形象提升的艰巨性和长期性、留学生层面的公共外交与国家外交的关联不够明确、高校重视度不够、跨文化沟通交流不多等现实问题。文章提出,应该理顺留学生公共外交与国家公共外交战略的关系,发挥高校的核心作用,搭建跨文化平台,借鉴各国经验等对策建议。②

(二)研究趋势分析

本部分主要以跨文化研究、来华留学生教育管理、跨文化与来华留学生教育管理为主要内容板块开展了研究文献的梳理,可以发现相关研究呈现三个特征。首先,对任何一项学科内容的研究深入和丰富程度都是现实实践的客观反映。以跨文化相关研究来说,它是随着人类之间的交流交往,尤其是不同文化、文明之间的交流交往日益增多而开始的,随着全球化、国际化趋势的发展,大量跨国公司出现,大量国际交流交往活动出现,进而刺激了跨文化研究的日益丰富。来华留学生相关研究也是如此,笔者在中国知网期刊数据库中以"留学生"为关键词进行了搜索,发现在 1994 年以前每年关于留学生的文献均在 30 篇以下,1994—1999 年年均 100 篇以下,2000—2009 年均在 100 篇以上 500 篇以下,而 2010 年至今均在 500 篇以上,到 2016 年一年已达到 840 篇,总体呈现了逐年快速上升的趋势。这一研究趋势,也是同我国来华留学生规模和留学生教育事业的迅猛发展紧密相关的。其次,无论是研究范围还是具体研究内容,已

---

① 叶淑兰. 镜像中国:上海外国留学生的中国形象认知[J]. 社会科学,2013(9):14-26.
② 李涛. 中国对东南亚国家来华留学生的公共外交刍议[J]. 云南社会科学,2013(5):29-33.

有研究均呈现日益丰富和细化的趋势,如跨文化相关研究从最初的发现和甄别文化差异,逐步发展到涵盖跨文化差异、跨文化适应、跨文化调整、跨文化传播、跨文化能力训练等多个研究分支;来华留学生教育同样如此,多年来,研究者们对来华留学生教育的各个环节进行了探讨,如课堂教学、课外活动、思想教育、文化教育、奖学金、住宿、实习等,并且开展了国外留学生教育经验研究,开展了国别之间的对比和借鉴等,研究呈现日益全面和丰富的态势。再次,在研究视角和研究方法方面有日趋综合和多样化的趋势,如从多学科的视角开展相关研究,从教育学、心理学、管理学、文化学等各个学科视角开展留学生教育管理研究;在研究方法上,定性与定量的研究也均有不同程度地涉及,具体如问卷调查法、访谈分析法等的运用。

当然,客观看待当前关于来华留学生相关的研究,也还存在以下两方面的缺点和不足,有待今后研究进一步深化和加强。其一,经验性研究多,科学性研究少。具体表现就是大多数研究都是对留学生教育中的问题就事论事,谈一谈重要性、现状和自己的思考或给出相应建议对策,这类研究,或者理论支撑欠缺,显得不够厚重,或者缺乏科学的研究设计,没有通过定量或定性的研究设计,导致研究的科学性方面的弱化,相关对策建议缺乏说服力。其二,零敲碎打多,整体系统少。一个好的研究要呈现完整性和系统性,不能仅仅简单地就事论事。当前的留学生教育研究感觉较为分散,往往只是对其中一个点进行分析,研究也不够深入和全面,缺乏整体性和系统性。具体到与本研究内容相关的研究中,研究留学生教育管理结合跨文化理论的不多,大多停留在就事论事的层面;而研究留学生跨文化适应的,考虑到留学生教育管理整体的不多,大多是通过问卷的方式,以留学生跨文化适应调查为主,研究结论大多只是呈现出留学生的适应状况如何以及影响因素如何等,而对留学生跨文化适应对教育管理带来的客观难题和困境,以及如何优化、有哪些针对性的对策和建议,则涉及较少。研究一个问题,我们不仅要指出现状是什么,还要指出当前存在的问题在哪里,以及后续如何做、如何进一步优化。

本研究最大的特点,就是将跨文化理论与来华留学生教育管理结合起来,既要有理论的观照和指导,还要有客观的现状调查。论文并不仅仅研究留学生的跨文化适应问题,而是要从整体、宏观的角度,考察留学生教育管理的发展历史、现状和存在的问题,从跨文化的理论视角,为我国高校来华留学生教育存在的问题提供一个解决方案,用跨文化的理论来分析当前存在的问题,并对导致这些问题和困境的原因进行深入分析,最终从跨文化理论的教育视角提出具有针对性、操作性的对策建议。

本部分的文献梳理,有助于我们加强对跨文化理论及研究领域的了解,为下一章的理论部分的内容梳理和取舍奠定了基础;第二部分对高校来华留学生教育管理的文献梳理,有利于我们了解我国来华留学生教育的大致发展历程、留学生管理所涵盖的具体内容,以及截至当前我国来华留学生教育管理的优秀经验和存在的不足,对国外留学生教育的经验梳理,有利于开展相应的经验借鉴;最后对当前跨文化视域下留学生教育管理的文献进行了梳理,有利于我们了解当前我国留学生文化适应的状况、影响因素以及思考如何帮助留学生跨文化适应的对策。

三、分析理路、研究内容与研究方法

(一)分析理路

本研究设计了"一个核心理论,两个研究视角,三个分析向度,四大关键要素"的内容架构和分析理路。具体来说,一就是将跨文化这一核心理论的分析框架和研究方法贯穿于本书研究的始终,将之融入留学生教育管理的各个环节展开系统考量,无论是留学生教育管理现状的梳理还是破解思路的构建,均体现跨文化理论对教育实践的观照和指导。二是指本书从国际到国内、从历史到现实这两大视角,对来华留学生教育的发展历史进行历时性审视,对现状与问题加以多层面的深刻剖析。三是紧紧围绕跨文化理论中的"跨文化差异、跨文化交流和跨文化适应"三个分析向度进行理论阐释与问题归因。其中,重点梳理提炼了跨文化差异中的高、低语境文化理论和文化模式类型理论,跨文化交流中的语言与非语言交流、影响跨文化交流的心理障碍,以及跨文化适应、跨文化调整、跨文化训练等理论内容与问题。四是从"文化、环境、人、管理"这四大关键要素切入,搭建了"文化、环境、人、管理"这一 CEPM 分析模型,对来华留学生教育的难题、背后的成因和解决的对策展开深入研究。上述研究理路中前三方面都比较容易理解,对于 CEPM 四维度的选择和分析模型的构建,有必要进行详细说明。

跨文化视域下来华留学生教育管理的历程,是在各国留学生存在文化差异、文化冲突等各类适应难题的前提下,高校教育管理中通过融入跨文化的考量,即通过跨文化的教育管理,主要体现在跨文化环境的营造、跨文化管理方法和手段的运用,最终提升留学生的跨文化适应能力,促进来华留学生学习、生活的顺利进行,并在此过程中达到国家、高校开展留学生教育的目标,其中包括了培养优秀人才,培养知华、爱华、友校的国际友人,传播中国文化等多重目标。我们可以看出,其中涉及的核心内容就是文化(Culture)、环境(Environment)、人(People)、管理(Management)四大要素,因此我们考虑以这四个要素入手,搭建留学生教育管理难题、追因和破解对策部分的分析模型。为便于表述,我们只取每个要素的英文单词的首字母,其中,文化(C)既是指大的文化特征和文化氛围,也指留学生群体的文化特征和文化差异;环境(E)则指高校留学生教育发生的跨文化场域的环境特征,涵盖了社会环境、高校环境,就高校环境而言,不仅包括硬性的物质环境,还包括了国际化校园文化等软性环境;人(P)则是指跨文化教育中的主体因素,即人的因素,包括老师和学生两个方面;管理(M)则是跨文化教育管理,是高校为了促进来华留学生顺利学习生活开展的各类具体教学管理实践的总称,如跨文化训练、跨文化管理等各种手段与方法。我们可以将这四个要素简化并构建为"CEPM"（文化、环境、人、管理）四要素分析模型，其中文化（C）、环境（E）和人（P）这三大静态因素可以通过管理（M）这一动态因素连接起来，最终实现高校留学生教育管理的效果优化。我们可以尝试用以下图0—1表达三者的关系，可以看出，四大要素之间彼此相互关联，也说明了在高校留学生教育管理中四大因素不可分割、不可或缺。

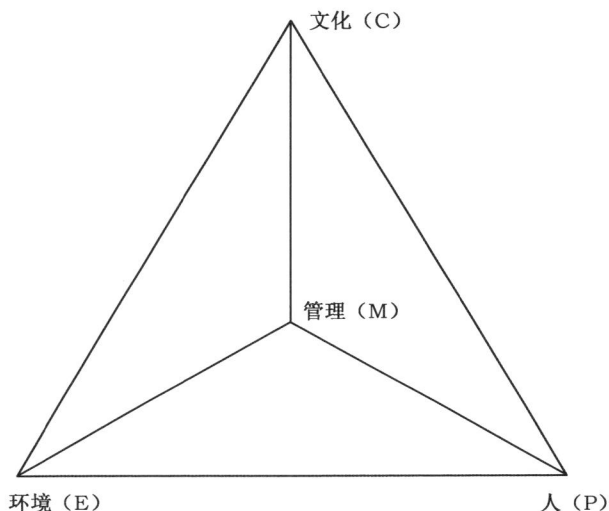

图 0—1　CEPM 四要素分析模型

在我们构建的CEPM分析模型中，各个要素均可用跨文化理论基础部分的内容进行考量和分析。首先，文化要素（C），文化与跨文化相关理论包括文化的特征、文化差异与共性等，可以用来分析留学生教育所处的大的文化背景，以及留学生群体特殊的文化特征，探讨中外学生文化差异和文化冲突的现状；又如文化差异理论中的高、低语境文化理论和五度文化模型类型理论为我们提供了分析不同国家留学生文化差异的有效维度。其次，环境要素（C），则可以通过跨文化理论考量当前留学生教育所处的客观环境是否具有跨文化观照的环境，高校的硬性、软性环境是否考虑到了各国留学生的文化差异、不同文化适应阶段的需求,以及跨文化调整和跨文化适应的要求等,进一步可以探讨如何构建和营造有效的留学生教育的跨文化环境。再次,人的要素(C),指高校留学生教育管理中的教师和学生这两方面,他们在留学生教育过程中的客观能力如何、主观态度如何等,客观能力如语言能力、学业基础、跨文化胜任力、跨文化交流能力等,主观态度则指他们是否带有文化偏见、是否存在跨文化交流的心理障碍、是否愿意与各国留学生进行交流与沟通等。最后,管理要素(M),则指高校教育管理的具体措施和手段,跨文化差异理论尤其是高、低文化语境和文化模式理论、跨文化交流理论尤其是交流中的语言和非语言因素等,跨文化适应理论、跨文化训练理论等,都可以用来对当前的教育管理进行分析,发现存在的难题和困境,最终根据这些理论的指导来提出具有操作性和借鉴意义的破解思路。

需要指出的是,我们确立的 CEPM 四要素分析模型,将主要体现在本书的第三章和第四章的分析论述中,即对当前高校留学生教育管理的现存难题和追因的论述,以及最后对高校留学生教育管理难题的破解思路的阐述中,这也是本研究的重点部分。而在第二章对我国高校留学生教育管理的历时性审视的梳理中,我们将主要从国际到国内、历史到现实两个视角进行考量,以期比较全面地呈现我国留学生教育管理的发展历程以及已经取得的成效,并不单从跨文化视域的教育进行梳理,因此第二章将不局限于本分析模型。整体而言,本研究是以跨文化的视角对如何优化高校留学生教育管理实效进行的探索,来华留学生教育管理涉及多学科的内容,跨文化理论只是其中的一种,呈现的也只是其中的一种角度的思索,也并不能全面地解决高校来华留学生教育中出现的所有问题。

(二)研究内容

本书的研究主题是跨文化视域下的来华留学生教育管理问题,其中跨文化呈现了本研究所处的大背景和研究视角,来华留学生教育管理则是研究的主体内容,也是研究最终的内容指向。

本研究内容按照章节安排如下：导论是对本研究的时代和社会背景、选题的缘起、研究的理论与现实价值、文献综述及研究设计进行了阐述和梳理。第一章是研究的理论基础部分，对文化与跨文化的内涵进行了梳理，并从跨文化差异、跨文化交流和跨文化适应三个向度对跨文化理论进行了多维度的分析和阐述，为研究提供足够的理论支撑和理论视角奠定了相关理论基础，以便于在后续章节中用相关理论开展分析研究。第二章对我国来华留学生教育管理的历程进行历时性审视，主要基于两大视角即从国外到国内的视角、从历史到现实的视角，具体内容包括我国来华留学生教育发展的国际背景变化、来华留学生教育的历史变迁、当前留学生教育管理取得的成效等。第三章对我国来华留学生教育管理的现存难题进行梳理，主要根据 CEPM 四要素分析模型开展相关分析，之后从文化的维度、大学发展的维度、高校教师与学生的维度、互联网文化的维度等进行深层次的追因分析。经过第二、第三两章，基本对当前我国来华留学生教育管理的现状和存在的问题有了较深入的了解，为最后相应的难题破解和对策建议划定了问题情境，并开展了归因分析。本书的第四章则是从跨文化的视角对来华留学生教育管理的难题提出破解之路，主要破解对策将按照 CEPM 四个维度提出。诚然，跨文化这一理论和思路并不能解决来华留学生教育管理中出现的所有问题，但是它为进一步优化和提高留学生教育管理水平和质量提供了一种思路，我们认为跨文化的思路对于来华留学生教育来说是非常重要且有针对性的。第四章首先对跨文化视域下来华留学生教育管理的目标和原则进行了梳理，并基于文化维度、环境维度、师生维度和管理维度四大维度提供了优化高校来华留学生教育管理的破解之策。

本研究的研究重难点主要体现在几个方面：一是研究的理论阐述部分，如何系统梳理与来华留学生教育紧密相关的多学科跨文化理论，是体现研究理论深度的重要环节，也是确保最终来华留学生教育管理的破解思路的针对性的理论基础保障。跨文化理论相当丰富，跨文化相关理论也涉及多学科的概念，如跨文化传播、跨文化管理、跨文化心理、跨文化适应、跨文化交流等,相关理论和研究论文可谓卷帙浩繁,如何有条理地进行梳理和分析,是基础,也是重点。二是基于依据理论分析向度的路数,对当前高校来华留学生教育管理存在的难题和困境进行梳理,并就存在的困境开展深入的归因分析。这一部分的关键是要用跨文化的理论视角,对留学生教育管理的现状进行审视,要将相关理论融入具体的现实实践中,用理论的工具开展分析,避免泛泛而谈。第三则是在跨文化理论的指导下,在对来华留学生教育管理存在的难题、困境以及深层次的原因进行归因分析的基础上,同样是基于跨文化的理论和跨文化的视角从不同的维度提出有针对性的破解之策,是本研究的关键和最终落实之点,也是本研究理论指导现实实践的体现。

本研究有三个方面的实际参考价值,一是文献资料参考价值,主要体现在对国际及中国来华留学生教育历史的梳理,以及目前我国留学生教育取得的成效和发展上,可以为希望了解我国留学生教育的历史和现状的读者以及来华留学教育研究者提供翔实资料;二是教育实践参考价值,文中涉及来华留学生教育管理的难题及破解之策,可以为来华留学生教育管理部门提供政策参考,为留学生教育工作者提供实践指导;三是可以为跨文化教育、留学生教育相关理论和实践研究者提供研究参考和借鉴。

开展本研究之前,需要对留学生的概念范围进行界定。在很多研究中,"留学生"还常被其他一些类似的概念所代替,基本都是从英语文献中直译过来的,包括"海外学生"(overseas students)、"国际学生"(international students)、"外国学生"(foreign students)等,在英文文献中,"国际学生"的使用频率和接受度最高。而在我国则普遍使用"外国留学生""来华留学生""留学生",其中"外国留学生"和"留学生"既可以指我国出国留学的学生,也可以指来华的外国留学生。在关于来华留学生的政策文件中,如《外国留学生管理办法》(1985 年)、《高等学校接受外国留学生管理规定》(2000 年)均使用"外国留学生"的说法,近年来,在政策文件及研究文献中,较多地倾向于使用"来华留学生"的概念,我们认为这一概念相对清晰,与我国的出国留学生能够区分开来。本研究的研究对象限定于高等院校中学习的来华留学生,基本与《高等学校接受外国留学生管理规定》(教育部、外交部、公安部令第9号,2000年)中界定的定义一致,即"外国留学生是指持外国护照在我国高等学校注册接受学历教育或非学历教育的外国公民"。在具体行文中有时候也将"来华留学生"简称为"留学生"。

(三)研究方法

本研究在研究方法论上,主要遵从以下几个原则:一是理论研究与实践研究相结合。将跨文化相关理论与高校来华留学生教育管理的实践紧密结合,在现实实践中发现问题,用理论指导实践,提出实践策略和建议,而落脚点在实践创新上。二是感性与理性、具体与抽象相统一。以大量感性材料为基础,逐步归纳、分析、总结,用理性态度对待感性材料,构建研究逻辑分析框架;研究结论则从具体材料中抽象出理论性结论,而构建的理论用来指导实践又是从抽象还原到具体的过程。三是历史与逻辑相统一。留学生教育管理是历史和逻辑的存在。在历史脉络中,梳理历史上相关跨文化理论和留学生教育管理实践的经验和不足,同时遵循逻辑路数,研究跨文化理论与留学生教育管理的内在逻辑关联,并以合乎逻辑的形式呈现。四是动态研究与静态研究相结合。具体而言,从动态角度探讨留学生教育管理的具体的实践过程和运行机制,从静态角度去考察留学生教育管理的内涵和历史经验。

在具体的研究方法上,本研究主要采用以下研究方法:(1)文献研究法。文献研究法是开展学术研究的最基本和最常用的方法,在本研究中,文献研究法主要发挥两个方面的功能:一是从跨文化理论的角度,为本研究提供相关的理论框架基础;二是从高校留学生教育管理的角度,相关历史文献为本研究呈现了历史背景,包括新中国成立以来我国开始招收首批留学生直到当前我国高校留学生教育管理实践的经验和不足等。文献研究中既包括第一手资料,如留学生统计数据、政策规章文件等,也包括公开发表的相关研究著作和论文。(2)历史研究法。比如对中国来华留学生教育管理的历史进行梳理,包括留学生发展规模、教育政策、教育管理措施等多个方面。(3)比较研究法。通过比较的方法,对中外留学生教育进行比较,借鉴国外先进的经验,同时也对中国不同时期的来华留学生教育情况进行比较,结合时代背景进行讨论。(4)跨学科研究法。本研究涉及多学科的研究内容,将充分借鉴文化学、传播学、教育学、管理学、心理学等多学科的研究方法和研究成果。(5)调查研究法。在留学生教育管理现状的调研中,将综合使用实地调查、问卷调查、个案访谈等多种方法,对高校留学生教育管理的具体实践进行研究,以期提出具有现实针对性和操作性的研究结果和对策。

四、研究的创新与不足

(一)研究的创新点

当前,世界高等教育国际竞争异常激烈,各国对留学生教育的重视程度毋庸置疑。我国要建立与国家的国际影响力、综合实力相匹配的来华留学生教育工作体系,相关工作可谓任重道远。本书在这一时代背景下开展留学生教育管理方面的研究,与已有研究相比,本书的创新点主要有三个方面。

首先,本书的内容架构和分析理路逻辑性强、富有新意。本书设计了"一个核心理论,两个研究视角,三个分析向度,四大关键要素"的内容架构和分析理路。具体来说,一就是将跨文化这一核心理论的分析框架和研究方法贯穿于本书研究的始终,将之融入留学生教育管理的各个环节展开系统考量,无论是留学生教育管理现状的梳理还是破解思路的构建,均体现跨文化理论对教育实践的观照和指导。二是指本书从国际到国内、从历史到现实这两大视角,对来华留学生教育的发展历史进行历时性审视,对现状与问题加以多层面的深刻剖析。三是紧紧围绕跨文化理论中的"跨文化差异、跨文化交流和跨文化适应"三个分析向度进行理论阐释与问题归因。四是从"文化、环境、人、管理"（CEPM）这四大关键要素切入，搭建了"文化、环境、人、管理"这一分析模型，对来华留学生教育的难题、背后的成因和解决的对策展开深入研究。

其次，本书选取了独特的理论分析向度。本书选取跨文化理论中的"跨文化差异、跨文化交流和跨文化适应"三个分析向度开展本研究的理论基础阐释和留学生教育现存难题的归因分析。三大分析向度的选取按照"差异——交流——适应"的逻辑递进顺序，全书的展开则遵循着"跨文化差异——跨文化交流——跨文化适应"的理论证成逻辑和"从问题意识到对策研究再到创新发展"的实践导向逻辑进行论证，这三大理论分析向度既体现在理论分析中，又深度融入现实实践研究中，突出问题导向，注重多维视阈，体现系统思维。

再次，本书搭建了特有的分析模型，即"文化、环境、人、管理"（CEPM）四要素分析模型。来华留学生教育管理中涉及的环节和要素既多又杂，本书经过反复对比和分析，最终归纳出"文化、环境、人、管理"四大关键要素，并以此为基础构建了 CEPM 四要素分析模型，按照该模型对来华留学生教育的难题、背后的成因和解决的对策展开了深入研究。研究中，运用了精细化思维和类型化研究方法，力争对来华留学生教育管理中的难题进行精准分析，尝试应用交叉学科理论对出路与对策进行深入论证与探索。本书研究的出发点和落脚点就是力争客观地总结和提炼来华留学生教育管理中的历史经验，多向度、有针对性地分析现存的难题，最终为有效提升来华留学生教育管理的有效性提供理论支撑和实践指引，为反思、优化、改革、创新现行教育管理体制与管理方法提供新视角。

（二）研究的不足与展望

来华留学生教育管理研究是一个大的话题，涉及的研究环节和研究内容比较宽泛，由于笔者研究水平力有未逮和篇幅的限制，本书研究的深度和广度还有进一步扩展和提升的空间。比如对国外留学生教育方面，本研究主要涉及整个国际教育环境的变化,以及欧美主要发达国家在国家层面留学生教育的一些政策、规章和举措的梳理,而在国外高校层面开展留学生教育管理的优秀经验借鉴上,由于时间和材料可得性所限,因而较少涉及,国外高校尤其是欧美发达国家知名高校的留学生教育发展已经非常成熟和规范,其具体经验对我国高校具有较强借鉴作用,在后续研究中可以通过研读英文文献或到国外开展相关调研,进一步拓展和丰富这方面研究。又如,对于跨文化理论在留学生教育管理中的应用,尚有进一步深入发掘的空间,对留学生生源规模较大的国家,可以有针对性地分国别挖掘其跨文化适应的具体特征,虽然国与国之间的差异可能并不那么泾渭分明,但必定会呈现一定的规律性,这方面的研究对于高校的具体教育实践具有较强的现实指导意义,今后可以通过更加全面、细化的来华留学生调研持续进行研究。总之,与本书相关研究内容尚可持续地深入和完善。

第一章

跨文化理论的多向度解读

一、文化与跨文化

(一)文化的理论界定

在跨文化理论中,文化是一个非常重要的概念,研究跨文化问题,首先要弄清楚什么是文化,以及文化有哪些特征和作用。多年来,不同学科的学者们从不同的角度对文化的定义和内涵进行了讨论,这些讨论带有各自学科的特点,也都从某一角度或者某一程度上揭示了文化的本质。

1. 文化的词源学意义

汉语西方的"文化"一词,从词语的本源意义来说是有差别的。在汉语中,"文"的本意是交错、错杂的文理、交汇的笔画等,如许慎的《说文解字》将"文"解释为"文,错画也,象交文",之后其含义发生了变化,被不断引申为各种象征符号,包括语言文字在内,进而不断具体化为礼乐制度和文物典籍;又由纹理之意发展为彩画装饰,修饰或者人为,乃至于美、善、文德教化、文章等。而"化"本来的含义是变化、话语、造化等,表示二物相交,其中的双方或者一方改变性质或者形态,进而引申为教行、迁善、使人回心转意或者化而成之等。① 汉字的"文"

---

① 冯天瑜. 中华文化史[M]. 上海:上海人民出版社,2005:3-4.

与"化"一起出现,最早是在《易经》的"象传"中"刚柔交错,天文也。文明以止,人文也。观乎天文,以察时变;观乎人文,以化成天下"①,其中的"人文"在当时的社会背景下应该是指文治教化、文德教化。最早将"文"和"化"结合成为一个完整的词出现,应该是在西汉刘向所著的《说苑》中:"圣人之治天下也,先文德而后武力。凡武之兴,为不服也,文化不改,然后加诛。夫下愚不移,纯德之所不能化,而后武力加焉。"②大概的意思就是说圣人治理天下,不到万不得已不会动武,总是先礼后兵。可以看出,"文化"的词源学含义基本是从"文治教化"的角度来使用"文化"一词的,其中包含的主要还是精神内涵,而非物质内涵。

再看西方文化中"文化"一词的词源,最早起源于拉丁语 cultura,这个词的字根 colere 是个动词,意思是耕作土地、种植庄稼、饲养家畜、居住等;从拉丁语发展而来的德语词 kultur 和英语单词 culture,最早的时候也是类似意思,是跟物质的自然、人类改造自然获得生存和生活环境相关的。无怪乎伊格尔顿明确表示,文化最早就是指全然的物质过程。③

Raymond Williams(2010)认为在英文单词中,culture 一词是最复杂的词之一。他经过分析指出,一般而言,culture 主要表示三层意思:(1)用来描述知识和精神的一般发展过程;(2)用来表示一个群体、一个民族乃至整个人类的生活方式;(3)用来表示智力方面,尤其是艺术方面的实践和成果。④

根据比较可以得出,中国的"文化"一词最初是指精神层面的内容,而西方的"文化"一词指向的则是物质层面的内容。

2. 文化的内涵

《现代汉语词典》对"文化"一词的解释有三个:一是指"人类在社会历史发展过程中所创造的物质和精神财富的总和,特指精神财富,如文学、艺术、科学

① 刘大钧. 周易经传白话解[M]. 上海:上海古籍出版社,2006.
② 刘向撰、向宗鲁校证. 说苑校正[M]. 北京:中华书局,1987.
③ 刘象愚. 文化观念的演化[J]. 学术界,2006(03):7-24.
④ Williams,Raymond. Keywords:A Vocabulary of Culture and Society[M]//Studies in romanti-cism. 2010:20.

等"；二是"考古学用语，是在一个历史时期的不依分布地点为转移的遗迹、遗物的综合体。同样的工具、用具，同样的制造技术等，是同一种文化的特征，如仰韶文化、龙山文化"；三是"指运用文字的能力和一般知识"。① 在本研究中，我们对文化的定义主要聚焦于第一种解释，这种解释也涵盖了两个方面的内容，即人类物质和精神财富的总和，以及特指科学、艺术、文学等方面的内容。学者们对文化的定义界定，也普遍有广义和狭义的界定方法，其中广义的界定认为文化包括人类创造的所有物质财富和精神财富，是人类独有的创造，区别于其他物种，而狭义的界定仅将文化视为人类创造的精神成果。文化的广义界定，认为文化可分为三个层次：第一个层次是物质文化，第二个层次则是法律、制度、人际关系、文艺作品等，第三个层次则是心理层次（或称观念文化），涵盖了价值观念、审美情趣、道德情操、思维方式、宗教感情和民族心理等。

对文化定义研究最为深入和全面的当数美国人类学家 A. Kroeber 和 Clayde Kluckhohn 在 1952 年撰写的《关于文化的概念和定义的评述》一文，至今仍有很重要的影响。在文中他们列举了 300 多种文化的定义，并经过分析分为六大类别：描述性的；历史性的；规范性的；心理性的；结构性的；遗传性的。② 这里我们对其分类及定义进行梳理，并补充了其他学者的定义，对这些定义的列举，可以让我们从更宽的范围了解文化的多维、多面的特征，有助于本研究中关于留学生相关的文化分析。③

（1）侧重描述的定义："一个民族的活动、风俗和信仰的总和"（Dixon，1928）；"文化包括了一个社区社会习惯的所有表现形式，个人受到社会习惯的影响所做的反应以及由这些习惯所决定的人类活动的结果"（Boas，1930）；"社会成员通过学习或者模仿而获得的思想、规定性的感情反应以及习惯行为模式

---

① 中国社会科学院语言研究所词典室. 现代汉语词典［M］. 5 版. 北京：商务印书馆，2005.

② Kroeber A L，Kluckhohn C. Culture：a critical review of concepts and definitions［J］. Papers Peabody Museum of Archaeology & Ethnology Harvard University，1952，47（1）（1－2）：35-39.

③ 以下 6 个方面的定义主要从胡文仲的著作中梳理而汇总得出，另外增加的定义均通过注释标明。

的总和。这种思想、反应和行为模式为社会成员在不同程度上所共有"(Linton,1936);"文化明显的是一个不可分割的整体,它包括工具和消费品,不同社会团体的共同的宪章,以及人类的思想和技艺、信仰和风俗"(Malinowski,1944);"文化作为描述性的概念一般来说指人类创造的财富的总和,包括书籍、绘画、建筑等,指适应我们的环境——自然环境和社会环境——的不同方式的知识,也指历代积累起来的语言、风俗以及礼仪、伦理、宗教和道德体系"(Kelly和Kluckhohn,1947)。

(2)侧重历史传统的社会继承:"文化……是社会继承的行为和信仰的总和,它决定着我们生活的性质"(Sapir,1921);"我们可以把文化描述为人群共有的能够代代相传、国与国相传的行为"(Bose,1929);"社会继承是文化人类学最重要的观念。通常它被称为'文化'……文化包括继承下来的实务、东西、技术过程、思想、习惯和价值观念"(Malinowski,1931);"社会继承称为文化,文化指人类社会继承的总和"(Linton,1936);"人群的区别在于他们的文化、他们的社会继承。作为成年人的行为有别,因为他们的文化不同。他们出生在不同的生活方式之中,他们必须按照这些方式生活,对此他们没有选择"(Davis和Dollard,1940);"在人类学中文化指一个人群的整个生活方式,个人从群体中获得的社会遗产"(Kluckhohn,1949)。

(3)侧重规范性的定义:"社团或部落的生活样式被认为是文化。……它包括所有标准化的社会程序"(Wissler,1929);"一个社会集团过去和现在做事和思考方问题方式的总和。它是传统(传承下来的信仰)和风俗(传承下来的程序)的总和"(Bogardus,1930);"一种文化是一个民族的生活方式,而一个社会是遵循一种特定生活方式的有组织的集合体。简单地说,社会由人组成,而他们的行动方式即是他们的文化"(Herskivits,1948);"文化是占据特定地理区域的人们共同所有的信念、习惯、生活模式和行为的集合体。……文化是群体的多数——假设不是全体的话——所接受的生活的指南"(David Brown,1978)。①
"文化表现于语言的模式以及活动和行为的样式,这些模式和样式是人们适应
性行动和交际方式的样板,它是使得人们得以在处于特定的技术发展阶段、特
定的时间、特定的地理环境的社会里生活"(Porter 和 Samovar,1988);美籍华
人学者余英时认为文化是"成套的行为系统,其核心是由一套传统观念,尤其是
价值系统所构成"。② 中国学者陈雪飞(2010)将文化定义为:"文化是一个特定
的群体经过悠久的历史传承所共享的符号和意义体系,这些体系指导和规范着
人们相互之间的交流,以及对待生活和事务的态度。"③

(4)心理学角度的定义:侧重于适应,将文化当做解决问题的一种方式。
"文化是一种普通的生活方式,是人对于他的自然环境和经济需要的一种特定
的适应方式"(Dawson,1928);"每种文化都包含着一整套习惯的传统的思维感
觉和反应的方式,这些方式是一个特定社会在一个特定的时间里解决问题的特
殊方式"(Kluckhohn 和 Leighton,1946);Piddington 认为"一个民族的文化可
以定义为他们的物质和精神的装备的总和,他们使用这些装备满足他们胜利和
社会需要,使自己能适应环境";④也有的定义强调学习,"文化由通过模仿或学
习而传播的行为模式做组成……文化包括所有的通过社会获得或传播的行为
模式"(Hart 和 Pantzer,1925);"文化作为社会学术语指学习到的行为,这种行
为不是生而有之,不是由他的细胞所决定的,而是必须由每一代从头向成年人
学习才能到"(Benedict,1947)。荷兰学者霍夫斯泰德在其著作《文化与组织》中
将文化称作"心理的程序(mental programming)和心灵的软件(software of
mind)"。他认为文化对人而言,就如同程序对于计算机一样。文化如同写好的
程序,决定人的行动,他将文化(Culture)分为大写的 C(Culture)和小写的 c
(culture),其中前者指文明或教养,尤其是关于文学、艺术、教育相关的教养;后

---

① 胡文仲.跨文化交际学概论[M].北京:外语教学与研究出版社,1999:34.
② 冯天瑜.中华文化史[M].上海:上海人民出版社,2005:13.
③ 陈雪飞.跨文化交流论[M].北京:时事出版社,2010:25.
④ 胡文仲.跨文化交际学概论[M].北京:外语教学与研究出版社,2012:32.

者就是指作为心灵软件的文化。

(5)从结构的角度:"文化是一个相互联系相互依赖的习惯反应模式系统"(Willey,1929);"文化由具有一定模式的功能上相互联系的风俗所组成,这些风俗是组成特定社会组合或者类别的特定的人所共有的"(Gillin,1948)。

(6)从遗传和传承的角度:"文化是所有人为的东西的总和。它是人类创造并代代相传的一整套工具和生活习惯"(Folsom,1928);"文化指所有由人类产生或创造的并传给别人特别是下一代的实物、习惯、思想、机构以及思想或行动的模式"(Huntington,1945);"文化一词指的是这样一些学到的、传承下来的行为系统"(Mordock,1949);"文化是一个大的人群在许多代当中通过个人和集体的努力获得的知识、经验、信念、价值、态度、角色、空间关系、宇宙观念的积淀,以及他们获得的物质的东西和所有物"(Porter 和 Samovar,1988)。

相关定义还有很多,学者们从不同的学科和视角提出的关于文化的定义,都是出于自身学科的特征以及自己研究的需要,很难有谁能够把握文化内涵中的所有内容,然而这并不能影响我们了解文化概念真谛中的一个或几个侧面。

1871 年,著名的英国文化人类学家爱德华·泰勒在《原始文化》一书中对文化的定义到现在仍然是最精确、传播最广泛的定义之一,本研究也倾向于使用他的这一定义,他指出"所谓文化和文明乃是包括知识、信仰、艺术、道德、法律、习俗以及包括作为社会成员的个人而获得的其他任何能力、习惯在内的一种综合体"①。这一定义中,他主要强调了知识、习惯、习俗、能力等内容,而不包括具体事物。

3. 文化的特性

从数百年来学者们对文化的形形色色的定义描述中,我们可以从中发现有很多关键词,如文化是生活方式,是思维、情感和信仰,是独特群体的共性,是社会遗产,是后天习得的行为,是对人的行为的规范机制等,不一而足。学者们对

---

① 爱德华,泰勒. 原始文化[M]. 上海:上海文艺出版社,1992.

文化的特征或特性的总结也同样有同有异。按照人类学家考塔克的总结，文化有七个特征，包括：(1)文化是习得的；(2)文化是共享的；(3)文化是象征的；(4)文化与自然密切联系；(5)文化包罗万象；(6)文化是系统、整合的；(7)文化是可调整的。萨默瓦(L. A. Samovar)在此基础上，补充了文化是以族群为中心、代代相传且不断变化的。[①] 按照陈国明的归纳，文化有四个特征，即：(1)文化是整体的、复杂的；(2)文化是习得的；(3)文化是动态的；(4)文化无所不在。[②] 胡文仲在其著作《跨文化交际学概论》中归纳出，文化的特性包括：(1)文化是人类区别于动物的主要标志，是人类所独有的；(2)文化不是生理遗传，而是社会遗产；(3)文化中有大部分内容存在于人的潜意识，是不自觉的；(4)文化是人类的行动指南；(5)文化是动态的，不同的历史时期有不同的文化形态。[③] 陈华文在其专著《文化学概论》中用五个统一对文化的特征进行了归纳，认为文化是自然与超自然的统一、个体性与超个体性的统一、普遍性与民族性的统一、阶级性与时代性的统一、累积性与变异性的统一。[④] 戴晓东认为文化有五性，即地域性、历史根植性、社会建构性、系统性、流动性。[⑤]

还有一些学者认为文化是有层次的，其中用来比喻文化的层次性最多的是洋葱和冰山的模型。洋葱模型认为，文化如洋葱一样，是有层次的，分为表层、中间层和核心层等，文化也是如此，人们容易看到或听到的就是文化的表层，如穿衣打扮、语言、建筑、艺术品等；中间的层次就是我们可以根据表层信息推论出来的社会规范、价值观等；核心的层次主要包括一些具有终极意义的假设，即基本假设(basic assumptions)处于最核心也最深层的位置，比如人的存在意义等。冰山模型也常常被用来比喻文化，其中我们所能看到的可能只是冰山一

① 转引自戴晓东. 跨文化交际理论[M]. 上海：上海外语教育出版社，2011：44.

② Guo-MingChen，Starosta W，陈国明，et al. Foundations of intercultural communication[M]. 上海：上海外语教育出版社，2007.

③ 胡文仲. 跨文化交际学概论[M]. 北京：外语教学与研究出版社，2012：36-43.

④ 陈华文. 文化学概论[M]. 上海：上海文艺出版社，2001：48-54.

⑤ 戴晓东. 跨文化交际理论[M]. 上海：上海外语教育出版社，2011：44.

角,对应文化的表层部分和显性部分,而冰山以下则对应文化的中间层和核心层,即隐性部分。Kluckhohn 和 Kelly 对文化进行定义时就指出,文化既包含显性式样,又包括隐性式样。[1]

(二)跨文化何以可能

跨文化,顾名思义,就是不同文化之间的沟通、碰撞和交流,根据关注点不同有跨文化传播、跨文化交流、跨文化适应等,无论何种角度,跨文化都应该是一个过程,有学者将跨文化的定义阐述为一种"凸显文化差异的过程,是不同行为规范、价值观、隐含信念和基本假设交融碰撞的动态过程"[2]。

1. 文化之间的差异性是跨文化研究的前提

之所以需要开展跨文化研究,其前提就是基于不同国家、民族、社群之间的文化是有差异的。霍夫斯泰德关于文化的定义也强调了文化差异,他认为文化是"能够把一个群体成员和另一个群体成员区别开来的集体思维模式……能够影响人类群体对其环境做出反应的共同特征的互动集合体"[3],文化能够在一个特定时期被一个特定群体共享,那么不同的群体之间就存在文化差异性。当前,关于跨文化的研究主要聚焦于国与国之间的差异,这很好理解,每个国家自身都是一个整体,有自己的发展历史,成员之间拥有共同的政治系统、语言、生活习惯等,从研究角度而言,以国家为一个单位获得研究数据也更为容易。当然,在一个国家内部,不同的社群或民族也可能存在文化差异,但是开展研究难度更大,当然具体的研究方法是相通的。

2. 文化之间的共性是跨文化研究的基础

如果不同文化间只有差异而没有共性,那么可能跨文化交流、沟通、传播、适应等都难以开展。人类文化的共性或者文化的普遍性,是跨文化得以可能的基础。文化之间的共性,主要来源于西方普世主义思想,即形成了所

---

① 庄锡昌. 多维视野中的文化理论[M]. 台北:淑馨出版社,1991:119.
② 郑兴山. 跨文化管理[M]. 北京:中国人民大学出版社,2010.
③ 尼格尔·霍尔顿. 跨文化管理:一个知识管理的视角[M]. 北京:中国人民大学出版社,2006:31.

谓的文化普世主义。文化普世主义的根本观点是：客观世界和人的心灵、思维具有统一性，人类文化本质上以统一的方式发展，有着统一的衡量标准，遵循统一的标准。该观念认为，不同的文化只是深层统一性的表现形式而已。普世主义思潮影响了人类学、社会学、心理学、语言学等多个学科，如人类文化学家爱德华·泰勒就曾经说过"人类的组织机制就像岩层一样，其接替系列全球基本一致"；人类学家弗雷泽在其经典著作《金枝》中指出，人类智力发展普遍经历了三个阶段，即巫术、宗教和科学阶段；语言学家们也认为语言有普遍规律，叶尔姆的《普遍语法的原则》就是其中一个例子，后来的乔姆斯基等也有相似观点，他们认为语言的深层结构中存在着人类共有的共同形式。[①]正是因为不同的文明之间有着共同之处，不同国家的人们才能够求同存异，不同的文化之间才能共生。费孝通先生晚年对于文化的思考，思考的就是"和而不同"，及至"美美与共、天下大同"，他憧憬的是多元文化共存、多元文化互动的世界图景。

二、跨文化差异理论

如何区分来自不同文化背景的个体，多年来，学界形成了很多关于跨文化差异的理论，分析和归纳来自不同文化群体的个体表现出来的差异，进而形成了不同的文化类型划分，了解对文化类型的划分，有利于在跨文化交际实践中方便快捷地了解交往对象的文化特征，进而采取适当的分析和交往模式。本部分主要介绍高、低语境文化理论和文化模式类型理论。

（一）高、低语境文化理论

高、低语境文化理论是由美国著名的文化学家和人类学家爱德华·霍尔（Edward T. Hall）创立的。霍尔是国际公认的跨文化交际和跨文化传播的奠基人，他的代表作包括《无声的语言》（*The Silent Language*）、《隐含的差异》

---

① 戴晓东.跨文化交际理论[M].上海：上海外语教育出版社，2011：55.

(*Hidden Differences*)、《超越文化》(*Beyond Culture*)等。高、低语境文化理论是霍尔最有影响力和最具洞察力的理论创建之一。

霍尔将文化和语境看作是跨文化交际过程中最为重要的两个因素。文化作为人的延伸,可以帮助人们过滤经验,并做出选择、解释;单纯语言提供的信息是有限的,而语境的作用就在于帮助人类去克服语言的局限,最终达到完整地理解意义的目的。霍尔根据文化和语境的联系,将世界文化抽象成为高语境型文化连续流和低语境型的文化连续流(cultural continuum)两类。高语境文化的特征是倾向于通过外部环境或内化于人们心中的规范和价值观来表达大部分意义,而明确的语言仅仅表达整体信息的小部分,在这种情况下,你通常需要注意非语言交流或者环境的提示信息,注意领悟"话里有话",亚洲国家尤其是中国、日本、韩国等都属于典型的高语境文化。低语境文化则刚好相反,交流中的信息大部分要通过清晰的语言来负载,人们侧重语言本身的交流,即所谓的"有话直说"。美国、英国、德国等国家属于低语境文化。当然,高、低语境之分也不是绝对的,没有哪个国家就是绝对的高语境或低语境文化。也有学者指出,如果笼统划分,东方文化基本可以划归高语境文化,而西方文化则基本可以划归低语境文化。

对于高、低语境的具体差异,很多学者都做过归纳总结。霍尔从意义表达方式、对群体内部和外部成员的态度以及对待时间的定位来区分。高语境文化表达意义,通过用间接委婉的方式,把很大一部分信息隐藏于大家已经形成共识、心照不宣的非语言代码中,而低语境文化中,信息基本通过明确和直接的语言方式来表达;高语境文化通常强调对他人的责任和对集体的忠诚,往往注意内外有别,相反,低语境则并不太强调;高语境文化的时间是面向过去的、多元的,而低语境文化则是面向未来的、单向度的。学者迈润·拉斯提格和孔埃斯特对高、低语境的特征和区别的描述可以通过表 1—1 来表示。

表 1—1　　　　　　　　　　　高低语境文化的特征①

高语境文化	低语境文化
暗含和不明确的	公开与明晰的
内化的信息	明码信息
很多非言语代码	翔实、明确的言语
反应很少外露	反应外露
内外有别、牢固的人际纽带	内外灵活、脆弱的人际关系
人际关系紧密	人际关系不紧密
高承诺	低承诺
时间处理灵活、弹性	时间高度条理化、组织化

　　丁允珠关于高、低语境的分析对于跨文化交流中处理人际关系非常有指导意义,他指出:高语境文化倾向于人事不分开,爱面子,低语境的人则人事分开,宁愿损害人际关系;高语境文化成员能够在不确定中处理信息,生活中有较多模棱两可性,低语境文化成员则基于规避不确定性,不做不理解的事情;高语境文化成员注重群体和谐,交际方式较为间接,低语境文化成员交际方式直接,为获得信息不惜引起冲突;在谈判中,高语境文化成员都选择柔和的策略,愿意跟随情感和直觉,低语境文化的人则重理性分析,使用计谋;高语境文化成员侧重社会因素在交际中的影响,出言谨慎,担心蒙受羞辱,低语境文化成员往往强调个人而非社会的关系,健谈开放。②

　　霍尔认为高、低语境文化的划分,二者并无孰高孰低的优劣之分,而是由各自文化特征决定的,进而由文化特征决定了在交际中使用的不同语言策略。东方文化注重集体性定位和整体思维,侧重人际社会关系,利于整合,其缺点在于有较大的惰性和非理性成分;而西方文化则以个体为定位,注重线性思维,擅长分析,注重效率,但是易于陷入武断和片面。由于文化特征的不同,东方人更多借助非言语的表达方式,西方人更多地使用清晰的语言媒介。

---

① 戴晓东.跨文化交际理论[M].上海:上海外语教育出版社,2011:87.
② 戴晓东.跨文化交际理论[M].上海:上海外语教育出版社,2011:87.

霍尔的高、低语境文化理论通过文化和语言的关系来确定文化类型,深刻地揭示了东西文化运作机制的差异,他的理论为学者们开展跨文化交际的研究提供了独特的视角,也为有效地进行跨文化沟通提供了指导。

(二)文化模式类型理论

文化模式是一种特殊的形式与结构,它由一个社会中所有文化内容组合在一起形成,是反复出现且为人们提供接纳和安全感的系统行为模式。一种文化模式体现一个国家或社会的文化特殊性。了解不同的文化模式,有助于对不同文化进行比较。

关于文化模式类型的研究中,影响力最大的是荷兰管理学者霍夫斯泰德(Geert Hofstede)在其研究论著《文化后果》中对文化类型的划分[1],他通过对跨国公司 IBM 在 70 多个国家的雇员的十几万份问卷调查的分析结果,依据人们的普遍性文化价值取向来界定其文化模式。经过多次研究的丰富和完善,他最终界定了 5 种文化维度,也有学者称之为文化的价值维度。霍夫斯泰德认为,文化将一个群体和其他群体、一类人与其他人分开,是一种集体的思维程序,但是不同文化中也有一些具有共通性和普遍性的价值维度,将不同国家的人对这些价值维度的接受程度来进行对比,就可以划分出不同的文化类型。霍夫斯泰德划分的五大文化价值维度如下:[2]

1. 个人主义/集体主义维度

这一文化维度着眼于人们的自我定位以及他们与各种社会组织之间的关系,着眼于社会对集体的认同程度。在个人主义的文化中,个体更加关注自己,个人目标优先于集体目标,个体主义有着更高的竞争取向。澳大利亚、荷兰、美国等国家属于典型的个体主义文化的国家。在集体主义文化中,人们习惯于分

---

① Hofstede G H. Culture's Consequences:Comparing Values,Behaviors,Institutions and Organizations Across Nations[C]//2th edn. Thousand Oaks:Sage Publications,Inc,2001:924-931.

② 五大维度中,前四大维度权力距离、不确定性规避、个人主义与集体主义以及社会的男性化与女性化于 20 世纪 60 年代就开始问卷调查,并由霍夫斯泰德收录于《文化后果》一书中,后来经过华人学者彭麦克的启发,继续开展调研,得出第五大维度即长期维度和短期导向维度,发表于 1991 年出版的《文化与组织》一书中。

出内群体和外群体,并将自己所在的群体归为内群体,个体只是群体的一分子,将群体规范置于个人目标之上,个体要同他人保持和谐关系。危地马拉、巴基斯坦以及中国属于典型的集体主义文化的国家。两种不同文化的价值定位也有所差异:个体主义文化更重视自由、诚实、社会承认、平等、舒适和享乐等,而集体主义文化则更加重视和谐、面子、谦虚、节俭、孝顺、财富均等以及对他人需求的满足等方面。[①]

预测个体主义数值的主要因素是财富(人均 GDP)和地理维度。较为富裕的国家文化一般有个体主义倾向,而较为贫困的国家的文化一般有集体主义倾向。地理维度较低、气候寒冷地区的文化较多表现为集体主义倾向,而气候温暖地区的文化则倾向于个体主义。

2. 高权势距离/低权势距离

权势距离(power distance,或称权力距离)这一文化维度着眼于人们对社会或组织中权力分配不平等的接受程度。不同的文化对人们权力之间的差异的公平性和合法性的认可标准不同,有的文化倾向于认可较大的权势距离,而有的文化则倾向于认可较小的权势距离。高权势距离的文化将权力差距看作社会生活的固有部分,上下级的地位本来就有不同;而低权势距离的文化则认为大家只是处于不同的社会角色,上下级之间应该是平等的。以商务管理为例,高权势距离往往是集权取向,决策自上而下;低权势距离则是分权取向,决策体系自下而上。根据霍夫斯泰德的权利距离指数,马来西亚、菲律宾、巴拿马等国家是比较典的高权势距离国家,奥地利、丹麦、新西兰等国家则属于典型的低权势距离国家。

预测权势距离主要基于三个因素:地理维度、人口数量和财富。一般而言,地理维度高、远离赤道的寒冷地区具有较低的权势距离指数,而热带和亚热带地区往往具有较高的权势距离指数。人数较多的国家权力相对集中,权势距离

---

① M. C. Mclaren. Interpreting Cultural Differences: The Challenge of Intercultural Communication [M]. Derehan: Peter Francis Publishers, 1998, 67.

较大,而人数较少的国家权势距离相对小;在财富方面,财富分布不均程度越高,权势距离就越大,财富分布均衡的地区,权势距离相对较小。

3. 高不确定性规避/低不确定性规避

不确定性规避指的是人们在生活中对模糊性和不确定性的容忍程度。我们生活中会面临很多不确定或者模糊的事情,有的文化并不把它们看作威胁,而有的文化则需要有清晰、可预测的事物,或者需要有明确的成文或不成文的规则。这里需要注意的是,不确定性并不等于风险,风险是已经确定、明确知道的具体事情,而不确定性则是难以名状的、无形的,如果知道是风险,那么人们可能会畏惧,而如果是不确定性,人们则会焦虑。

在高不确定性规避的文化中,人们会尽可能地避免模棱两可或者不确定的东西,制定较多的规则,不喜欢非同寻常的做法。按照霍夫斯泰德的不确定性规避指数,希腊、葡萄牙、比利时等国家属于高不确定性规避的国家;在低不确定性规避的文化中,人们比较同意接受生活中的不确定性,接受非同寻常的做法,喜欢冒险,不喜欢循规蹈矩,新加坡、瑞典、丹麦等国家属于低不确定性规避的国家。根据霍夫斯泰德的研究,人口、财富和地理纬度并不直接影响不确定性规避的指数,但是宗教和历史有相对显著的影响。历史上法律观念强、司法体系健全的国家大体属于高不确定规避的国家,而司法体系不完善、法律观念不强的国家,大多属于低不确定性规避国家;另外,强有力的宗教组织也会降低社会不确定性。不确定性规避会影响人们的行为,不确定性规避指数较低的文化的社会成员更容易宽容差异,不排外,容易接受非传统的思维和不确定性,他们乐于接受世界变化,勇于迎接挑战;而不确定性规避指数较高文化的社会成员则更加注重传统,强调法制的完备和集体的忠诚,他们希望准确定位生活,不愿意承担风险。

4. 男性气质/女性气质

这一维度着眼于人们对社会或组织中传统角色分工和性别平等的认同程度。在传统观念认为,男女之间在生理功能上存在差异,同时在社会分工和角色上也有不同。虽然提倡男女平等已经很多年,但是现在这种倾向依然存在。男性气质的文化更强调男性的特质,认为应该以男性为中心,强调物质上的成功和数量型的生活,求胜欲较强,不容易让步,宗教观念较为浓厚,存在不同程度的性别歧视;女性气质的文化则强调男女平等,看重女性特质,关注质量型的生活,容易达成妥协,宗教观念较为淡漠。根据霍夫斯泰德的男性气质指数,日本、委内瑞拉、意大利、奥地利等国家属于典型的男性气质国家,而丹麦、荷兰、挪威、瑞典等国家属于女性气质的国家。

与男性气质指数联系最紧密的当属地理纬度,在很寒冷和很炎热的地区,生存不易,男女得相互依赖、努力工作以谋求生存,两种性别差异相对较小,而在比较温暖地区,生存相对容易,男女之间相互依赖性不大,女性较多服从于男性。

5. 长期/短期导向

长期/短期导向的维度指在一种文化中,人们如何在时间维度上定位生活和工作,人们是否追求生活的稳定、是否遵循传统。长期导向文化的成员倡导坚韧、节俭、廉耻感和谦卑,追求稳定和长期的效益;而短期导向文化的成员在社会交往中注重人格尊重和利益满足,偏爱较快的回报和短期效益,他们尊重传统,但是只是把它当做时过境迁之物。按照霍夫斯泰德的长期导向指数,中国、日本、韩国等国家属于强调长期导向的国家,这些国家深受儒家思想的影响,因此也有人称其为“儒家工作动力观”,而巴基斯坦、尼日利亚、加拿大等国家则属于短期导向的国家。

霍夫斯泰德的文化维度理论有个基本前提,就是特定文化中的成员与其他文化有着共同的文化维度,存在一些共享价值观,但是同时也有其独特的价值取向和思维程序。它的理论包括如下几个重要命题:权势距离较大的文化更加认可社会等级;高不确定性规避的文化不太容忍暧昧模糊性;集体主义取向文化更注重身份和集体价值;男性气质文化中,性别歧视较为严重;长期定位的文化更强调长远收益。他的研究为我们理解不同国家、不同文化的人的行为、价值观提供了很好的参考,在与来自不同文化群体的人打交道时也有一些可以衡量的指标;但是也有研究者指出,霍氏的文化维度理论在一定程度上存在绝对化的倾向,同时其实证研究主要是基于跨国公司的员工而开展的,其代表性也自然存在一定的问题。此外,在跨文化交往中,也要避免生搬硬套和直接"贴标签"的倾向。

三、跨文化交流理论

(一)跨文化交流的内涵

跨文化交流,又称为跨文化交际或者跨文化沟通,在英语文献中用 Intercultural Communication 较为普遍,在早期也常称作 Cross-cultural Communication。学者们对跨文化交流的定义有很多。胡文仲认为"具有不同文化背景的人从事交际的过程就是跨文化交际"[①]。陈国明和威廉·斯塔罗斯塔的定义更简单,认为"跨文化交流就是指不同文化的人之间的交往"[②]。严文华认为,跨文化交流是来自不同文化单元的沟通对象进行直接互动,可以是面对面谈话,也可以是通过网络、电子邮件等媒介。[③] 萨默瓦和波特在《跨文化传播》一书中将跨文化交流定义为"指拥有不同文化感知和符号系统的人们之间进行的交流,他们的这些不同足以改变交流事件"[④]。古迪康斯特认为跨文化交流"是一种群体间的交流,即来自不同文化的社会群体间的交流"[⑤]。戴晓东认为,不同的学者对跨文化交流有不同的定义,然而各种定义之间显然存在共识,那就是:跨文化交流一定涉及两个不同的文化群体或者文化成员,两个群体或者成员之间存在共性,正是共性使跨文化交流研究成为可能,同时他们之间一定存在差异,即文化个性,个性的存在让跨文化交际变得更加充实。关世杰(1995)将交

---

① 胡文仲. 跨文化交际学概论[M]. 北京:外语教学与研究出版社,2012:1.
② 戴晓东. 跨文化交际理论[M]. 上海:上海外语教育出版社,2011:43.
③ 严文华. 跨文化沟通心理学[M]. 上海:上海社会科学院出版社,2008:11.
④ 萨默瓦,波特,闵惠泉. 跨文化传播[M]. 北京:中国人民大学出版社,2004:47.
⑤ 戴晓东. 跨文化交际理论[M]. 上海:上海外语教育出版社,2011:43.

际双方的信息编码完全一致的交流称为典型的同文化交流,而将双方信息编码完全不同的交流称为典型的跨文化交流。但是,在现实世界中,典型的同文化交流和典型的跨文化交流是不存在的,交际双方总会有共享的信息。[①] 下图1—1和图1—2形象地描述了现实中的跨文化交流和同文化交流的状况。

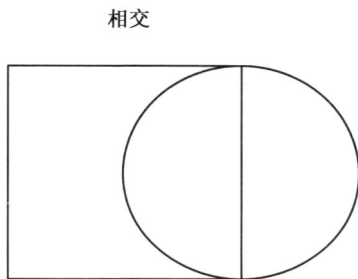

相交

相交

图 1—1　跨文化交流　　　　　图 1—2　同文化交流

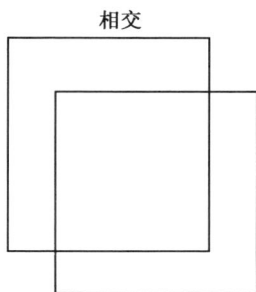

目前尚未有被人们普遍接受的跨文化交流的模式,本书借鉴关世杰(1995)整理的跨文化交流模式图,根据图示所示,跨文化交流双方信息交流有一个解码、编码的过程,其中涉及语言翻译、非语言沟通、文化背景等诸多问题。

(二)跨文化交流的形式

跨文化交流主要包括语言形式和非语言形式。

1. 语言与跨文化交流

直接采用语言进行沟通,是跨文化交流最常用、最直接的形式。语言包括口头语言和书面语言,然而跨文化沟通的困难往往并不是来自语言,而是语言背后的文化。语言是文化的载体,语言又可以反映和体现文化的特点,没有语言的文化是不存在的,同时没有文化的语言也是不存在的。因此,在跨文化交际中进行语言沟通时,需要考虑背后的文化背景和文化差异。胡文仲提到,存在东西方很多词汇概念意义相似,然而内涵意义并不同的情况,在使用这些词语时需要注意,比如"龙"在汉语中是从历史上的图腾形象而来,常用于比较好

———————————

① 关世杰. 跨文化交流学[M]. 北京:北京大学出版社,1995:42.

的、祥瑞的意思，比如龙凤呈祥、龙飞凤舞、生龙活虎等；而在西方神话中，龙的英文词汇 dragon 通常指代罪恶、邪恶，让人觉得恐怖；又比如中西文化中一些数字，比如 9、13 等所代表的含义也不尽相同，在使用这些词语时要注意词义的文化含义。

此外，在跨文化交际中，需要注意在语言表达方式上，不同文化也存在差异，不同的民族或者群体的语言表现出直接、坦率、委婉、含蓄等不同的特征。一般来说，东方人交流时相对委婉、含蓄，很少明确、直接拒绝别人，比较注重照顾面子和考虑人际关系；而西方人相对直截了当，注重效率，交流方式情感外露。

陈晓萍在《跨文化管理》一书中还提到了在语言交流中插话与沉默的文化差异，她形象地用打网球来进行比喻，她认为有三种接话方式：(1)欧美人采用标准的击球方式，A 说完，B 立刻回答，之后 A 再进行反馈，一个回合接一个回合，没有人抢，也没有人落下；(2)拉美一般击球较快，可能 A 还没说完，B 就插话打断对方，然后 B 还没说完，A 又插进来接着说，打断对方被视为对对话感兴趣；(3)亚洲文化圈的东方人，一般接球较慢，B 接到 A 的话后一般会沉默，这段沉默表示慎重，经过思考，也是体现对对方的尊重。在进行跨文化交流时，如果交流双方来自不同文化，对彼此的文化不太熟悉，那么欧美人可能觉得拉美人不礼貌，会觉得东方人比较冷淡；而拉美人会认为欧美人和东方人对他的谈话没有兴趣；东方人则可能觉得拉美人和欧美人比较唐突和草率。有些在外企工作的中国人，有时候总觉得自己还没开口说话，就已经被老外把话抢走了，感觉没有话语权。因此，在跨文化交流中要保持文化敏感度，要熟悉对方的文化规则。[①]

2. 非语言因素与跨文化交流

(1)非语言沟通的内涵

按照严文华的界定，非语言沟通(nonverbal communication)是指沟通中除

---

① 陈晓萍. 跨文化管理[M]. 北京：清华大学出版社，2016.

了语言以外的其他所有线索,包括身体动作、目光接触、空间位置、声音、身体接触、沉默、时间知觉等方面。伯古(Bergoon)和塞恩(Saine)将非语言交流界定为"不用言辞表达的、为社会所共知的人的属性和行动,这些属性和行动由发出者有目的地发出或者被看成是有目的地发出,由接受者有意识地接受并可能进行反馈"①,包括面部表情、肢体语言、着装、声音特质以及对时间和空间的利用等。美国心理学家梅拉比安(Mehrabian)认为,人们在面对面交流中大约只有7%的信息通过语言得到了传递,有大概38%靠声音特质的变化、55%靠面部表情,这就是所谓的"7%-38%-55%定律"。② 可见非语言因素在沟通中的重要地位。在跨文化交流中,语言仅仅是庞大的文化冰山上的一角,非语言因素充满了灵活性、不确定性、模糊性、情境性,但是有着声音无可比拟的作用。一般来说,由于语言是高度社会化的产物,人们可以通过语言掩饰自己的真实想法,但是非语言行为往往与我们的个人情绪、感受和潜意识相联系,很少有人在这方面接受过正规训练,因此更加可信。陈雪飞指出非语言交流具有超文化性、普遍性以及先于语言表意的先在性、可信性等,非语言因素在跨文化交际中的作用不容忽视。

(2)跨文化交流中的非语言因素分类

对于跨文化交流中的非语言因素,陈雪飞(2010)将其分为体态语、副语言、客体语和环境语等,其中体态语主要指交流中对表情和动作的运用;副语言则指人们交流时的音调、语速、音长等因素;客体语则指利用自身的外在物质传递信息的行为,包括外貌、身体气味、着装等;环境语主要是在交流中对环境因素的运用,以达到交流的效果,如房屋布局、空间物品的拜访等。③ 下面,我们简要介绍学者们研究相对较多的几个因素:

①目光接触。眼睛是心灵的窗户,在非语言沟通中,对如何运用眼神、目

① 陈雪飞. 跨文化交流论[M]. 北京:时事出版社,2010:64.
② Mehrabian. Silent Messages(2nd ed.)[M]. Belmont,California:Wadsworth,1981.
③ 陈雪飞. 跨文化交流[M]. 北京:时事出版社,2010:64.

光,不同文化之间存在较大差异。在美国等国的文化中,目光接触的频率较高,如果不看对方,可能是试图隐瞒什么,常常被人理解为不够诚实、没有底气或者不感兴趣;而在另外一些文化中,目光直视则被视为挑衅或者不尊重,目光低垂则表示顺从、恭敬,比如阿拉伯国家。在谈话的时候,欧美学生更倾向于眼神接触和直视,而亚洲、非洲学生可能会觉得这是一种对抗或者挑衅的眼神。

②手势。手势是利用前臂和手来传达某种信息。在谈话中,手势可以对我们启动、调控和终止谈话起到辅助作用,或者被人们用来增强、阐明某个意思,也可以帮我们表达想说而没有说出来的话。手势在各种文化中都得到使用,因此具有普遍性,有一些手势在不同文化中具有相同的意思;同时,手势也具有特殊性,有的文化中,手势使用更加频繁,比如意大利人;此外,相同的手势在不同文化中的含义可能不同,比如问候方式,美国人常用握手,日本人则是鞠躬,泰国人用合十礼而且对不同的人手势不同;也存在相同的手势在不同文化中含义完全相反的情况,如大拇指和食指合在一起,在美国及北欧表示"ok",但是在法国南部,它代表毫无价值。

③身体接触。身体接触经常被人们用来传达诸如爱、鼓励等亲密信息。根据身体接触的具体情况,霍尔将文化分为接触文化(contact culture)和非接触文化(noncontact culture),其划分的依据就是根据来自不同文化的社会成员在沟通中双方身体接触的频率和程度。相对而言,接触文化中身体接触更多,沟通双方距离更近,目光接触也更多,比如阿拉伯、地中海沿岸,拉美国家以及印度;相反,非接触文化中,沟通双方距离也更远,目光接触也较少,双方距离也远,如北美和北欧人。有研究表示,拉美人比欧美人在社会交往中会相对更多地接触别人,在他们眼里,这是友好的一种表达方式,而欧洲人可能觉得不太习惯,觉得太过于友好,甚至有种被冒犯的感觉,在交流中会不自觉地躲避或者后退,这样则会给拉美人留下冷漠、不友善的印象。

④个人空间。霍尔(1959,1966)将个人空间又称为"非正式空间",他区分了四种空间,并就每种空间给出了与对方身体的相应距离,包括亲密距离(<

46cm）、亲近距离（46～122cm）、社会距离（122～366cm）、公共距离（＞366cm）。①② 当然他的研究样本有限，并不一定具有普遍代表性。人和人在沟通中的距离是动态变化的，会随着双方关系、谈话主题、情境的变化而变化。不同文化群体的成员，相互之间的距离可能是不同的，Sussman 和 Rosenfeld（1982）的研究发现，在商务谈判中，陌生的委内瑞拉谈判者坐得比美国谈判者近，而美国谈判者坐得又比日本谈判者更近。③

此外，还有时间观念的不一致，有的文化中的社会成员时间观念很强，人们按照时间表做事，看重准时，在某个时间只做某件事情，这就是所谓的线性时间观文化，德国就是一个典型代表；而在其他的文化中，人们将时间看作是灵活的、开放的，时间观念不太强，可能不按照时间表做事，同时做几件事情也是可以接受的，这是所谓的灵活时间观，非洲、拉丁美洲一些国家就是灵活时间观文化的代表。

跨文化交流中的非语言因素还有很多，限于篇幅不一一列举，非语言因素是在沟通中非常重要的内容，当然，不同文化之间的差别也不绝对，而且随着全球化的发展、各国之间接触的增加，很多方面也有渐渐趋同的趋势，如在中国，绝大多数留学生都会同人握手表示问候，因为他们理解这就是中国的文化。

（三）影响跨文化交流的心理障碍

在每个人面对跨文化交流的情境时，其心理因素如何，对异文化的心态如何，对于跨文化交流的效果来说，比明白不同文化的差异、了解文化模式更加重要。一般而言，影响跨文化交流的心理障碍包括焦虑、同质文化圈的理解限制、民族中心主义、刻板印象、偏见、歧视以及独裁人格等。

1. 焦虑

焦虑是心理学意义上的一种心理障碍。在跨文化交流中，我们会对未知的

---

① 　Hall E T. Silent Language[M]. New York:Doubleday,1959.

② 　Hall E T. The Hidden Dimension[M]. New York:Doubleday,1966.

③ 　Sussman N,Rosenfeld H. Influence of culture,language,and sex on conversational distance[J]. Journal of Personality & Social Psychology,1982,42(1):66-74.

情况感到焦虑,然后将心思都放在这种紧张感受上,导致在交流的过程中难以自然地呈现自己。针对跨文化交流中的情况,古迪昆斯特(1983)提出了"跨文化交流的焦虑/不确定性管理理论"(AUM,Anxiety/Uncertainty Management Theory)[①],在这一理论中,"焦虑"是与"陌生人"和"不确定性"相关的理论。当我们和陌生人交往时,会面临不确定性,由此产生焦虑。伯杰和卡拉布雷塞(1978)在研究中区分了初次与陌生人交往的两种不确定类型,包括预测性不确定和解释性确定。预测性不确定是指在事前难以预测陌生人的态度、信仰、价值、行为等的不确定性;而解释性不确定性则是在事后对已经发生的交流中陌生人的态度、情感和思想的不确定性。[②] 焦虑就产生于对不可预知而感受到的紧张、不安,是因为担心产生消极后果的情感反应。有一项针对在一个日本企业工作的 168 名日本人和 135 名美国人的调查,结果显示只有8%的美国雇员对日本雇员的英语感到不耐烦,而有 19%的日本人感觉自己的英文差或者很差,有 20%的日本人表示与美国人说英语时很紧张,有 30%的日本人觉得在交流时美国人对他们不耐烦。[③] 其实很多情况下,焦虑都是自我暗示的结果。此外,在跨文化交际过程中,不确定性和焦虑都有一个上限和下限,如果是在适度的范围内,反而可以促进交流者的兴趣和自信。

2. 同质文化圈的理解限制

在我们与别的文化圈的成员进行交流时,我们总是习惯于假设他人与自己的文化圈是同质的,这就产生了同质文化圈理解限制,这是出自一种无意识或者条件反射。在进行跨文化交流时,要保持文化的敏感性,才能矫正交流中产生的错误诠释,学者们对于克服同质文化圈的理解限制给出的应对建议就是要

---

① Gudykunst W B. Toward a typology of stranger-host relationships[J]. International Journal of Intercultural Relations,1983,7(4):401-413.

② Berger C R,Calabrese R J. Some Exploration in Initial Interaction and Beyond:Toward a Developmental Theory of Interpersonal Communication[J]. Human Communication Research,1975,1(2):99-112.

③ Jandt F E. An Introduction to Intercultural Communication[M]. London:Sage Publications Ltd,2012.

开始"有意识的注意",兰格认为"有意识的注意"包括"接纳新信息""察觉各种变化""留意各种视角""对不同环境保持敏感"以及"适应当前环境"。① 因此,当我们进行跨文化交流时,要意识到差异的重要性,并保持"警觉",尝试用对方的视角来看问题。

3. 民族中心主义

民族中心主义,顾名思义,就是一个人认为本民族文化是优于其他文化的,将自己民族或者国家的文化置于中心地位,并用自己的文化标准来评判其他文化。民族中心主义阻挡了对不同文化的理解,妨碍了跨文化交流的顺利进行。民族中心主义带有强烈的情感色彩,极端的民族主义甚至会引起战争冲突,从不同国家的地图也可以看出,很多国家都将自己的国家绘制在世界的中心位置,这就是民族中心主义的一个简单而典型的表现。在跨文化交流中,民族中心主义可能影响交流双方的交流距离,鲁肯斯的研究就将由民族中心主义倾向导致的交流距离分为蔑视距离、漠不关心的距离和回避距离三种。在跨文化交流中,交流双方应该尽可能尊重对方,要认同每种文化都是独特的、平等的,要做到"己所不欲,勿施于人"。

4. 刻板印象

刻板印象(stereotype)最早由美国记者李普曼于 1922 年在其著作《公众舆论》中提出,他发现人的成见对人或事的知觉影响很大。刻板印象分为正向刻板印象和负向刻板印象,比如我们倾向于认为东方人比较内敛保守、西方人比较开放张扬,这就是一种刻板印象。很多时候,由于我们掌握的信息不足,我们在交流中往往用刻板印象来补充我们残缺的信息数据,这样带来的后果是偏见,或者造成对很多有用信息的忽视。

在与其他国家或者文化的成员打交道时,刻板印象可能会让我们提前有一个预期的结论,须知刻板印象往往是针对群体的,而容易抹杀个体差异,缺乏灵活性。因此,要理性对待自己头脑中的刻板印象,避免先入为主、以偏概全。

---

① Langer E J. The power of mindful learning[M]. Boston:Addison-Wesley,1997.

5. 偏见和歧视

偏见是针对特定目标群体的一种习得性态度,包括支持这种态度的消极情感(厌恶)和消极信息(负面的刻板印象),以及逃避、控制、征服和消灭目标的行为意向。偏见与刻板印象有一定区别,刻板印象有正向和负向之分,但是偏见则都是负向的。偏见如同滤网,一旦偏见形成,与偏见不一致的信息则容易被滤网过滤掉。人们往往对自己所处的内群体之外的人有偏见,即看高内群体,看低外群体,极端情况会导致民族中心主义和性别歧视。布利斯林认为,偏见在人际交往中的表现包括:(1)会根据自己所处群体的标准去评价其他的群体,并有看低其他群体的倾向;(2)对异文化成员反感,但是不会承认有偏见;(3)对异文化群体抱有敌意,认为会损害本群体利益;(4)在某种情况下,也会对其他群体持积极态度,然而却会保持一定距离;(5)觉得异文化群体的人做的事情自己不喜欢;(6)与异文化群体成员接触会觉得"不自在"。①

偏见是一种态度,而当偏见转化为行为时,就会导致歧视行为。研究表明,如果要降低偏见或歧视行为的可能性,面对面沟通是最好的方法,因为面对面沟通可能提供更加全面、完整的信息,会改变一些先入为主的观念,同时,持偏见的人可能也会考虑到面子的问题。

偏见是一种态度,歧视则是行为,要消除偏见和歧视,单纯从行为上去制止或者用规章去规范,都不是很好的办法,应该加强了解、交流、融合,改变偏见一方的态度,进而消除歧视行为。社会心理学家阿伦森为了消除白人、非洲裔美国人、拉丁裔美国人之间的偏见,创设了相互依赖的情境,让他们组成团队,分工合作完成任务,最终消除了种族之间的冲突。② 这是一种内外群体的拼凑技巧,证明了一旦异文化群体之间产生了友谊,偏见就会减少甚至消除。当人们对外群体的规则和风俗增进了解后,一般就不会再固执于内群体的规范。

---

① 转引自陈雪飞. 跨文化交流论[M]. 北京:时事出版社,2010:138.

② Everett M. Rogers,Thomas M. Steinfatt. Intercultural communication[M]. Waveland Press,IL,1999(3):56.

此外，很多研究也指出，影响跨文化交流的这些因素之间存在较高的相关性，比如持有高偏见的人往往可能是民族中心主义者，而这类人很可能有"独裁人格"，具有独裁人格的人往往认为自己相对孱弱，自我形象较为脆弱，容易自我贬低，因此总是倾向于寻求惩罚性的道德（认为犯人就应该遭到非常严厉的惩罚）来维护法律和秩序，或者自己努力去证明自己的强大、优等，如希特勒就是典型代表。①

四、跨文化适应理论

本部分将主要梳理跨文化适应的相关理论，包括文化休克、跨文化适应、跨文化调整、跨文化胜任力、跨文化训练等多个内容。需要指出的是，文化休克作为跨文化适应的一种现象，也是一种跨文化适应的形态，在来华留学生中发生较为普遍，也得到了研究者较多的关注，我们有必要先对"文化休克"的内涵作一个简单回顾。

（一）文化休克

当来到一个新的文化背景中，我们都会面临诸多的挑战，包括不熟悉的文化模式、价值观念、宗教信仰、风俗习惯或社会关系，可能因此在心理上产生焦虑或沮丧情绪，进而出现各种生理和心理的疾病，这时候就会导致文化休克。文化休克（Culture Shock，或译为文化冲击）由人类学家奥伯格（K. Oberg）于1960年提出，现在已成为被广泛运用的概念，他在研究论文中将文化休克描述为"由于离开所有熟悉的社会交流标记和符号，我们便会产生一种焦虑，这种焦虑进而带来一种强烈的失落感"。他指出，我们在成长过程中掌握的诸如语言、表情、手势、习俗规范等提示，已经成为我们生活中的一部分，虽然很多时候我们意识不到，但是，正是因为有了这样的提示，我们才获得了"心灵的宁静"②。

---

① Everett M. Rogers, Thomas M. Steinfatt. Intercultural communication[M]. Waveland Press, IL, 1999：120.

② Oberg K. Culture Shock：Adjustment to New Cultural Environments[J]. Practical Anthropolody, 1960, 7(2)：177-182.

文化休克往往发生在几类人群中,如短期出访的商人、长期在国外工作的人、跨国旅游者、留学生、移民或者政治避难者等。按照学界的研究,文化休克的表现一般有如下几类:(1)因为要不断进行必要的心理调整,进而引起个人的疲惫感;(2)由于在陌生的环境,可能会失去原来的地位、朋友、财产或职业,进而导致的失落感;(3)可能难以接受新的文化环境中的成员,或者被新的环境中的成员拒之于门外;(4)对自我的角色认同,或者对自我角色的期望、价值观念、情感等方面感受到混乱;(5)当个体察觉到文化差异的存在后,可能感觉惊奇、焦虑,甚至是厌恶、气愤;(6)由于无法顺利地应付新的环境,进而产生的无能为力、无助的感觉。[①] 简单而言,文化休克就是人们到另外一种不适应的文化环境中所产生的一种心理反应。

对于为什么会有文化休克,学者们有一些解释的理论,包括负面事件理论、社会支持减少论、价值分歧理论,我们认为在跨文化交流的语境下,在来华留学生留学的语境下,后两种解释理论更站得住脚。

(二)跨文化适应

1. 跨文化适应界定

跨文化适应,是指在异文化环境中的居留者对新环境的适应过程,包括短期逗留、定居、亚文化之间的流动迁徙和社会变迁等情形。跨文化适应是一个过程,在这个过程中,居留者会经历文化休克,进而采取各种措施缓解文化休克的症状,最终伴随着心理适应程度和满意度的增加,在新的文化环境中的行为能力也得到提高(杨军红,2009)。[②] 加拿大心理学教授白瑞(Berry)称这个过程为文化适应,"指双向的文化过程以及在跨文化接触后发生的心理变化",他认为文化适应包括两个方面的变化:一是个人层面的行为变化;二是群体层面的

---

① Bochner S. Cultures in contact: studies in cross-cultural interaction [M]. Oxford: Pergamon Press,1982.

② 杨军红. 来华留学生跨文化适应问题研究[M]. 上海:上海社会科学院出版社,2009.

变化,涉及文化实践(cultural practice)在社会制度和结构中的变化。①

跨文化适应社会环境包括交流双方原有的文化,交流双方族群本身的不断变化,还有接触和互动本身的性质。要分析任何一种文化适应现象,首先要分析移居者自身的社会政治、经济、文化状况,结合其迁移动机进行考虑;其次要对移居社会的政治、经济、文化生态进行分析,看看其对外来移居者的态度如何,奉行的是宽容的文化多元主义还是狭隘的同化主义,并进一步看当地社会对外来移居者是否友善并愿意接纳。

对跨文化适应问题的分类,目前主要是参照沃德(Ward)和其同事的观点,他认为主要可以从心理适应和社会文化适应两个方面来考察,心理适应主要考察跨文化交流中的心理健康和生活满意度,以情感反应为基础;而社会文化适应,则主要考察移居者适应当地的社会文化环境的能力,包括有效交流的能力、与东道国建立并保持关系的能力等。②

2. 跨文化适应的阶段

跨文化适应的过程基本呈现阶段性,奥伯格(Oberg,1960)曾经提出文化适应的四个阶段:(1)蜜月阶段,一般是在刚进入新文化环境后,对一切都感觉新奇和刺激,自己会给自己规划高预期的蓝图;(2)沮丧阶段,即文化休克阶段,原有的生活方式、价值规范在新环境中难以适应,遭遇失落和身份危机,开始消极、沮丧;(3)恢复调整阶段,经过一段时间,逐步适应新环境,在语言、饮食、娱乐等方面逐步熟悉,心理上慢慢好转;(4)适应阶段,这个阶段已经熟悉当地的文化、风俗,交了很多朋友,能够很好地控制自己的生活,生活满意度提高。③ 研究者们常常将文化适应的四阶段用 U 型曲线来表示,见图 1—3。

---

① Berry J W. Psychology of acculturation: Understanding individuals moving between cultures [M]. London: Sage Publications, Inc, 1990.

② Ward C, Kennedy A. [Refereed, Selected Conference Proceedings]Crossing cultures: The relationship between psychological and socio-cultural dimensions of cross-cultural adjustment[M]//Asian contributions to cross-cultural psychology. 1996.

③ Oberg K. Culture Shock: Adjustment to New Cultural Environments[J]. Practical Anthropolody, 1960, 7(4): 167-211.

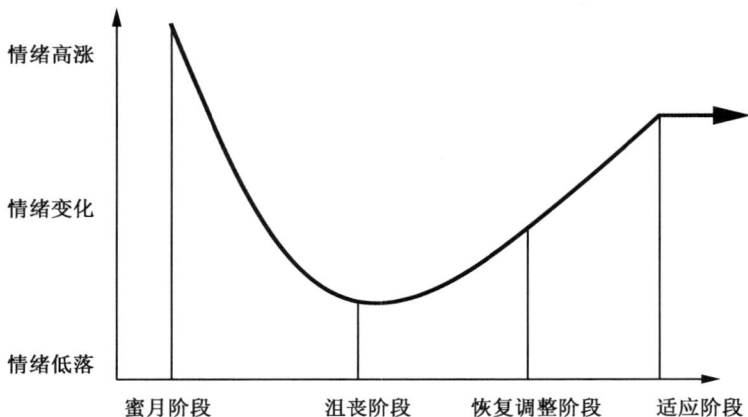

图 1—3　文化适应的 U 型曲线

3. 跨文化适应策略

跨文化适应策略是指移居者在新的社会进行文化调整时采用的方法,由态度和行为两方面构成。态度是移居者适应当地文化的偏好;行为是他们根据行为偏好选择的社会交往行为。一般而言,移居者的文化适应策略是跟其原有文化导向和主流文化导向两个维度相关的,一般有四种策略:同化(assimilation)、分离(或称隔绝,separation)、整合(integration)和边缘化(marginalization),见图 1—4。[①] 当人们并不固执于恪守自己的文化传统和文化身份,愿意主动融入主流社会和文化时,他们会选择同化策略;当他们希望保留自己的原有文化身份,回避与他们交往,不愿意融入时,就会选择分离策略;当他们希望融入主流社会和文化,同时又希望保存原有的种群文化身份时,则会选择整合策略;当他们希望保留原有文化身份,但对发展与主流社会的关系不感兴趣时,就会选择边缘化策略。从这个角度来说,移居者的态度和动机对策略的选择很重要。当然,以上四种策略也跟主流社会的文化环境有关,主流社会选择推行文化同化、文化隔离或多元文化主义,其带来的结果都会大不相同。

---

① 唐宁玉,王玉梅. 跨文化管理:理论与实践[M]. 北京:科学出版社,2006:79.

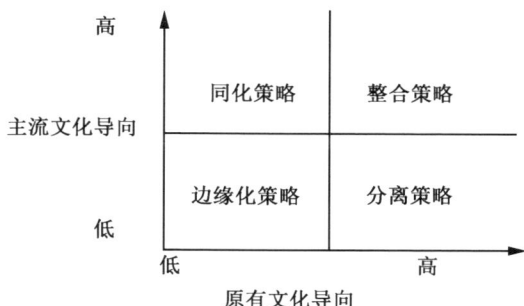

资料来源：引自唐宁玉、王玉梅(2006)《跨文化管理：理论与实践》。

图 1—4　文化融合的双维模型

实证研究表明,同化、隔离、边缘化都较少成为移居者们的选择,毕竟很少有移居者愿意抛弃自己原有的文化,但是同时也很少有人选择隔离或者边缘化,对留学生而言,既然已经选择了留学,很少有完全不愿意融入主流社会和文化的,因此整合成了大多数留学生愿意选择的策略。[①]

跨文化适应由浅到深,可以有不同的层次,Hanvey(1979)指出有四个层次：(1)通过旅游或看书、电影,了解表面、可见的一些特点；(2)逐步能够发现异国文化中一些重要而细微的与本国文化不同的方面；(3)可以进行理性分析,达到对异国文化中的重要而细微的特点的了解,并且在认知上觉得可以接受；(4)在感情上觉得可以接受异文化,并逐步学会用当地人的眼光去看待事物。Hanvey认为,跨文化者应该努力达到第三个层次,最好是能够达到第四层次的部分要求,这样跨文化适应的过程就不会很难过。[②]

(三)跨文化调整

与跨文化适应理论相似的,还有朝鲜裔美国人金荣渊(Young Yun Kim)所做的跨文化调整研究,她的跨文化调整理论先后整合了诸多学者的研究成果,

---

① 转引自戴晓东. 跨文化交际理论[M]. 上海：上海外语教育出版社,2011:171.

② Robert Hanvey. Cross-cultural awareness. In Elsie C. Smith；Louise Fiber Luce. Toward Internationalism：Readings in Cross-Cultural Communication[M]. New York,NY：Newbury House Publishers,1979:53-54.

最为核心的有三个概念：(1)跨文化调整，是"一个动态的进程，其间交际个体通过对新的、不熟悉的或变化了的文化环境的重新定位，与这些环境建立或重新建立起相对稳定、互利和功能健全的关系"①，这一概念将文化适应、同化、整合、调节等概念都涵盖其中；(2)交际指个体和环境之间的所有信息交换行为，跨文化调整本质就是一个交流的过程；(3)陌生人，指跨越文化边界并在异文化中安顿自己的个体。所有的陌生人在跨文化调整的初期都是"外部成员"，之后会逐渐向"内部成员"迈进。金荣渊还提出了关于跨文化调整的三个基本假设：(1)个体有内在的自我组织的驱动，而当面临外部环境的挑战时，也有进行调整的能力；(2)个体一般通过交际在既定的文化环境中作出调整，这个调整发生在交际过程中；(3)跨文化调整是一个复杂动态的过程，会使个体产生质的变化。她认为当个体面对新文化环境时，一定会面临压力，但是个体会提高交际能力，并努力的实现自我更新，最终会升华成为跨文化人(intercultural person)。②

（四）跨文化胜任力

每个个体在进行跨文化交流时，个体之间的适应能力是有差异的，研究者们基于此提出了跨文化胜任力概念，③该概念由 Abe 和 Wiseman(1983)将工作领域的胜任力概念运用到跨文化研究中得出，认为跨文化胜任力是指个体与来自不同文化背景的人交流时，应该具备的综合能力，换言之，是在沟通过程中处理文化差异、矛盾冲突等问题所需要的能力。④

一般而言，跨文化胜任力结构具有三个维度，包括认知维度、情感维度和交际行为维度，各个维度相互影响，并共同影响跨文化交流效果。跨文化胜任力的认知维度包括个体对跨文化知识的掌握程度，以及对跨文化的情境的态度，

---

① Kim Y Y. Becoming intercultural：an integrative theory of communication and cross-cultural adaptation[M]. London：Sage Publications，2001：31-33.

② Kim，Y. Y.. Cross-cultural adaptation：An integrative theory[C]//R. L. Wiseman(Ed.)，Intercultural communication theory，Thousand Oaks，CA Sage，1995.

③ 胜任力最早由哈佛大学教授戴维·克利夫兰于 1973 年提出，指能够区分在特定工作岗位和组织环境中绩效水平的个人特征。

④ Abe H，Wiseman R L. A cross-cultural confirmation of the dimensions of intercultural effectiveness[J]. International Journal of Intercultural Relations，1983，7(1)：53-67.

如宽容、偏见等。

跨文化胜任力的情感维度主要从人格特征和态度的角度对胜任力进行描述,讨论较多的是文化移情能力和跨文化敏感性。文化移情能力,又称为文化同感或文化共感(cultural empathy),是个体在跨文化情境中,由于理解了真实的或者想象的他人的情绪而产生的与交流另一方相似的情感体验;跨文化敏感性是"一种对文化差异的重要性和对其他文化中人们的观点的敏感性"[①],主要包括灵活性(根据文化情境的要求进行调整的能力)和开放性(接受不同文化的观念的开放程度)。一般而言,文化移情能力和文化敏感性越高,跨文化胜任力则越强。此外,乐观、自信、情绪稳定以及良好的抗压能力也是跨文化胜任力的组成部分。

跨文化胜任力的交际行为维度即跨文化交际能力,包括口头交际能力和非口头交际能力,此处不再赘述。

(五)跨文化训练

跨文化训练最早始于很多国家对驻外国外交官的训练,后来广泛用于对跨国公司人员以及出国留学人员的训练,如国家公派出国的教师一般都会接受此类训练。对留学生的训练相对较少,因为人员众多,而且留学大多是个体行为。在当今跨文化交流变得越来越普遍的情况下,跨文化训练变得必要。按照Brislin(1986)的总结,跨文化训练大致有如下六种方式,这些方法相互之间各有特色,同时也有交叉之处。[②]

(1)提供信息类训练:主要是通过各种方式介绍历史、文化、习俗等,可以是讲演、录像、阅读、讨论等,这种方式比较传统且容易采用。

(2)原因分析类训练:类似于案例分析法,一般会选取研究对象所在国发生的文化冲突的真实案例,提供不同的解释,由训练者进行分析和讨论,这类方法具有很强的互动性,而且很受欢迎。

---

① 唐宁玉,王玉梅. 跨文化管理:理论与实践[M]. 北京:科学出版社. 2006:79.
② Brislin R W. Intercultural interactions:a practical guide[M]. London:Sage Publications,1986.

（3）提高文化敏感度的训练：一般通过活动的形式，比如角色扮演，如由一个人扮演和美国人思想和性格完全相反的角色，与美国人进行交往，从矛盾冲突中让受训者提升文化敏感度。

（4）认知行为改变训练：这类方法使用较少，主要是从认知的角度，帮助受训者分析不同文化对自己的有利和不利情况，进而达到改变认知态度和行为的目的。

（5）体验型训练：一般采用角色扮演或者田野作业的方式，人为创设一种文化环境，让受训者提高问题解决的能力。

（6）互动式训练：邀请对方文化中的成员，通过座谈或者活动，在交往中学习习俗及掌握技巧。

理论的最终功用，在于对现实实践的指导意义。理论来源于实践，最终只有回到实践中去，才能体现它的真实价值。本章梳理了跨文化理论的相关内容，主要从跨文化差异、跨文化交流、跨文化适应三大理论分析向度开展了阐述。高校来华留学生教育管理是跨文化交流最典型的场域，各国留学生面临着跨文化的学习、生活适应问题，中外学生之间、师生之间的跨文化交流，无时无刻不在发生着。因此，在具体的教育管理实践中，要学习和了解相关理论，用于指导具体的留学生教育实践工作。作为留学生教育管理工作者，跨文化理论的作用主要体现在两个方面：一是留学生教育工作者可以通过学习相关理论，丰富跨文化知识储备，提高跨文化敏感力和胜任力；二是在具体的教育管理实践中，可以"得体"地、具有"跨文化敏感性"地与留学生打交道，并加强对留学生的跨文化培训和训练，帮助他们尽早适应跨文化的留学生活。

第二章

高校来华留学生教育管理的历时审视

　　本章将对来华留学生教育发展的历程进行系统、纵向的梳理,主要基于两个视角:一是从国际到国内的视角;二是从历史到现时的视角。首先对留学生教育的国际时代背景的发展变迁过程进行梳理,之后对来华留学生教育的历史发展进行回顾,从国际和国内两个方面较为宏观地呈现留学生教育的发展历程;之后在第三部分将对来华留学生教育管理已经取得的成效进行总结,主要从制度体系建设、培养机制和培养模式的形成以及具体教育管理实践成效三个方面进行阐述。其中,关于来华留学生教育所处的国际时代背景的变化和来华留学生教育教育的历史变迁,是基于教育史料和研究文献的梳理,经过分析和归纳得出的。第三节的我国高校来华留学生教育管理的现时成效,则主要是基于笔者本人多年的来华留学生教育管理实践经验,以及在本书写作准备过程中对国内高校留学生教育工作部门开展的调研结果,最终整合而成的研究报告。由于本章的第一、二节较为宏观、全面地呈现高校来华留学生教育的国际和国内的历史变迁,因此并不完全是从跨文化的视角进行梳理,在第三节的现实成效部分则将融入跨文化理论的视角进行阐述,在本书的下一章节我们将重点从跨文化理论的视角对来华留学生教育管理的难题和困境进行梳理,并在之后进行归因分析和给出相应的破解之策。

一、国际时代背景的变化

(一)全球经济一体化加速推进人才国际流动

尽管学界对于全球化的阶段众说纷纭,有两阶段、三阶段、四阶段等各种划分,但是全球经济一体化已经是当今世界各国经济社会发展过程中难以回避的客观趋势。有学者按照三次科技革命的划分,也将经济全球化分为三次浪潮(高放,2001):全球化的第一次浪潮是伴随着18世纪的第一次科技革命兴起的,由于蒸汽机车的发明,轮船、火车产业逐步形成,世界市场开始建立,开启了全球化进程;第二次科技革命以19世纪末以来的电气化的逐步普及为标志,汽车、飞机、电讯产业形成,随之而来的是第二次的全球化浪潮;而在当代的第三次和第四次科技革命则以电子信息化、原子化为标志,引发了第三次全球化浪潮,至此全球经济一体化达到了前所未有的地步。一般而言,经济全球化有如下特征:首先,从生产力角度来看,生产的全球化是经济全球化的突出表现,人类社会已经从"国际贸易"进入"国际生产"的时代,生产的全球化是社会化大生产发展到一定阶段的必然要求。其次,从生产关系角度,经济全球化可以看做是资本主义的全球扩张,是资本的全球化流动,以及相应的资本主义的生产方式在全球范围内的扩张,其中跨国公司的作用非常关键,有数据表明,跨国公司已经控制了全球生产的40%、国际贸易的60%、全球技术转让的30%。再次,从经济体制角度,全球经济一体化的实质,是市场经济的全球推进和扩展,它促进了世界范围内的资源配置和流动,是市场的全球化(周春明,1999)。①

应该承认,全球化的最直接驱动因素是经济学意义上资本主义的扩张。政治、科技、文化的全球化,都是经济全球化的直接或间接后果,或直接或间接目的。法国学者雅克·阿达指出:"资本主义在空间进行的拓展已经遍布世界各个角落,而全球化既是这一空间拓展的表现,也是并且首先是一个改变、调整以

---

① 周春明. 怎样正确认识正在兴起的经济全球化浪潮[J]. 中国特色社会主义研究,1999(05):61-62.

至最后消除各国之间各种自然的和人为的疆界的过程。"①因此,有学者认为"边界的消解"是全球化的一个重要趋势(李正风,2002)②,随着资本的全球流动、资本主义生产方式的全球扩张、网络信息技术的全球普及,我们的世界变得越来越"小",不仅对人才的国际流动提出了客观要求,同时也为人才的全球化流动提供了可能和便利条件。

在全球经济一体化大背景下,人才流动范围正逐步从区域性流动向全球性流动转变,各个国家基本都积极投入到世界范围的人才争夺战中,当代的科技革命肇始于信息科技革命,到现在已经逐步发展到生物工程、信息基础、航空航天、纳米技术、互联网金融、电子商务等各个领域的产业,因此,当代科技革命中人才流动的专业领域也已经从信息技术领域扩大到各个领域,人才流动已经不限于高新技术领域,传统的基础学科、机械制造、管理领域等的人才都已纳入各国竞争的范围。

当今世界人才流动的另外一个特征就是从单向流动到双向流动。按照印度经济学家陈罗尔关于人才流动的"推拉理论",人才的国际流动是流出国的推出效应和输入国的拉力效应共同作用的结果。因此,人才流动一般都是从不发达国家或地区向发达国家或地区流动。当前,虽然人才流向的整体大趋势未变,但是随着世界经济一体化趋势的发展,各国社会经济环境的改善,人才的双向流动日趋频繁,就来华留学生而言,也同样呈现世界范围内的双向流动趋势。留学生流动原则上属于人才流动的大范畴,美国比较高等教育专家阿尔特巴赫也对留学生的世界性流动提出了相应的"推拉理论",该理论影响留学生流动的因素分为两类,包括"推力"(push power)和"拉力"(pull power),其中"推力"就是人才输出国的各种不利条件,这些因素会推动人才往别的国家流动,如经济落后、教育竞争力差、社会不稳定等;"拉力"则是人才输入国相应的各种有利条

① 雅克·阿达.经济全球化[M].北京:中央编译出版社,2000:3.
② 李正风.全球化发展进程的三个阶段[J].中州学刊,2002(06):158-162.

件,会吸引并拉动其他国家的人才流动到本国,比如社会安定、教育设施完善、科研水平高、教育国际竞争力强等。表2—1是阿尔特巴赫总结的影响第三世界国家留学生决定出国留学的"推力"和"拉力"因素。

表2—1　　　　影响第三世界国家留学生出国留学的"推力"和"拉力"因素[①]

输出国(推力)	输入国(拉力)
1. 获得留学奖学金的可能性	1. 提供给海外留学生奖学金的可能性
2. 教育质量低	2. 教育质量高
3. 研究设施不足	3. 研究设施先进
4. 教育设施缺乏	4. 教育设施适当
5. 无法在本国升入大学	5. 有录取的可能性
6. 政治气候不适宜	6. 政治时候适宜
7. 本国不如国外大学的学位有优势	7. 有获得国际生活经验的机会
8. 歧视少数民族	8. 适宜的社会经济和政治环境

(二)国际教育市场竞争促使各国大力推进高等教育国际化

对高等教育国际化概念进行探讨的学者很多,简·奈特(1994)认为高等教育国际化主要有四种方式,包括活动方式(activity approach)、能力方式(competency approach)、气质方式(ethos approach)和过程方式(process approach),其中活动方式是最传统、最常见的做法,包括国际课程开发、教师与学生国际交换、区域研究、技术援助、跨文化培训、联合研究项目、招收国际学生等。[②] 汉斯·迪·威特(1995)在《高等教育国际化策略》一文中将高等教育国际化的涵义归纳为三个方面:一是认为高等教育国际化是将国际意识与高校教学、科研等职能相结合的过程,强调的是一种发展趋势和过程;二是认为高等教育国际化是高等教育的国际交流和合作的活动,包括国际师资和学生的国际流动、课

[①] 根据杨军红. 来华留学生跨文化适应问题研究[M]. 上海:上海社会科学院出版社,2009:27,有适当改动。

[②] Knight B J. Internationalisation:Elements and checkpoints[C]//Ottawa:Canadian Bureau for International Education,1994.

程的国际化等;三是认为高等教育国际化强调形成一种国际化的氛围和精神气质,包括国际视野、全球意识、学校的国际化文化等。[①] 克拉克·克尔(2001)将高等教育国际化划分为以下四个方面:新知识流动、学者的流动、学生的流动、课程的内容。[②] 教育本身就有国际化基因,传播文化和知识是各国高等教育共同的任务。当前,高等教育国际合作与交流已成为大学的第四项职能,这已经得到了世界各国的公认。联合国教科文组织在《教育——财富蕴藏其中》报告中明确指出:"大学聚集了与知识的发展和传播相结合的所有传统职能:研究、革新、教学和培训,以及继续教育。最近几年变得越来越重要的另一项职能即国际合作,亦应增加到这些职能之中。"[③]应该承认,国际交流与合作功能是高等教育在新时期全球经济一体化形势下发挥其社会功能的反映。

当今世界经济全球化推动了高等教育国际化的进程,高等教育国际化已经成为当代高等教育的主要特征之一。按照美国学者克拉克·克尔对高等教育国际化发展的分期,第一阶段从中世纪到文艺复兴时期,称为聚合时期,其主要特征是学生和学者的国际流动;第二阶段从 18 世纪一直到第二次世界大战之前,称为分叉时期,这个阶段"国家主义"在各国高等教育中占主导地位,但是仍然有大量的高等教育的国际交流活动;第三阶段是再聚合时期,从第二次世界大战以来直到现在,东西方冷战结束,世界各国相互竞争,同时又相互依赖,高等教育国际交流合作呈现飞速发展的特征。在这一阶段,各国高等教育共同致力于适应国际社会的需要,超越狭隘的民族和国家界限,采取各种措施和手段,促进高等教育国际化。

在这一发展过程中,各国高等教育领域都确立了面向世界的国际化目标。美国是最早的起步者和受益者,早在 1946 年美国就通过了《富布莱特法案》,正式启动了富布莱特交流计划(Fulbright Exchange Program),旨在推进美国学

---

① Hans De Wit, Strategies for Internationalisation of Higher Education(A comparative study of Australia, Europe and the United States of America)[M]. Luna Negra:Amsterdam, 1995.

② 克拉克·克尔,等. 高等教育不能回避历史[M]. 杭州:浙江教育出版社,2001.

③ 联合国教科文组织总部中文科译. 教育:财富蕴藏其中[M]. 北京:教育科学出版社,1999.

者和其他国家学者之间的相互交流与理解,到现在该计划已经发展成为世界上声誉最高、规模最大的国际交流计划;之后美国又先后通过了《美国新闻与教育交流法》(1948 年)和《国际教育法》(1966 年)等法案,其中以《国际教育法》尤具代表性,该法案鼓励学生加强对世界各国政治、经济、文化、科学、民族以及风土人情的了解,致力于成为国际教育专家。美国高等教育专家克拉克·克尔也曾经指出"拥有众多良好的全球意识的大众的国家将在国际上占有优势"。日本也同样非常重视高等教育国际化,日本中央教育审议会在 1966 年提供给文部省的咨询报告中明确指出:"处于世界政治和经济中的当代日本人,必须充分面向世界,面对复杂的世界形势,日本人应该成为世界通用的日本人"[①],在 20 世纪 80 年代后期的日本"临时教育审议会",教育部门也强调了教育国际化的重要作用,并提出要追求人的国际化,将高等教育国际化作为高等教育发展的重要目标。在其他国家,如加拿大、英国、澳大利亚都先后提出了"无边界高等教育"(borderless higher education)理念,大力推动高等教育的国际化,其中英国和澳大利亚主要出于经济与财务上的考量,撒切尔政府自 20 世纪 80 年代开始实施高等教育市场化政策,各机构开始在国际范围内争夺国际学生(曾满超等,2009)。[②]

此外,区域经济一体化作为经济全球化的重要特征,对留学生在区域内的国家之间的流动起到了很好的推动作用。以欧盟为例,欧洲 29 个国家于 1999年签订了《博洛尼亚宣言》,旨在推动欧盟内部高等教育的交流与合作,促进整体教育质量提升,实现相对统一的欧洲区域高等教育制度,之后欧洲各国教育部长又先后于 2001 年、2003 年召开了两次圆桌会议,宣言的主要精神得到了欧洲大多数高等学校的认可,欧盟从 20 世纪 90 年代起就相继发起了坦普斯计划(TEMPUS)、苏格拉底计划(SOCRATES)和伊拉斯马斯计划(ERASMUS),为

---

① 王留栓. 高等教育的国际化及其中国特色之路[J]. 教育发展研究,1998(03):20-25.

② 曾满超,王美欣,蔺乐. 美国、英国、澳大利亚的高等教育国际化[J]. 北京大学教育评论,2009,7(02):75-102.

欧盟各国的学生提供了大量在欧盟成员国留学的机会,统计资料显示,1990 年和 2000 年,欧盟所接受的国际留学生有一半来自欧盟组织的内部成员国(程家福,2012)。[①] 此外,其他一些区域性国际组织如亚太经合组织(中国、日本、韩国、新加坡等)、北美自由贸易区(墨西哥、加拿大、美国)等,区域组织内部国家之间留学生流动也显著增加,充分显示了区域经济一体化对国际留学的动力作用。

(三)各国留学教育的价值转向:从政治利益为主,向兼有政治、经济、文化等综合利益转变

简·奈特和汉斯·德·维特将高等教育国际化的驱动力分为政治、学术、社会文化和经济四种类型。[②] 我们认为促使各国开展留学生教育的驱动力也可以从这四个方面来概括:政治上促进国家稳定、安全和和平,避免受到国际化意识形态的影响;学术上可以提高高等教育的国际化水平,对接教学与研究的国际标准;社会文化上可以抵制全球化带来的文化同质化影响,强调国家、民族和文化的多样化;经济驱动力在于通过培养国际化人才为提高国家国际竞争力做贡献,同时留学生教育可以增加高等教育机构的收入。

纵观世界各国的发展留学教育的历史进程,其教育价值取向经历了从最初的政治、外交利益考量,逐步发展到政治、经济、文化等多方面综合利益考量的过程。1945 年,美国负责文化事务的助理国务卿威廉·本顿就明确指出"从长远看,培养外国留学生是一种最有前景、一本万利的有效方式",通过留学生教育培养和影响各国精英人物,最终的目的在于实现"长期的文化转型"[③]。美国著名高等教育学家阿尔特巴赫也曾经指出,在所有发达国家,外国留学生的接收和培养基本都与该国的政治外交政策紧密联系在一起,接收留学生成为他们

①　程家福. 来华留学生教育结构历史研究[M]. 上海:同济大学出版社,2012:26.

②　Knight J. Internationalization Remodeled:Definition,Approaches,and Rationales[J]. Journal of Studies in International Education,2004,8(8):5-31.

③　转引自哈嘉莹. 来华留学生与中国国家形象的自我构建[J]. 山东社会科学,2010(11):152-157.

保持对第三世界影响的重要手段(Altbach,1991)。[1] 甚至有学者提出,发达国家对发展中国家提供高等教育援助,是基于对当地"再殖民"的考虑(re-colonization)(Mende,1972)。[2] 在这一背景下,美国、德国、日本、英国、法国等发达资本主义国家先后为发展中国家提供了大量的教育援助,包括资金援助、提供奖学金、派遣专家培训教师、接受留学生及访问学者等,如美国的富布莱特学者计划就是其中一个典型的例子。1973 年,美国、英国、德国、法国等 16 个发达国家共提供了 98 023 份留学生奖学金,派出教师和专家 36 000 多人。在这个阶段,苏联和东欧社会主义国家也不甘示弱,同样为其他社会主义国家和发展中国家提供了类似的教育援助,20 世纪 60 年代后半期苏联和东欧社会主义国家每年招收的非社会主义国家的人数保持在 16 000 人左右(Phillips,1976)。[3]

到了 20 世纪 70 年代,中东石油危机引发了全球性的经济和财政危机,很多资本主义国家面临经济和财政危机,一些国家开始将招收留学生为主要组成部分的高等教育国际化视为摆脱财政危机的一个有效手段。英国政府自 1980 年开始就将对高等教育的拨款减少了 20%,并开始全额征收留学生学费,此举虽然在一定程度上影响了英国招收留学生的规模发展,但是也为英国带来了巨大的财政收入,根据英国教育经济学家威廉姆斯的估算,1979—1980 年英国大学通过招收留学生,获得的学费约为 0.46 亿英镑,之后迅速上升,到 1988—1989 年,达到了 1.02 亿英镑,在大学总收入中,来自留学生的学费收入占比从 2.8%上升到了 5.5%;美国、澳大利亚等国家也先后大量招收留学生,并获得了巨大的经济收益,美国 1991 年外国留学生达到 112.7 万余人,其中自费留学生占 67%;澳大利亚来自外国留学生的学费收入也增长迅猛,从 1970 年的 600 万

① Altbach P G. Impact and adjustment:foreign students in comparative perspective[J]. Higher Education,1991,21(3):305-323.

② Mende,T. From Aid to Recolonization[M]. London:George G. Harrap and Co. Ltd,1973.

③ Phillips H M,Method F J. Educational cooperation between developed and developing countries [M]. New York:Praeger Publisher,1976,87.

美元上升为 1989 年的 5.84 亿美元(夏人青和张明选,2004)。①

自 20 世纪 90 年代后,各国已经逐渐认识到了高等教育国际市场的巨大经济效益,高等教育成为"国际服务贸易"的一种。麻省理工学院校长菲斯特指出,高等教育的国际化有利于美国的经济利益,高等院校也应该关心国家的经济利益。同时,一些国家的经济界开始关注国家教育市场的经济效益,1997 年加拿大大学学会统计数据显示,1996 年加拿大高校的国际教育板块为该国的国际贸易贡献了 27 亿美元(夏人青和张明选,2004)。② 1994 年,世界贸易组织通过的服务贸易总协定(GATS)正式将教育纳入"服务贸易"的范畴,使之成为世界通行的 13 种服务贸易之一,在《服务贸易总协定》第十三条中对"教育服务贸易"做了具体说明:"除了对各国政府彻底资助的教学活动外(核定例外领域),凡收取学费、带有商业性质的教学而活动,均属于教育服务贸易的范畴",这标志着教育服务贸易和以国际生源市场为中心的国际教育大市场的形成,也标志着高等教育商业化进入世界贸易市场的高层次领域。③ 至此,国际留学为主体的高等教育市场竞争愈演愈烈,各国争相抢夺全球国际学生生源。据统计,2000 年,美国在国际高等教育服务中获益 102.8 亿美元,澳大利亚获益 21.55 亿美元,英国获益 37.58 亿美元(Larsen,Martin & Morris,2002)。④ 另外,根据 Lasen 和 Lancrin(2002)的研究,教育服务贸易"已经成为澳大利亚第三大出口产业、新西兰的第四大出口产业、美国的第五大出口产业,教育出口分别占本国服务贸易出口的 11.8%、4.9%和 3.5%。"⑤

---

① 夏人青,张民选.高等教育国际化:从政治影响到服务贸易[J].教育发展研究,2004,24(2):23-27.

② 夏人青,张民选.高等教育国际化:从政治影响到服务贸易[J].教育发展研究,2004,24(2):23-27.

③ 引自黎琳,吴治国.高等教育国际化:新概念与新走向[J].江苏高教,2004(01):16-18.

④ Larsen K,Martin J P,Morris R. Trade in Educational Services:Trends and Emerging Issues[J]. World Economy,2002,25(6):849-868.

⑤ Larsen K,Lancrin S V. The Learning business,can trade in international education works? [J]. Organisation for Economic Cooperation & Development the Oecd Observer,2002(235):26-28.

二、我国来华留学生教育管理的历史变迁

接受和培养留学生是我国国家战略和对外交流的一项重要内容,其本身特性与我国政治、经济、文化等各方面紧密相关,我国留学生教育的发展历程,本身就是政治、经济、外交文化等各个方面发展的一个客观反映。按照学者陈兴德(2009)的说法,纵观我国来华留学生教育的历史,"从封闭走向开放,从政府直接管制到宏观引导,从计划指令到市场参与,从盲目追风到理性选择,从单向输出转为双向交流,这是改革开放以来我国留学教育的生动画卷。留学潮流发生转向的根本动力是改革开放以来国家政治、经济和文化变动的环境及其需求对此起了主要的调节和引导作用。"①本部分将从影响我国留学生规模的因素、国家层面针对留学生教育的战略变化以及管理权限的转移等方面,对我国留学生教育的发展进行较为系统的梳理。

(一)来华留学生教育的影响因素演变:由政治外交因素为主转向多因素的综合

不容否认,高校留学生教育的首要属性应该是其教育属性,那么留学生招生规模应该与高等教育质量紧密相关。但事实是,留学生教育有其特殊属性,它涉及政治、外交、经济等一系列因素及其影响。我国来华留学生教育的发展也是如此,自1950年底招收第一批留学生开始,到现在留学生教育的飞速发展,在整个过程中它就如一面镜子,反映了我国政治、经济、社会等各方面综合发展的历程。简单而言,我国来华留学生规模和国别的影响因素经历了由政治外交因素和地缘因素为主要影响因素,到当前的政治、经济、文化、外交、地缘等多因素的过程。

外交政策是中国来华留学事业的重要影响因素。留学生教育是一种典型的跨国教育形式,因此中国来华留学生的规模与结构始终受我国外交政策影

---

① 陈兴德. 从"过渡舟楫"到"基本方略"——新时期我国留学政策的回顾与展望[J]. 科学学与科学技术管理,2009,30(07):186-190.

响。历年来,来华留学生绝大多数都来自与我国建交的国家,这在改革开放之前尤为明显。截至 2023 年,我国已经与 182 个国家建立了外交关系,其中包括亚洲国家 45 个、非洲国家 53 个、欧洲国家 44 个、美洲国家 28 个、大洋洲国家 12 个。① 因为建交的国家数量众多,可能并不太容易看出其中关联。然而,通过对我国改革开放前留学生规模的分析,我们可以看出留学生规模与我国外交政策的紧密联系,这也可以充分说明留学生教育本身附带的政治色彩。新中国成立后,我国首批外国留学生共 33 名,于 1950 年年底来到中国,他们来自捷克斯洛伐克、波兰、罗马尼亚、匈牙利和保加利亚。从 1950 年到 1965 年,我国共接收各类来华留学生 7 259 人,来自 70 个国家和地区,其中来自建交国家的留学生数量 7 090 人,占同时期来华留学生总数的 97.7%,其他仅有 169 人来自未建交的国家。在这期间,与我国建交的 50 个国家中共有 43 个国家向我国派遣了留学生。受 1966 年"文化大革命"高校停课的影响,外国留学生教育由此中断。我国 1973 年开始恢复对外招收留学生,在 1973 年至 1977 年间,我国共接受外国留学生 2 066 名,这些学生来自 69 个国家,均是与我国建立外交关系的国家。到 1978 年,与我国建立外交关系的国家达到 132 个,到 2023 年,这一数字增长到 182 个。

　　除了受建交国家数量的影响,我国在世界政治格局内采取何种外交政策,也直接影响到来华留学生教育的规模和国别结构。从新中国成立到 20 世纪 50 年代末,中国的外交政策是亲苏联的"一边倒"外交战略,我国在这一阶段接受的来华留学生也以社会主义国家留学生为主,达到 2 231 人,占来华留学生总数的 93%。到了 60 年代,中国外交政策实行所谓"两反一合双交"的战略(周敏凯,2006),②即既反对美帝国主义的侵略,又反对苏联的霸权主义,同时团结亚非拉国家,积极与日本、西欧建立外交关系,这阶段来自东欧社会主义国家的来华留学生有所减少,仅有 400 余人,而越南因为抗美战争的影响临时向我国派

---

① 根据外交部网站《中华人民共和国与各国建立外交关系日期简表》计算得出。
② 周敏凯. 当代世界政治经济与国际关系[M]. 北京:高等教育出版社,2006:374.

遣了 3 900 多名留学生,使得这一时期来自社会主义国家的留学生达到 4 373 人,这一阶段非洲和欧洲留学生数量明显增多。到了 70 年代,毛泽东提出"三个世界"划分的战略构想,成为我国 70 年代和 80 年代的重要外交思想,中国坚持反对两个超级大国的霸权主义,大力发展同第二世界国家的合作关系,并加强团结和联合第三世界国家。据统计,在 1972—1980 年间,第三世界国家的留学生成为我国留学生主体,共 1 436 人,占同期留学生的 54.1%,其次是第二世界国家的 1 144 人,占 43.1%。20 世纪 80 年代,中国的外交政策主要服务于中国的现代化建设,中美关系在三个公报的基础上持续发展,中国与西欧、日本、葡萄牙、英国等第二世界国家关系取得新进展,与第三世界国家关系发展势头良好,中国在这个阶段来自第二世界国家的留学生增长迅猛,在 1981—1991 年间,第二世界国家留学生达到 7 252 人,占留学生总数的 46.9%;第三世界学生达到 6 031 人,占 39%;第一世界 2 186 人,达到 14.1%(程家福,2012)。[①] 90 年代至今,中国进入全方位外交战略时期,与各国开展高层互访,开展了大量经济贸易合作,中国的综合实力和国际地位得到迅速提升,当前中国已进入了"对外开放新阶段",资本从"引进来"到"走出去",在国际商业贸易领域从"主要受益者"到"积极贡献者",主动引领世界经济贸易新秩序(樊丽明,2016)[②],这一阶段来华留学生规模发展迅速,国别结构更加多样化,以 2015 年为例,共有 397 635 名来自 202 个国家和地区的留学生来华学习,其中各洲留学生人数分别为:亚洲 240 154 人、欧洲 66 746 人、非洲 49 792 人、美洲 34 934 人、大洋洲 6 009 人。

地缘因素和文化因素是影响来华留学生招收数量的重要因素之一。根据教育部公布的统计数据,从 20 世纪 90 年代以来,按洲别计算,来华留学生中,来自亚洲地区的留学生始终占据各大洲首位,从留学生来源国来看,韩国、日本、越南、泰国等亚洲国家留学生的数量几乎常年位居留学生生源国前十。这

---

① 程家福. 来华留学生教育结构历史研究[M]. 上海:同济大学出版社,2012:64.

② 樊丽明. 中国开放新阶段与大学的使命[J]. 中国高等教育,2016(05):11-14.

并不难理解,一方面地理距离相近相对比较方便,另一方面这些国家文化都属于东亚文化圈,在中国悠久的历史过程中,中华文化很早就传到日本、韩国、朝鲜、越南、中亚等国家和地区,在文化上的共通之处,也成为吸纳留学生的主要因素之一。此外,很多欧洲、美洲、大洋洲的留学生,来中国学习的重要动机也是基于对悠久而神秘的东方文化的向往,中国历史上的丝绸之路、郑和下西洋等也曾经在西方国家刮起了中国文化热,意大利比较文化学家贝尔托·埃科就曾说:"17 世纪到 19 世纪早期,整个欧洲都痴迷于这种异国风味,尤其是所谓的'汉风'。欧洲艺术在某个时期几乎变成中国式的。"①中国在世界各国开设孔子学院的主要目的就是致力于适应各国人民学习汉语的需要,增强各国人民对中国语言、历史、文化的了解。2004 年 11 月,全球第一所孔子学院在韩国汉城(今为首尔)揭牌,根据国家汉办的统计信息,截至 2015 年 12 月 1 日,中国已经在全球 125 个国家和地区建立了 500 所孔子学院和 1 000 个孔子课堂。孔子学院在讲授和传播中国文化的同时,也给世界各国人民提供了一个了解中国高等教育和中国大学的信息窗口,在很大程度上推动了来华留学生人数的增长。

我国高等教育的快速发展,也是推动来华留学教育的直接原因之一。国家对高等教育的投入、高等教育的发展速度与规模等因素直接影响着对高等教育领域的资源分配情况。在教育资源紧缺的情况下,首先肯定得满足本国的高等教育需求。改革开放以来,我国扩大了教育规模,也加大了教育投入,1990 年,我国普通高校在校生仅为 206 万。② 2016 年 3 月,教育部原部长袁贵仁在第十二次全国人大四次会议记者会上指出,根据第三方机构对中国的教育发展进行的评估结果,中国的高等教育毛入学率已经达到 40%,高于世界中上收入国家的平均水平,到 2020 年的目标是高等教育毛入学率提高到 50%③,将达到高等

①　引自乐黛云. 独角兽与龙——在寻找中西文化普遍性中的误读[M]. 北京:北京师范大学出版社,1997:268.

②　转引自程家福. 来华留学生教育结构历史研究[M]. 上海:同济大学出版社,2012:167.

③　教育部长:到 2020 年高等教育毛入学率要提高到 50%[EB/OL]. (2016-03-08)[2024-01-01]http://news. youth. cn/gn/201603/t20160310_7728898. htm.

教育普及化水平。根据教育部全国教育数据统计公报数据,2022 年各种形式的高等教育在学总规模 4 655 万人,高等教育毛入学率已达 59.6%。同时,中国目前还面临着适龄人口减少的挑战。有学者指出,2000—2008 年中国高等教育适龄人口(18~22 岁)规模逐年增大,并于 2008 年达到峰值 1.25 亿人,2009 年至 2020 年前后逐年下降,相应地,高考报名人数在 2008 年达到 1 060.7 万人峰值后,呈现逐年下降的趋势。① 资源的增加和本国适龄人口的减少,也意味着高校有更多的资源和能力吸纳更多的留学生。同时,中国高等教育的国际竞争力逐步提升,也吸引了更多的外国留学生选择中国作为留学目的国。

改革开放以来,中国与各国之间的经贸合作也在很大程度上推动了来华留学生数量的增长。中国目前已经是世界第二大经济体,并成为美国、韩国、日本等多个国家的第一大贸易合作伙伴。在国际经贸领域,伴随着中国经济发展和对外开放的深化,中国逐步突破西方国家在经济领域的压制和围堵,构建全方位的开放格局,以开放的主动赢得发展的主动,积极参与全球贸易投资规则的重构,引领国际经济贸易新秩序的建立,如参加亚太经济合作组织、成立中国—东盟自由贸易区、开启"一带一路"经济带建设、成立金砖国家银行和亚洲基础设施投资银行等,随着中国与各国的经济贸易合作的深化,留学教育作为服务贸易的一种,必然成为合作的领域之一,这也在很大程度上推动了中国留学教育事业的发展。有数据显示,到 2011 年,已经有东盟国家 31 所大学同中国的47 所大学签订了 135 份合作协议,2013 年,东盟国家来华留学规模已经超 6 万人,占中国来华留学生总数的 19%。在 2007—2012 年间,印度尼西亚、泰国、越南的来华留学生数量成倍增长,这也说明了中国与东盟国家的合作带来了留学教育的大发展。2015 年 3 月,中国发布《推动共建丝绸之路经济带和 21 世纪海上丝绸之路的愿景与行动》(国家发改委、外交部、商务部联合发布),明确在"一带一路"的建设过程中,要扩大相互之间留学生的规模,中国每年要向"一带一

---

① 谈松华,夏鲁惠.适龄人口下降对我国高等教育的影响[J].中国发展观察,2011(9).

路"沿线国家提供 1 万个政府奖学金名额,要深化中国与沿线国家的人才交流合作。2016 年 7 月 13 日,教育部发布《推进共建"一带一路"教育行动》,指出要充分发挥在共建"一带一路"进程中教育的基础性和先导性作用,在人才培养培训方面,要实施"丝绸之路"留学推进计划,"设立'丝绸之路'中国政府奖学金,为沿线各国专项培养行业领军人才和优秀技能人才。全面提升来华留学人才培养质量,把中国打造成为深受沿线各国学子欢迎的留学目的地国"①。

需要注意的是,来华留学生教育发展的影响因素由最初的政治外交因素,到当前政治、经济、外交、文化等多因素综合,尤其是经济效益越来越成为国家和高校的留学生教育追求的重要价值之一。相应地,也带来了留学生教育管理的特征或者理念的变化,20 世纪五六十年代留学生管理人员与留学生之间非常亲近,有的甚至同吃同住,师生之间亦师亦友,交流交往非常多,培养的留学生也对我们中国和就读高校感情深厚;然而,在市场化大潮的影响下,留学生规模大幅增长,由于各方面资源所限,加之有全球化、互联网、经济利益至上等思潮的影响,留学生教育管理很难像以前那样了,人文关怀和人文浸润一定程度上也有所缺失,"以文化人"的特征不再凸显,这也导致了留学生对教师、学校和国家的亲近感不如以前,这也正是在新形势下高校留学生教育管理迫切需要思考的问题。

（二）来华留学生教育管理自主权演变:由政府直接管理转向国家宏观、间接管理,赋予高校更大的自主权

纵观我国来华留学生教育管理的政策,是一个从封闭到开放、从政府直接管理到宏观引导、从计划指令到市场参与的过程,这一过程也跟我国改革开放和市场经济改革的大趋势一致。从 1950 年开始招收来华留学生到 1978 年改革开放,由于高度集中的计划经济体制的影响,我国留学生管理基本都是在国家政府的直接管制之下,招生录取、奖惩、升学留级、毕业,事无巨细,所有事项

---

① 教育部关于印发《推进共建"一带一路"教育行动》的通知[EB/OL],(2016-07-15)[2024-01-01] http://www.moe.edu.cn/srcsite/A20/s7068/201608/t20160811_274679.html.

需要教育部的批准。在这一段时间,所有留学生的事情都是国家外事工作的一部分,所谓"外事无小事",高校处于从属和非常被动的地位,也相对缺乏积极性;同时,在改革开放以前,中国几乎所有留学生都由我国政府提供奖学金,几乎没有自费留学生,这也是高校积极性缺乏的原因之一,基本可以说是在完成政治任务,学校本身并不能得到什么经济利益。

1978 年以来,中国来华留学生教育的政策开始发生重大变化。首先是对原来的高度集中的教育管理体制进行改革,放开了高校的办学自主权。1979 年,国务院批准了教育部、外交部、文化部、财政部、国家纪委《关于扩大接受外国留学生规模等问题的请示》,同年教育部发布了《转发关于接受自费外国留学生收费标准问题请示的通知》,开始同意接收自费留学生,因此 1979 年自费生从1978 年的 29 人增加到 315 人,一年之间增长了将近 10 倍。1985 年,经中共中央会议审议通过,我国颁布《中共中央关于教育体制改革的规定》,规定明确提出要赋予高校更大的自主权,强调政府的宏观调控而非直接管理作用,高等学校"有权利用自筹资金,开展国际的教育与学术交流"①,但是也要求高校招收外国留学生需要经教育部审批。到 1989 年,教育部发布了《关于招收自费外国来华留学生的有关规定》,规定中对自费生的概念进行了界定,提出自费生包括学历生、进修生和短期生,并指出高校可以接收自费留学生,但是需要报省、自治区、直辖市以及教育主管部门批准,由后者向国家教委(教育部)备案,该规定还明确了"自费留学生要求来华学习,由其本人直接向招生院校提出申请,招生学校根据有关规定决定录取事宜"②,至此,高校被赋予来华留学生的自主招生权利。1993 年,中共中央、国务院发布了《中国教育改革与发展纲要》,该文件进一步明确指出:"在政府和学校的关系上,要按照政事分开的原则,通过立法,明确高等学校的权利和义务,使高等学校真正成为面向社会自主办学的法人实体","政府要转变职能,由对学校的直接行政管理,转变为运用立法、拨款、规划、信

---

① 中共中央.中共中央关于教育体制改革的决定[A].(1985-05-27).
② 教育部.关于招收自费外国来华留学生的有关规定[A].1989.

息服务、政策指导和必要的行政手段,进行宏观管理"。① 对于留学生教育工作,高校得到进一步放权,极大提高了高校接受来华留学生的积极性,根据表 2—2 的数据统计可以看到,在 1978—2015 年间,高校招收的自费留学生每年始终保持在 90% 左右,远远超过了公费留学生规模,高校成为接收自费来华留学生的真正主体。

表 2—2　　　　　　　　　　1978—2015 年自费来华留学生增长情况表

年份	在校留学生总数	自费留学生总数	自费留学生所占比例
1978	1 236	29	2.3%
1979	1 593	315	19.8%
1980	2 097	708	33.8%
1981	3 440	1 809	52.6%
1982	4 535	2 776	61.2%
1983	5 461	3 395	62.2%
1984	6 144	3 551	57.8%
1985	7 727	4 476	57.9%
1986	8 754	4 663	53.3%
1987	5 646	1 053	18.7%
1988	5 835	1 239	21.2%
1989	6 379	2 508	39.3%
1990	7 494	3 810	50.8%
1991	11 972	8 342	69.7%
1992	14 024	10 635	75.8%
1993	16 871	13 818	81.9%
1994	25 586	22 617	88.4%
1995	35 759	32 758	91.6%
1996	41 211	36 904	89.5%
1997	43 712	39 035	89.3%

---

① 中共中央,国务院.中国教育改革与发展纲要[A].(1993-02-13).

续表

年份	在校留学生总数	自费留学生总数	自费留学生所占比例
1998	43 084	37 996	88.2%
1999	44 711	39 500	88.3%
2000	52 150	46 788	89.7%
2001	61 869	56 028	90.6%
2002	85 829	79 755	92.9%
2003	77 715	71 562	92.1%
2004	110 844	104 129	93.9%
2005	141 087	133 869	94.9%
2006	162 695	154 211	94.8%
2007	195 503	185 352	94.8%
2008	223 499	209 983	94.0%
2009	238 184	219 939	92.3%
2010	265 090	242 700	91.6%
2011	292 611	266 924	91.2%
2012	328 330	299 562	91.2%
2013	356 499	323 177	90.7%
2014	377 054	340 111	90.2%
2015	397 635	357 035	89.8%

注：1978—2008 年数据根据董泽宇的《来华留学教育研究》的数据整理得出；2009—2015年数据根据教育部门户网站公布的历年来华留学生统计数据整理得出。

改革开放以来，除了招生自主权，高校来华留学生管理自主权也逐步扩大。在计划经济体制下，留学生的管理大多由教育部直接管理，1964 年，《外国留学生工作条例（草案）》规定："凡留级、开除学籍者，必须报教育部批准；其他管理由学校决定，报教育部备案。"1979 年，《外国留学生工作实行条例（修订稿）》规定"学校应根据考勤、考勤制度对留学生进行考核。需要做休学、退学处理者，必须报教育部同意。留级或其他处理，由学校报省、自治区、直辖市高教厅局决定，报教育部备案"，同时也要求对于违反学校纪律严重，需要开除的，必须"报教育部与外交部批准"。由于这些政策的规定，学校在进行留学生教育管理时，只能进行一般教育,最多警告处分,开除一类的严重处分需要报教育部批准,一旦发生类似事情,教育部往往会跟留学生所在国的驻华大使馆商量,后者往往会说情,因此,在上述规定实施期间,很少有开除留学生的情况,这也导致一些留学生自身认为学校不能处分他们,进而造成了高校留学生管理上的难题。来华留学生来到高等学校,首先是作为一个学生,其次才是一个外国人,他们应该遵守学校的规章制度,不能有任何特殊性,在生活和住宿上的照顾,是国家和高校出于人道主义的考虑。后来,相关管理部门也逐步认识到这个问题,在1985年国务院批转的国家教育委员会、外交部、文化部、公安部和财政部制定的《外国留学生管理办法》中规定:"对犯错误的留学生的校级处分分为警告、严重警告、记过、留校察看、勒令退学和开除学籍","学校处分已经决定,除了向当事者宣布以外,学校应该书面通知有关驻华使(领)馆或派出单位",并强调"对留学生的考核、升级和留(降)级别、休学与退学的处理,原则上应与中国学生相同"。[①] 1987年,国家教委、外交部、公安部联合发布了《关于加强和改进外国来华留学生管理规定的通知》,对留学生违反纪律的处理情况进行了规定,规定指出:"对留学生违反校纪时间,以学校为主按纪处理;违反法律的事件,由当地公安、司法部门为主依法处理,有关院校应予以协助。"[②]通过一系列政策规定,高校逐渐拥有了留学生管理的自主权,较之以前,高校发生的与留学生相关的较为严重的事件也相应地减少了。

2000年1月,《高等学校接受外国留学生管理规定》由教育部、外交部和公安部联合发布,称为"9号令",该规定成为目前我国高校接受和开展留学生工作的主要法律依据,规定进一步对来华留学生教育管理体制进行了明确,教育部统筹管理全国来华留学生工作,由高校具体负责留学生的招生、教育教学和日常管理工作,其中留学生招生,除了中国政府奖学金生需要教育部审批外,其他留学生由省、自治区、直辖市教育行政部门会同外事和公安部门审批,向教育部

①　国务院. 外国留学生管理办法[A].(1985-10-14).
②　国家教委,外交部,公安部. 关于加强和改进外国来华留学生管理规定的通知[A].1987.

报备即可。留学生的校内管理由学校负责,社会管理由有关行政部门负责。该规定将留学生教育管理中的各个环节的管理进行分工和细化,其总体倾向和趋势依然是赋予高校更大的管理自主权。

(三)来华留学生教育规模和结构演变:规模逐步扩大,结构日趋合理

改革开放以来,随着我国综合国力和高等教育水平的提升,我国来华留学生教育事业得到高速发展,实现了规模的快速增长,同时生源结构也逐渐优化。

1. 来华留学生规模快速增长

1978 年,我国来华留学生人数只有 1 200 多人,到 2015 年,已经达到了397 635 人,保持了较高的增长率,尤其是在 1989 年教育部发布《关于招收自费外国来华留学生的有关规定》,将留学生招生自主权下放到高校,并同意高校招收自费来华留学生之后,来华留学生数量呈现迅猛增长态势,根据测算,自 1990年(7 494 人)到 2015 年(397 635 人),来华留学生年均增长率达到 17.2%,具体如图 2—1 所示。

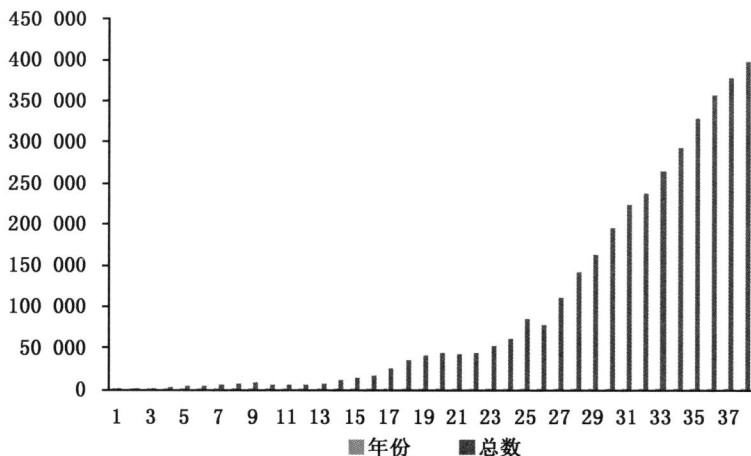

注:柱形图中,以 1978 年为第 1 个数据,2015 年为第 37 个数据。

图 2—1 1978—2015 年我国来华留学生总量变化图

2. 来华留学生来源结构日趋多元

首先,各大洲来华留学生总量持续上升,以 2015 年为例,当年来华留学生总人数为 397 635 人,其中来自亚洲的留学生 240 154 人,占总数的 60.4%,来自欧洲的来华留学生总数位居第二,共计 66 746 人,占总数的 16.8%,后面依次是非洲、美洲和大洋洲(见图 2—2)。

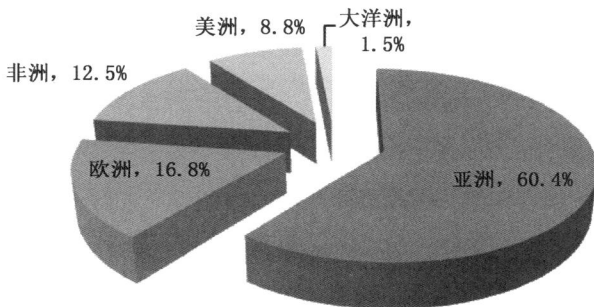

图 2—2 2015 年各大洲来华留学生比例

从 2006—2015 年的数据来看,来华留学生数量最多的洲一直是亚洲,基本保持在 60% 以上,不过也呈现出下降趋势,在来华留学生总数不断增加的前提下,也就意味着其他四大洲的留学生数量有所增加,其次是欧洲,人数最少的一直是大洋洲,值得注意的是非洲来华留学生数量增长较快,2006—2013 年一直低于美洲,在五大洲中排名第四,而到了 2014—2015 年,非洲连续两年来华留学生数量排到了美洲的前面,这都得益于中非合作的进一步深入,尤其是在教育领域有较多的合作(见表 2—3)。2012 年 7 月 19—20 日,在北京举行了中非合作论坛第五届部长级会议,通过了"中非合作论坛第五届部长级会议——北京行动计划(2013 年至 2015 年)",中国政府明确提出要实施"非洲人才计划",在计划实施的三年内要"为非洲培训各类人才 3 万名,提供政府奖学金名额 18 000 个"。[①]

---

① 引自中非合作论坛官方网站,http://www.focac.org。

表 2—3　　　　　　　2006—2015 年各大洲来华留学生人数及比例

年份	亚洲	占比	欧洲	占比	非洲	占比	美洲	占比	大洋洲	占比
2006	120 930	74.3%	20 676	12.7%	3 737	2.3%	15 619	9.6%	1 733	1.1%
2007	141 689	72.5%	26 339	13.5%	5 915	3.0%	19 673	10.1%	1 887	1.0%
2008	152 931	68.4%	32 461	14.5%	8 799	3.9%	26 559	11.9%	2 749	1.2%
2009	161 965	68.0%	35 728	15.0%	11 909	5.0%	25 486	10.7%	2 620	1.1%
2010	175 805	66.3%	41 881	15.8%	16 403	6.2%	27 228	10.3%	3 773	1.4%
2011	187 871	64.2%	47 271	16.2%	20 744	7.1%	32 333	11.0%	4 392	1.5%
2012	207 555	63.2%	54 453	16.6%	27 052	8.2%	34 882	10.6%	4 388	1.3%
2013	219 808	61.7%	61 562	17.3%	33 359	9.4%	37 047	10.4%	4 743	1.3%
2014	225 490	59.8%	67 475	17.9%	41 677	11.1%	36 140	9.6%	6 272	1.7%
2015	240 154	60.4%	66 746	16.8%	49 792	12.5%	34 934	8.8%	6 009	1.5%

3. 来华留学生国别来源日趋多样

2015 年,来华留学生一共来自 202 个国家和地区,其中人数居于前十五位的国家分别为韩国(66 672 人)、美国(21 975 人)、泰国(19 976 人)、印度(16 694 人)、俄罗斯(16 197 人)、巴基斯坦(15 654 人)、日本(14 085 人)、哈萨克斯坦(13 198 人)、印度尼西亚(12 694 人)、法国(10 436 人)、越南(10 031人)、德国(7 536 人)、蒙古(7 428 人)、老挝(6 918 人)、马来西亚(6 650 人)。通过对这十年来华留学生来源排名前十的国家进行梳理后发现,虽然国家之间排名可能有调整,但是排名前十的国家基本稳定,连续十年韩国稳居来华留学生生源首位,按照频率来看,韩国、美国、日本、泰国、印度、俄罗斯、巴基斯坦、印度尼西亚这 8 个国家连续十年位列前十,哈萨克斯坦 9 次进入前十,越南 8 次,法国 3 次(见表 2—4)。

表 2—4　　　　　　　2006—2015 年来华留学生人数排名前十的国家列表

排名	2006 年	2007 年	2008 年	2009 年	2010 年	2011 年	2012 年	2013 年	2014 年	2015 年
1	韩国	韩国	韩国	韩国	韩国	韩国	韩国	韩国	韩国	韩国

续表

排名	2006 年	2007 年	2008 年	2009 年	2010 年	2011 年	2012 年	2013 年	2014 年	2015 年
2	日本	美国	美国	美国	美国	美国	美国	美国	美国	美国
3	美国	日本	日本	日本	日本	日本	日本	泰国	泰国	泰国
4	越南	越南	越南	越南	泰国	泰国	泰国	日本	俄罗斯	印度
5	印度尼西亚	泰国	俄罗斯	泰国	越南	越南	俄罗斯	俄罗斯	日本	俄罗斯
6	印度	俄罗斯	泰国	俄罗斯	俄罗斯	俄罗斯	印度尼西亚	印度尼西亚	印度尼西亚	巴基斯坦
7	泰国	印度	印度	印度	印度尼西亚	印度尼西亚	越南	越南	印度尼西亚	日本
8	俄罗斯	印度尼西亚	印度尼西亚	印度尼西亚	印度	印度	印度	印度	巴基斯坦	哈萨克斯坦
9	法国	哈萨克斯坦	哈萨克斯坦	哈萨克斯坦	哈萨克斯坦	巴基斯坦	巴基斯坦	哈萨克斯坦	哈萨克斯坦	印度尼西亚
10	巴基斯坦	巴基斯坦	巴基斯坦	巴基斯坦	巴基斯坦	哈萨克斯坦	哈萨克斯坦	巴基斯坦	法国	法国

4. 学历生比例持续上升

2015 年我国来华留学生共有学历留学生 184 799 人,占来华留学生总数的 46.47%,比 2014 年增加了 20 405 人;从这 10 年的数据来看,学历生和非学历生总数都呈上升趋势,但就比例而言,学历生占比呈逐年上升,从 2006 年的 33.72%上升到了 2015 年的 46.47%,总人数由 54 859 人增至 184 799 人,2015 年几乎是 2006 年总数的 3.4 倍,年均增长率达到了 14.4%,学历生人数的增长与我国高等教育自身国际影响力的提升以及我国政府发放大量的政府奖学名额等多方面均有直接关系(见表 2—5)。

表 2—5　　　　2006—2015 年来华留学生学历生和非学历生人数及比例

年份	留学生总人数	学历生总数	所占比例	非学历生总数	所占比例
2006	162 695	54 859	33.72%	107 836	66.28%
2007	195 503	68 213	34.89%	127 290	65.11%
2008	223 499	80 005	35.80%	143 494	64.20%
2009	238 184	93 450	39.23%	144 734	60.77%

年份	留学生总人数	学历生总数	所占比例	非学历生总数	所占比例
2010	265 090	107 432	40.53%	157 658	59.47%
2011	292 611	118 837	40.61%	173 774	59.39%
2012	328 330	133 509	40.66%	194 821	59.34%
2013	356 499	147 890	41.48%	208 609	58.52%
2014	377 054	164 394	43.60%	212 660	56.40%
2015	397 635	184 799	46.47%	212 836	53.53%

5. 中国政府奖学金人数持续增加

2015 年,有 40 600 名来华留学生享受中国政府奖学金,占留学生总数的 10.21%,奖学金生中学历生比例为 89.38%,其中研究生占比为 68.01%。从这十年来看,中国政府奖学金规模逐步扩大,在来华留学生总量中的比例也稳步上升,2015 年中国政府奖学金生占比是 2006 年的 2 倍,就总人数来说,10 年间增长了将近 3.8 倍(见表 2—6)。

表 2—6　　2006—2015 年来华留学生中国政府奖学金生和自费生人数及比例

年份	留学生总人数	中国政府奖学金生数	所占比例	自费生	所占比例
2006	162 695	8 484	5.21%	154 211	94.79%
2007	195 503	10 151	5.19%	185 352	94.81%
2008	223 499	13 516	6.05%	209 983	93.95%
2009	238 184	18 245	7.66%	219 939	92.34%
2010	265 090	22 390	8.45%	242 700	91.55%
2011	292 611	25 687	8.78%	266 924	91.22%
2012	328 330	28 768	8.76%	299 562	91.24%
2013	356 499	33 322	9.35%	323 177	90.65%
2014	377 054	36 943	9.80%	340 111	90.20%
2015	397 635	40 600	10.21%	357 035	89.79%

（四）来华留学生教育政策演变：日趋规范和完善

经过长期发展，高校来华留学生教育政策随着来华留学生教育实践的发展不断完善，目前我国已基本形成了比较齐全和规范的来华留学生教育政策体系。

1. 综合性来华留学生教育规定

新中国成立后，我国第一份来华留学生综合性教育管理规定是 1962 年由中央批准，由国务院外事办公室、教育部和对外经济联络总局发布的《外国来华留学生试行条例（草案）》[以下简称 1962 年《条例（草案）》]，草案分为总则、接受工作、教学工作、思想工作、政治活动管理、生活管理、社会管理、经费开支、组织领导和负责等内容板块，对来华留学生工作的各个方面进行了规定和说明。改革开放后，基于发展来华留学教育工作的需要，1979 年 5 月，教育部、外交部、文化部和公安部联合发布了《外国留学生工作试行条例（修订稿）》[以下简称 1979 年《条例（修订稿）》]，这是改革开放后我国制定的关于来华留学的第一个重大管理条例。1985 年，为了适应来华留学生教育发展和改革开放不断深入的需要，当年 10 月，由国务院批准，国家教委、外交部、文化部、公安部和财政部联合颁布了《外国留学生管理办法》（以下简称 1985 年《办法》）；到 2000 年 1 月，教育部、外交部和公安部联合发布《高等教育接受外国留学生管理规定》，又称"9 号令"，这是我国目前关于外国留学生工作最主要的法律依据。比较以上四份来华留学生教育的规定，会发现在很多方面不断完善和规范的过程，概括而言最主要是两个方面的变化：

（1）来华留学教育政策的政治外交色彩逐步淡化，文化交流和教育功能逐渐凸显。首先，从宗旨上来说，在 1962 年《条例（草案）》中，将接受和培养来华留学生看作是我国应尽的一项国际主义义务，来华留学生工作是"促进我国同各国间文化交流，增进我国人民同各国人民之间友谊的一项重要工作"①；1979

---

① 国务院外事办公室、教育部和对外经济联络总局. 外国来华留学生试行（草案）[A]. 1962.

年《条例(修订稿)》在留学生工作的功能中增加了"为加速实现我国的社会主义现代化建设服务"①的内容;到1985年《办法》在来华留学教育的目标中将之前的促进我国同其他国家间的"文化交流"改为了"教育、科技、文化交流和经济贸易合作";到2000年的"9号令"则在开篇明确了"增进我国与世界各国人民之间的了解和友谊,促进高等学校的国际交流与合作"。此外,不同时期的政策对留学生思想教育方面的强调程度也有所不同,1962年《条例(草案)》明确指出要对来华留学生"必须经常地主动地进行思想工作",要"根据不同对象,采取不同方式,进行时事政策教育",可见主要是倾向于政治方面的教育;到1979年《条例(修订稿)》时,删除了"时事政策"教育的提法,留学生可以"自愿参加"学校组织的报告和座谈;到1985年《办法》时,则删除了对留学生"必须经常主动地进行思想政治工作"以及其他一些政治色彩较浓的说法;到2000年"9号令"则更加淡化了思想政治教育的内容,规定指出"高等学校一般不组织外国留学生参加政治性活动"②。通过以上比较,可以看出国家对来华留学教育政策的宗旨或者目标的政治色彩逐步淡化,更加强调其教育和文化交流、经济合作等方面的功能。

(2)来华留学生招生和各类管理权限的下放。改革开放以前,由于高度集中的计划经济体制,以及外国留学教育与国家外交之间的紧密关系,几乎所有的留学生相关事务都由我国教育部直接管辖。在招生自主权方面的权限下放,可以通过四次重要政策文件的比较来考察,1962年《条例(草案)》第九章明确规定:教育部主管来华留学生工作,负责拟定规章制度,协助对外文委拟定规划,对外谈判留学生工作,对留学生入学前进行审查考核,分配留学生入学,管理留学生的教学、生活和思想工作等。其中,对于招生权限规定为"凡政府派来的留学生,由教育部接受,凡政党、团体派来的留学生,由中国人民对外文化协会接受",高校并无任何权限。1979年《条例(修订稿)》有所松动,"凡政府派来的留

---

① 教育部,外交部,文化部和公安部.外国留学生工作试行条例(修订稿)[A].1979.
② 教育部.高等教育接受外国留学生管理规定[A].2000.

学生,由教育部出面接受;凡其他途径派来的留学生,由有关部门或学校商教育部后接受",高校开始享有一定的招生决定权;到 1985 年《办法》进一步扩大了高校招生的自主权,"各院校在完成国家任务的前提下,通过校际交流或其他途径接受的留学生,由接受院校审定,报上级主管部门和国家教育委员会备案",高校对除了"以政府名义接受的留学生"以外的长期生和短期生均具有了招生自主权;2000 年的"9 号令"明确"外国留学生的录取由高校决定",并且"高等学校招收外国留学生名额不受国家招生计划指标限制",高校在招生方面拥有了极大的自主权。而在其他管理权限方面,同样是随着我国高等教育体制改革的步伐,不断权力下放的过程,从 2000 年的"9 号令"政策文本中可以看到,"高等学校具体负责外国留学生的招生、教育教学和日常管理工作",其中涉及教学管理、校内管理等多部分内容,而社会管理则由实现"社会化管理",由有关行政部门负责,由高校进行配合。这个转变过程,我们可以看出是一个国家逐步放权以及高校与各个部门各负其责、分工合作的过程。

2. 专门性来华留学生教育管理规定

在前述的四种综合性来华留学生教育规章中,对涉及来华留学生教育管理的各个环节的内容进行了规定。我国政府各个部门,包括教育部、外交部、财政部等先后也出台了一些专门针对来华留学生教育管理的具体政策,进一步深入和细化地对来华留学生教育管理中的各类问题进行了规定。主要包括以下部分:

(1)来华留学生奖学金制度

在改革开放以前,我国来华留学生基本都是公费生,自费生的比例很少。公费留学生包括交换留学生和奖学金生,二者都不用缴纳学费、医疗费和住宿费等费用,区别在于交换留学生的生活费、假期旅行费和往返国际旅费由派遣国负担,而奖学金生的生活费和往返国际旅费由我国承担,假期旅行费由派遣国承担。① 改革开放后一直到 20 世纪 90 年代末,留学生奖学金的来源主要还是中国政府奖学金,到 2000 年《高等学校接受外国留学生管理规定》(9 号令)规定除了中国政府可以设立留学生奖学金外,"地方人民政府和高等学校可以根据需要单独或联合为外国留学生设立奖学金",并指出,"中国和外国企业、事业组织、社会团体及其他社会组织和个人",经过高校和省一级教育管理部门同意,也可以设立留学生奖学金。2010 年教育部发布《留学中国计划》,对于奖学金体系建设,文件强调,要"逐步推行奖学金各项内容货币化改革。鼓励并支持地方政府、学校、企事业单位以及其他社会组织、自然人设立各类来华留学奖学金。构建政府主导、社会参与、主体多元、形式多样的奖学金体系"。经过多年的发展,来华留学生奖学金构成逐步多样化,目前可供来华留学生选择的奖学金包括中国政府、省市政府、高校院校、孔子学院等多个层次的留学生奖学金等,已经初步形成了立体、多元的来华留学生奖学金体系,为来华留学生提供更多的选择,但是社会参与还不明显。奖学金的评审也经历了从无到有的过程,1997 年 3 月,原国家教委办公厅颁发了《外国留学生奖学金年度评审暂行办法》,开始试行外国留学生奖学金年度评审制度。2000 年 4 月,教育部发布《关于实施中国政府奖学金年度评审制度的通知》,对原《暂行办法》进行了修改,并更名为《中国政府奖学金年度评审办法》。中国政府奖学金的年度评审,有利于激励留学生努力学习,同时又能对学习态度差或无视校纪的留学生采取淘汰制度,大大提高中国政府奖学金的使用效率。

(2)来华留学生保险政策

来华留学生学习生活期间,可能面临很多潜在的风险,包括身体疾病、突发事件等,购买保险是保障留学生利益,帮助他们顺利完成学业的重要保障之一。要求留学生在留学目的国购买保险,已经成为国际通行做法,很多国家已经将这一要求作为入学条件之一。我国留学生保险首先是从中国政府奖学金生的

---

① 董泽宇. 来华留学教育研究[M].北京:国家行政学院出版社,2012:57.

医疗保险开始的,由于外国政府奖学金生的医疗费用长期超支,为了缓解这方面的财政压力,教育部从 1999 年 9 月开始,为政府奖学金留学生购买学生团体平安保险、学生团体附加意外伤害医疗保险和学生团体住院医疗保险(合称来华留学生综合保险),2000 年 10 月,教育部国际合作与交流司发布了《实行政府奖学金外国留学生医疗保险制度的通知》,为长期留学的中国政府奖学金生投保意外伤害和住院医疗险。教育部于 2003 年 9 月 8 日同中国平安保险公司签订了《中华人民共和国教育部与中国平安保险(集团)股份有限公司关于中国政府奖学金来华留学生综合保险的合作协议》,这一协议的签订,彰显了教育部推动来华留学生医疗制度改革的力度。到 2007 年,教育部国际合作与交流司发布了《高等学校要求外国留学生购买保险暂行规定》,正式确定从 2008/2009 学年度开始,凡来华学习超过 6 个月的留学生,必须在中国大陆购买团体综合保险,作为入学注册手续的必备材料。至此,来华留学生保险制度基本确立。

(3)来华留学生学位制度

改革开放之前,我国并没有正式的学位制度,这成为制约我国来华留学教育事业发展的障碍之一。根据曾任教育部副部长的张天保的回忆,新中国成立后,我国曾经三次起草学位条例,分别是 1954—1957 年、1961—1964 年和 1979 年,前两次因为各种原因并未公布,第三次起草后才最终正式发布。[①] 1980 年 2 月,第五届全国人民代表大会常务委员会第十三次会议通过《中华人民共和国学位条例》,第十五条规定:"在我国学习的外国留学生和从事研究的外国学者,可以向学位授予单位申请学位。对于具有本条例规定的学术水平者,授予相应学位"[②],该规定正式为我国向留学生授予学位确立了法律基础。1991 年 10 月,国务院学位委员会颁布《关于普通高等学校授予来华留学生我国学位试行办法》对本科、硕士、博士不同阶段的学位授予具体要求进行了详细规定,并提

---

① 张天保. 中国学位制度的建立[EB/OL]. (2013-10-15)[2024-01-01]. http://www. moe. edu. cn/s78/A24/moe_1830/201310/t20131015_158403. html.

② 全国人民代表大会常务委员会. 中华人民共和国学位条例[A]. 1980.

出要综合考虑世界各国尤其是第三世界国家留学生的实际情况,既要实事求是,又要保证质量。

3. 来华留学其他配套管理制度

来华留学生工作不仅涉及高等教育领域的内容,还涉及治安、出入境等多个方面,因此,在其他相关领域的规章制度中,也要考虑到外国人或者来华留学生的情况,并制定相应的配套政策。经过多年的发展,我国也形成了一些相应的政策规定。我国《中华人民共和国治安管理处罚法》(最新修订于 2016 年 10 月)明确规定"在中华人民共和国领域内发生的违法治安管理行为,除法律有特别规定的以外,使用本法",该法律成为留学生社会管理的主要法律依据之一。《中华人民共和国出境入境管理法》(最新修订于 2012 年 6 月)对外国人的出入境签证及相关事项进行了规定,并提出除了勤工俭学以外,留学生在读期间工作是违法行为。2013 年 7 月,国务院《中华人民共和国外国人入境出境管理条例》进一步放宽要求,明确"持学习类居留证件的外国人需要在校外勤工助学或者实习的,应当经所在学校同意后,向公安机关出入境管理机构申请居留证件加注勤工助学或者实习地点、期限等信息"。此外,《中华人民共和国境内外国人宗教管理规定》(1994 年 1 月)则为高校来华留学生宗教活动的管理提供了依据。

此外,还有一些关于来华留学生汉语水平考试、保留学籍服兵役等方面的规章制度等,来华留学生相关的政策、规章、制度是随着来华留学生教育实践不断变化的,有的政策或者规章是时代的产物,到后来就取消了,而更多的规章制度是现实实践中出现了新的情况,经过深入考虑和研究重新制定和形成的。

三、高校来华留学生教育管理现时成效

高等学校是来华留学生的主要学习场所,高校来华留学生教育在不同的时期呈现不同的特点,但是无论在什么时期,不断发展和提升来华留学生教育管理水平,以促进来华留学生的跨文化学习和生活的适应,都是来华留学生教育

的重要任务,毕竟跨文化是来华留学生教育的一大典型特征,留学生们碰到的各种学业生活上的问题大多源自跨文化不适应。改革开放以来,随着我国来华留学生教育的快速发展,我国高校在促进来华留学生跨文化的学习、生活适应方面,以及在来华留学生管理的制度建设、培养模式、具体教育管理方式方法方面,积累了丰富的经验和成果,一方面为来华留学生呈现一个宽松、和谐的留学环境,另一方面不断探索更加适合留学生跨文化适应的培养模式,并最终形成了中外学生融合式培养模式,而具体教育管理中的方法和手段也促进了留学生的跨文化适应,本节对这三个方面的现时成效进行梳理。

（一）来华留学生教育管理制度体系日趋健全

来华留学生教育管理制度是在来华留学生教育实践中大家需要共同遵守的办事规程或行动准则,是来华留学生教育管理的依托。高校来华留学生教育管理制度也经历了从无到有的过程。具体而言,高校来华留学生教育管理制度主要包括三种类型:第一类是留学生教育管理的上位制度,这些制度由国家层面制定,用于指导全国的来华留学生教育工作,主要包括高校招收来华留学生的办法、高等教育法、出入境管理法、中国政府奖学金管理法、治安管理处罚法等各类专门针对留学生,或者是涉及留学生的规章和制度;第二类是高校层面中外学生通用的规章制度,包括培养方案、奖惩办法、后勤管理等多个方面,这些制度大多数都是针对所有学生的,对来华留学生也同样有效;第三类则是高校专门针对来华留学生制定的规章制度,由于来华留学生的特殊性,因此在教学管理的某些环节还是存在一定差异,因此高校就制定了相关的规章和制度,以笔者所在的上海财经大学为例,目前学校已经制定了一系列针对来华留学生的制度,如《上海财经大学关于中国政府奖学金生的管理规定》《上海财经大学来华留学生在上海从事校外教学实习活动实施细则（试行）》《上海财经大学来华留学生校内住宿试行办法》《上海财经大学来华留学生休学、退学、复学手续办理规定》《上海财经大学来华留学生签证办理规定》《上海财经大学来华留学生学位工作补充规定》《上海财经大学来华留学生转专业、转学学分认定试行办法》等。总体而言,在招收来华留学生历史比较长、来华留学生数量比较多的学校,基本形成了相对齐备的来华留学生教育管理规章制度体系,并通过入学教育、日常教育等契机向来华留学生进行了介绍和说明,有的高校还将规章制度做成小册子发给来华留学生,方便他们遇事知晓相应处理程序。

(二)留学生教育管理机制和趋同培养模式基本形成

我国高校在新中国成立后的相当一段时间内,来华留学生的教育管理权限都由国家授权教育部直接管理,来华留学生的所有事项,包括招生工作、教学管理、日常管理、毕业审核等各个环节,高校都需要在教育部的直接领导下开展。改革开放后,经过高校教育体制的改革,关于留学生教育的规章和办法得到多次修订,高校逐步拥有了来华留学生教育管理的主动权。在这个过程中,高校来华留学生的管理体制也经历了较大的变化和调整,在改革开放前,各高校由于来华留学生数量比较少,同时又由教育部直接管理,因此在学校的管理体制上,也并未形成比较健全的管理体制。改革开放至今,伴随着高等学校自身的发展以及来华留学生数量的增多,已经形成了分工明确、多部门协同的来华留学生管理体制,然而,学校与学校之间也还存在差异。

逄成华(2011)开展了留学生教育管理模式的研究,研究选取了 100 所大学,对留学生管理工作的主要负责部门进行了调查,发现在高校留学生管理机制设置上,存在五种体制机制模式:第一种是国际合作交流处负责模式;第二种是国际文化交流学院负责模式;第三种是国际合作交流处和国际文化交流学院合二为一的负责模式,即一套人马、两块牌子;第四种是国际交流学院和国际合作交流处分工合作模式;第五种是国际合作交流处、国际文化交流学院和留学生处三者立体合作模式。根据统计的结果,采用第四种合作模式的高校最多,所占比例为 79%。[①] 事实上,高校采用何种管理体制,更大的决定因素是学校来华留学生人数的多少,前三种模式基本可以算是一种模式,都是单一的部门

---

① 逄成华. 论高校来华留学生管理模式[J]. 扬州大学学报(高教研究版),2011,15(6):29-32.

管理,负责所有留学生的相关事务,这一类模式比较适合来华留学生数量比较少的学校;第四、五种模式也有较大的相似之处,其区别就在于是否单独设立留学生处或留学生管理办公室,如果不单独设,留学生管理部门一般放在国际交流与合作处或者国际文化交流学院下面。

以当前比较通行的第四种管理体制而言,在来华留学生教育层面,也存在两种教育模式:一种是中外学生分开的教育模式,即国际文化交流学院负责所有学历留学生的教育,留学生单独开班上课,无论是语言课程还是专业课程,均是单独开班,中外学生完全分开管理,这类教育模式适合来华留学生较少的学校,经笔者对上海高校的调查了解,上海音乐学院、上海电力学院等学校采取的就是这种模式;第二种教育模式被称为中外学生趋同化教育模式,在这类高校,留学生教学和管理权限大多已经下放到具体二级院系,其留学生培养和管理采用的是留学生办公室或国际文化交流学院(国交院)与教学院系共同合作的模式,对留学生学习生活进行管理,其中二级院系被赋予了主要的教学和日常管理的权限(有的学校称为"院系二级管理"),这一类学校主要包括复旦大学、上海交通大学、华东师范大学、上海财经大学等。趋同化模式的目标是"求同去异""同中有异"[1],让中外学生共同学习生活,在培养计划、课外活动、心理健康教育、职业发展等各方面尽可能趋同化,这一教育模式也被称为"中外学生融合式培养模式"(袁海萍,2016)[2],这也是当前世界上比较通行的做法。在这样的背景下,"中外学生培养中达到真正的融合,既要有形式上的融合,即中外学生在共同教室上课,在共同校园生活;更重要的是实现思想文化心理上的融合,形成互相尊重互相理解的校园氛围,这才是实质上的融合"[3]。这两种融合中,前

---

① 顾莺,陈康令.高校留学生趋同化管理的比较研究——以全球 8 所高校为例[J].思想理论教育月刊,2013(5):86-89.

② 袁海萍.高校中外学生融合式培养模式探究——以上海财经大学为例[J].新课程研究(中旬—双),2016(1):38-40.

③ 袁海萍.高校中外学生融合式培养模式探究——以上海财经大学为例[J].新课程研究(中旬—双),2016(1):38-40.

者是前提,后者是最终目标。这一模式有利于中外学生共同成才,也有利于高校教育水平国际化的提升。表2-7是上海财经大学采用的以院系二级管理为主的留学生教育管理模式下的职责划分情况,从该表中可以看出,院系被赋予了更大的教学管理和日常管理的权限。

表 2—7 留学生二级管理职责划分

	职责划分	原负责单位	计划分工
市场开拓	市场开拓	国交院	国交院
招生宣传	招生宣传	国交院	国交院
报到注册	报到、注册	国交院	国交院、院系
开学事项	开学典礼,入学教育	国交院	院系组织,国交院负责
日常管理	住宿管理、活动组织、突发事件等	国交院及职能部门	国交院、院系、学生处及职能部门
外事管理	签证等事宜	国交院	国交院
教学管理	本科	国交院	国交院、教务处、院系
	硕博	国交院、院系	国交院、研究生部、院系
毕业管理	本科	国交院	国交院、教务处、院系
	硕博	国交院、研究生部、院系	国交院、研究生部、院系
毕业典礼		国交院	院系
毕业离校		国交院、图书馆、档案馆、后勤处	国交院、院系、图书馆、档案馆、后勤处

笔者还通过邮件访谈的方式,对美国的纽约大学、华盛顿大学及弗吉尼亚大学的留学生教育管理模式进行了调查,发现这些学校也都是采用专门的留学生管理办公室与具体院系相结合的管理模式。一般而言,美国高校都有一个类似于留学生办公室的管理部门,在华盛顿大学称为国际项目及交换办公室(International Programs and Exchange Office),在纽约大学称为国际学生学者办公室(The Office for International Students and Scholars,OISS),在弗吉尼亚大学就称为留学生办公室,这类办公室主要帮助留学生报名注册、安排住宿、分

班、延长护照有效期等。留学生教学管理则均由具体学院负责,即完全采用趋同化教育模式,在华盛顿大学留学生较多的学院还增设有单独的国际项目办公室(International Office)负责教学管理。在这样的模式下,留学生同美国学生在共同的班级上课,一样的课程难度,一样的考核标准。三所大学留学生办公室和学院都有专门的留学生顾问(Advisor),相当于中国的辅导员,为学生提供学业指导和帮助。总体而言,美国的留学生管理分工比较明确,系统性和体系性很强,并且服务意识很强,倡导以学生为主,在纽约大学,如果是相关国际学生的问题就去 OISS,如果是学习上的,就去管理教学的系办公室,如果是健康情况,就直接去学校健康中心,分门别类,不同部门处理不同的事情。可以提前电话或邮件预约,或者可以在"接待时间"(walk-in hour)去找他们,会有前台接待,根据具体情况联系相关人员尽快为学生办理。美国大学的学生管理网络系统比较完备,很多程序可以在网上完成,如办理住宿手续等,让学生办理事情更方便。

总体而言,我国很多高校已经形成了学校、学院、学生"三位一体"的留学生教育格局,在学校层面,加强留学生办公室、国际处、教务处、学生处等职能部门之间的沟通和配合,建立动态沟通机制;在学院层面,院系领导班子、专业教师、学工团队共同参与,通力配合;学生层面,各年级中外学生结对联系、增进交流,一些学校还在学生机构中增设了留学生部,中外学生共同担任部长,畅通沟通交流机制。留学生工作基本实现了协同育人,学院与其他院系之间、学院与职能部门之间、专业教师与学生工作团队之间、中外学生之间,实现了充分协同,确保留学生工作顺利开展。

(三)来华留学生教育管理实践成效初显

当前,随着高等教育国际化趋势的发展,以及国家和地方政府对来华留学生工作的日趋重视,高校普遍都将来华留学生教育当作学校一项重要的战略来抓,普遍将来华留学生发展与学校的国际化发展目标结合起来,将来华留学生作为提升学校教学国际化水平、营造国际化校园文化、提升国际化师资队伍建设、增强高校国际影响力的参与者和推进者。在帮助和促进来华留学生跨文化学习、生活适应方面,积累了相对丰富的经验,采取了多样化的留学生教育管理措施和手段。

1. 推进中外学生融合培养,实现优势互补

在高校来华留学生教育管理中,要充分利用中外学生彼此的资源优势,促进来华留学生跨文化学习、生活适应和中外学生的综合能力提升。当前,高校普遍采用学历留学生二级院系管理的体制和模式,中外学生之间基本做到了趋同管理,中外学生一起共同学习、生活,交流交往增多,对高校学生工作来说,既是挑战,也是机遇。大量的国际留学生群体,因为国别、文化、宗教、风俗等各方面都存在差异,本身就是一种很好的文化交流和实践的资源,高校增强中外学生的交流融合,有利于"加强国际理解教育,推进跨文化交流,增进学生对不同国家、不同文化的认识和理解"。多年来,很多高校均通过机制、思想引导、活动促进等多种路径和方式,积极推动中外学生之间的交流融合,实现中外学生优势互补、共同成才。具体而言,高校在推进中外学生融合培养方面,有如下举措:在学业方面,留学生很少单独编班上课,跟中国学生一样实行弹性学分制和自由选课,中外学生共同上课已经成为普遍现象;在学校各项课外活动设置中,充分考虑到来华留学生这一群体,基本向中外学生同时开放,并在具体活动过程中考虑留学生的具体情况和特殊要求,在学生机构设置上,也开始尝试将留学生吸纳到各类学生机构中,利用留学生骨干发动留学生群体;三是鼓励中外学生互帮互助,主要以相互服务的志愿者形式,开展语言互助、专业学习互助等,让中外学生各自从中获得进步和激励。

2. 抓学业与抓思想两手都不放松

学业目标和思想目标是来华留学生教育的两个主要目标,因为二者不可偏废任何一个方面。留学生来中国的主要目的就是学习,因此,抓留学生的学习始终是来华留学生的中心工作;而思想教育工作,是确保留学生学习和生活健康、顺利进行的保障。总体而言,虽然高校之间有较大差异,但是普遍对留学生

的学习和思想工作保持高度重视的态度。在学习上,相对常规的办法是由学校留学生管理部门、学院的留学生辅导员通过听课摸排、班委汇报、成绩查询等多种方式,随时了解学生学习状态,并根据具体情况采取措施敦促留学生努力学习,针对留学生容易小团体抱团、班级分散的特征,对不同国别、不同基础的留学生,采用不同的学习促进方法,实现所有学生的共同进步;对于基础普遍较差的学生,充分发挥中国学生志愿者的优势,以大班课程辅导和"一对一"中国学生志愿者辅导的形式,帮助留学生提高学习成绩,以笔者所在的上海财经大学为例,学校数学学院就开设了一个研究生助教团志愿开展学业辅导项目,主要针对全校学生数学类课程学习费力的学生进行专门的班级补课或者"一对一"辅导,由学校支持场地和费用,数学学院的研究生免费进行辅导,有不少来华留学生积极报名参加辅导课程,获得了及时的帮助。

留学生思想教育工作的有效开展,是培养对华友好的国际青年一代、培养国际化人才、发展我国高等教育事业的重要前提和保障。不少高校反映,留学生由于年龄不大、远离父母、自控力弱等原因,在学习动机、学习态度、生活习惯等各方面,不同程度地存在问题,有关于来华留学生健康行为的调查显示,来华留学生中饮食不规律、体育锻炼缺乏、网络成瘾普遍、睡眠不足、抽烟酗酒等问题相对较为普遍(袁海萍,2014)。[①] 这些问题看似是生活问题,其实也源自生活态度和思想方面的问题,因此高校来华留学生的思想教育工作不可松懈。留学生思想教育有别于对中国学生的思想政治教育,要坚持"有所为有所不为"的原则。多年来,高校通过线上、线下多个平台,通过课堂专题教育、留学生辅导员谈话、课外活动渗透等方式,一方面加强留学生的人生观、道德观教育等,同时也充分利用各种方式做好中国国情、传统文化的教育,引导留学生更加全面客观地认识当代中国,培养更多的知华、爱华、爱校的国际留学生,取得了一定的成效。

---

① 袁海萍. 高校来华留学生健康行为现状及对策[J]. 黑龙江教育(高教研究与评估版),2014(12):82-84.

3. 在文化浸润中实现实践育人目标

向来华留学生传播中国文化,是我国留学生教育事业的重要目标之一。留学生学习和理解中国文化,是促进他们跨文化适应和增进对中国的了解和亲近感的重要手段。当前,高校普遍采取学生活动的形式,在活动中融入中国文化、中国国情等内容,通过文化浸润,以润物细无声的方式实现育人目标,这一目标的达成主要通过课堂教学和课外实践活动来实现。来华留学生课外实践活动,也可称为第二课堂实践活动,是丰富来华留学生知识储备,开阔留学生视野,将课堂教学运用于课外实践,提升综合实力的重要平台。跟课堂教学相比,课外实践活动具有方式灵活、气氛活泼的特点,是来华留学生加强与中国学生沟通和交流,了解中国、了解学校的重要渠道。多年来,高校主要通过学校组织、学生机构组织、中外学生自行组织等多种方式,开展了大量的课外实践活动,活动可以分为语言文化类活动、专业类活动、体育文艺类活动等多种形式。高校在活动的策划和开展中,充分融入了中国传统文化、各地地区文化和各高校的校园文化,以达到具体活动中实现文化浸润的效果。高校普遍采用的活动形式包括国际文化日、中外学生运动会、中外学生联谊会、留学生汉语大赛、中外学生语言角、中外学生文化体验活动、中外学生美食体验活动等各类活动,通过活动的开展,增进了留学生对中国国情和文化的了解,也促进了中外学生的沟通与交流,增强了中外学生双方的综合素质。

2018 年,笔者对复旦大学、华东师范大学、东华大学、上海外国语大学、上海交通大学 5 所高校留学生课外实践活动进行了重点梳理,并对各类活动的实现目标从五个维度进行了归类。主要通过调研访谈辅之以对学校、学院官网上学生活动新闻的梳理,发现各高校近年来都开展了各类第二课堂实践活动,结果以表格的形式进行呈现,有的活动可能重复了好几次,在合并了同类项目后,上述 5 所学校开展过的主要活动见表 2—8。

表 2-8　　　　　　　　　　　五所学校留学生第二课堂实践活动一览表

学　校	活　动	特色案例
复旦大学	开学典礼、结业典礼;教学旅行(300 人,6 条线路)、中外研究生文化之旅(湖州)、中外学生南翔一日游(学生会组织)、中外研究生绍兴文化考察;戏剧主题讲座(中外学生参加并表演);留学生书法活动;中华文化小讲堂(学生机构设计,留学生参与、讲授与体验);留学生参加上海市 2017 年留学生中国诗文诵读大会;留学生瑜伽活动(中国学生会组织);中外学生迎新晚会;"我眼中的中国"演讲比赛	● "我眼中的中国"演讲比赛
华东师范大学	开学典礼、毕业典礼;西安语言文化实践;京剧之美欣赏;上海市留学生中国诗文诵读大会;参加第二届"华夏杯"中文演讲比赛;"国际学生走近十九大"系列活动(与本校马克思主义学院共同举办,包括主讲会、"国际学生眼中的十九大"征文等);中外志愿者为愚谷邨社区老师教授英语课;外汉之夜晚会;中外学生歌手大赛;中外学生服饰文化节;留学生话剧社团"I DRAMA 话剧社"上演"暗恋桃花源"	● "国际学生走近十九大"系列活动:紧扣党的十九大主题,分为宣讲介绍和征文比赛 ● 中外志愿者为愚谷邨社区老师教授英语课:志愿者进社区 ● 留学生话剧社团"I DRAMA 话剧社"上演"暗恋桃花源":留学生自组织,中文演绎,面向全校展演
东华大学	开学典礼、毕业典礼;语言实践:田子坊、上海昆剧团参观;参观婺源、景德镇、乌镇、绍兴;留学生中国文化体验基地挂牌:长宁区民俗文化中心、金枝玉叶旗袍公司、一心书院、江都龙川书院、iTalk 汉语角、中外学生见面会;访知中国:参访上海家化、杭州三元集团、卓立集团、恒力集团;留学生志愿者团队成立,iTeach 志愿者活动(留学生到建青实验学校,给小学生讲授各国文化);外国留学生时装设计大赛;上海市高校国际学生龙舟大赛;上海高校国际学生太极拳比赛;国际文化节;留学生新年晚会;留学生运动会;"凤鸣杯"留学生才艺大赛;外滩徒步;留学生公寓文化建设;中国文化体验系列活动:为期 10 天,包括剪纸、彩绘、香包、中国结、学做中国菜、学唱中文歌等;留学生书法大赛;留学生中国文化节:主题"翰墨飘香满东华,丹青溢彩中国梦";留学生创业实习基地:太库科技;留学生泉州企业实践;首届外国留学生招聘会	● 访知中国:名企参访 ● 留学生志愿者团成立并开展活动:进小学讲各国文化 ● 留学生中国文化体验基地挂牌:到基地开展语言文化实践 ● 留学生创业实习基地及留学生招聘会

续表

学 校	活 动	特色案例
上海外国语大学	毕业典礼;语言实践活动:鲁迅公园、松江;"新时代·中国梦·我的故事"中文演讲比赛(中外学生);中外学生汉语角;体验中国传统文化—漆艺和扎染;留学生欣赏上海经典老歌;新年晚会;留学生班长与班主任联谊活动	● "新时代·中国梦·我的故事"中文演讲比赛(中外学生)
上海交通大学	语言文化实践:杭州、南京;参观上海电影博物馆、上海博物馆;参观北斗导航产业基地、普华永道;第一届国际学生中国文化知识竞赛;中国结课程;陶艺课程;中国茶文化分享;书法课程;"世界文化风情展"品牌项目;孟加拉青年庆祝活动;上海交通大学留学生全球宣传大使颁奖典礼(寒假期间完成海外高中宣传计划);中韩学子联谊会(亚洲青年交流中心);马来西亚留学生上海奏响二十四节令鼓品牌节日(新民晚报,2018.07.16);定向越野(中外)	● 国际学生中国文化知识竞赛:中国学生会设置,国际学生参加 ● 上海交通大学留学生全球宣传大使项目:海外招生宣传等 ● 马来西亚留学生上海奏响二十四节令鼓品牌节目

以上各种不同的活动形式,其活动目的各有侧重,有的活动侧重中国历史文化的传播,有的侧重中国国情的了解,有的则侧重中外交往增进留学生对华感情等,也有的活动可能几个方面兼而有之,我们以表格的形式将各类活动形式归类简化,并结合可能达到的目标侧重进行分析标注(见表2—9)。

表2—9　　　　　　　　　留学生第二课堂实践活动目的一览表

	熟悉历史文化	了解国情校情	培养思想道德	提升综合能力	增进对华感情
开学、毕业典礼		√	√		
语言实践考察活动(各地旅行考察、发现上海等)	√	√			√
语言文化实践基地活动	√	√		√	√
文化讲座及体验(书法、戏剧、服饰、饮食等)	√			√	
汉语角(中外学生同参加)				√	√

续表

	熟悉历史文化	了解国情校情	培养思想道德	提升综合能力	增进对华感情
文体活动(文艺晚会、体育比赛等)				√	√
主题演讲、征文(留学生眼中的中国)	√	√			
国家政策宣讲(十九大等)		√			√
志愿者活动		√	√	√	√
留学生自行组织(社团活动等)				√	√
企业实践与走访		√		√	√
留学生招聘就业					√
留学生文化节(各国文化展示)				√	√
全球宣传大使				√	√
中外联谊(师生、生生座谈联谊等)			√	√	√
中外学生室友计划	√			√	√

除了对这些活动从目标侧重的维度进行分析之外,还可以从留学生的参与度来衡量,可以根据参与度将留学生活动分为聆听—接收式的活动、参与—体验式的活动、引导—自主设计式的活动,这三类学生的参与度递增。一般而言,留学生高参与度的活动,其吸引力和效果更好,如 2016 年同济大学 65 个"一带一路"国家留学生和本校学生共同合作完成的 65 份国情咨讯与舆情研究报告,将以论文集形式付诸出版——《命运共同体视野下的中国"一带一路"建设》;又如留学生自行形成的社团、志愿者团体等,他们自己全程参与设计和实践,其积极性和参与度不言而喻。华东师范大学的留学生文体社团达到 14 个,各类项

目 20 余个[①],其中"I DRAMA 话剧社"具有典型意义,他们用中文自编自导自演中国经典的剧目,并再在校展演,这类活动既锻炼了留学生汉语水平,了解历史文化知识,通过编剧、表演等活动锻炼了综合能力,也提振了他们的自信心。而有些活动,完全是学院或者中国学生组织面向留学生开展的,比如为留学生准备的晚会或者某一类讲座,留学生只是作为一个观众或者旁观者,参与度大打折扣,也比较难吸引较多学生参加。

上述留学生活动还有一个维度,那就是主题的维度,一个活动其主题维度可以有很多种,有偏思想政治性的,比如十九大的宣讲、征文;有偏向传统文化的,如书法、京剧、茶文化的体验;也有纯娱乐类的,如文体活动等。主题也是影响活动参与度的一个重要维度,有的主题可能天然就不那么有吸引力,这就对活动形式的设计提出了较高的要求,如何在主题和吸引力之间达到一个很好的平衡,是活动组织者需要慎重考虑的。

4. 重视和拓展留学生校友工作

高校来华留学生校友工作是加强与留学生联系,扩大高校国际影响力,保持与留学生所在国政治、经济、文化、外交联系的有效手段之一。留学生们毕业后大多会回到自己的国家就业,他们遍布世界各地,是学校宝贵的校友资源。世界一流高校尤其是欧美国家高校普遍重视国际学生的校友工作,会为校友提供各种帮助,并长期保持联系。以德国为例,德国高校留学生校友工作主要通过设置专门机构并安排专人负责、用现代信息手段加强联系、建立留学生联谊组织、为留学生校友提供各类培训和咨询服务、编印留学生校友专刊等多种方式,加强与留学生校友的联系(贺美英和宗菁,2007)。[②] 我国高校留学生校友工作是伴随着留学教育的发展,以及高校本身对校友工作的日益重视逐步发展起来的。2007 年 5 月,教育部国际合作与交流司发布通

---

① 胡林果,仇逸. 帮留学生在"点滴"中感知中国[N]. 中国教育报,2018-07-04(003).

② 贺美英,宗菁. 外国留学生校友工作探析[J]. 清华大学教育研究,2007(06):48-51.

知,要求全国接收和培养留学生的高校,要加强与留学生毕业生的联系。2010 年教育部印发《留学中国计划》,提出高校应该"鼓励并支持来华留学毕业生成立海外校友会"。各高校开始逐步重视留学生校友工作,应该说目前还处在起步阶段,但是也有高校采取了一些措施,并取得了一定成效。很多高校为已经毕业的留学生提供成绩单寄送、教育信息咨询等各类帮助;同时,一些高校也相继或按照国别或区域成立已毕业留学生校友会,一些留学生校友还经常回访母校,或参加学校的校庆活动,或者回母校捐赠财物等。以北京大学为例,该校留学生校友穆拉图·特肖梅于 2013 年被选为埃塞俄比亚总统,2014 年他携家人访问北京大学。① 又如北京大学的勺园 7、8 号楼的修建就得益于泰国留学生徐年女士牵线搭桥,促成泰国正大集团捐款 221 万美元建成。② 笔者所工作的上海财经大学,就有多名留学生毕业后回到自己国家的财政部、央行等重要部门工作,上海财经大学 95 周年校庆时,有多名已毕业的留学生应邀撰写了对母校的回忆文章,回到塞拉利昂任职于社会安全和社会保障部的留学生马利克在《我在财大的日子》一文中深情回忆道:"上海财经大学就像一个大的家庭,我很自豪我是这个美好家庭的一员。2011 年7 月 28 日晚上离开时对于我是一个难过的时刻。在我余生中我将永远记住在上海财经大学的美好岁月。"

多年来,高校来华留学生教育实践积累了丰富的经验,对来华留学生的学习、生活、文化适应起到了很好的促进作用,但是需要指出的是,在不同的地区、不同的高校之间,留学生教育的发展程度和层次都还存在明显的差异,我们所列举的已经取得的成效,也只是其中一部分学校已经取得的成效,一些措施也是尝试性的,还未通过建立体制机制将其固定化,相关的教育管理的经验也并没有达到全国普及的程度,留学生教学管理尚未实现全国整体均

---

① 参见北京大学国际合作部留学生办公室网站,http://www.isd.pku.edu.cn/alumni/。
② 贺美英,宗菁.外国留学生校友工作探析[J].清华大学教育研究,2007(06):48-51.

衡发展,在第三章我们将对当前来华留学生教育管理存在的问题和困境进行梳理,可能同样会涉及本章提到的已经取得成绩的内容,这里边是一个部分与整体的关系。

第三章

高校来华留学生教育管理的难题及追因

前一章我们对来华留学生教育的发展以及已经取得的成效进行了梳理,然而与世界上很多国家尤其是欧美发达国家的高校相比,我国来华留学生教育因为起步晚,同时受制于国家整体政治经济发展水平、高等教育的总体质量等多方面因素的影响,还存在很多不尽如人意的地方。本章的第一部分将从宏观的角度对当前我国高校来华留学生教育管理存在的问题和困境进行梳理,这一部分的梳理将主要根据第一章确立的 CEPM 四要素分析模型,从文化(C)、环境(E)、人(P)和管理(M)四个方面进行考量;第二部分会基于跨文化理论和跨文化比较的视角,对当前我国高校来华留学生教育管理现存困境的深层次原因进行分析,也将主要依据 CEPM 总体模型开展论述。

需要指出的是,本章的分析得出的观点主要基于三个方面,一是来自笔者多年的留学生教育管理工作经历,在开展研究的过程中,笔者也多次就涉及的问题与其他高校的国际文化交流学院、国际处或者留学生办公室的同行们交流,积累了较为丰富的素材;二是通过对留学生教育管理相关文献的阅读和梳理,其中还有笔者自己发表的关于来华留学生教育的相关文献;第三方面则是来源于问卷调查的数据,笔者于 2016 年开展了针对高校留学生学习生活适应状况的问卷调查。由于本书不是完全的调查研究型著作,问卷只是作为现状和困境分析中的一种辅助,因此将并不完全按照调查问卷结果呈现和分析的形式开展阐述，只是在支撑其中一些具体的观点的时候，将问卷调查的部分结果（主要以百分比的形式）展现出来，以丰富数据资料、增强说服力。下面首先将问卷调查的基本情况作一个介绍，不再详细呈现问卷的具体情况。

笔者于 2016 年下半年开展了关于来华留学生学历生在中国高校的学习、生活和文化适应状况的问卷调查，主要包括留学生基本信息、来华留学的主要动机、对所在高校硬软件的评价、在高校学习中碰到的困难、在中国生活经历的难题以及对中国的印象六大部分。调查主要通过随机发放纸质问卷和随机邀请留学生填写网络问卷的方式开展调研，共有 421 名留学生完成问卷的填写，他们来自世界五大洲的 44 个国家与地区，参与人数超过 5 人的国家有韩国（114 人）、泰国（68 人）、赞比亚（37 人）、老挝（32 人）、印度尼西亚（29 人）、越南（20 人）、马来西亚（13 人）、日本（13 人）、乌干达（12 人）、俄罗斯（7 人）、哈萨克斯坦（6 人）、美国（6 人）、柬埔寨（5 人）、土耳其（5 人）。留学生们主要来自上海财经大学、浙江农林大学、广西师范大学、首都经贸大学、南京大学、华东师范大学等高校。其中本科生 332 人（78.86%），然后依次是硕士研究生 42 人（9.98%）、预科生 40 人（9.5%）、博士生 7 人（1.66%），涵盖了经济类、语言文字类、工科类、管理类、法学类等专业领域。他们在中国的时间包括超过 36 个月（121 人，28.74%）、12～24 个月（97 人，23.04%）、1～6 个月（73 人，17.34%）、6～12 个月（69 人，16.39%）和 24～36 个月（61 人，14.49%）。就汉语水平而言，HSK（汉语水平考试）五级的留学生最多（193 人，45.84%），之后依次是 HSK 四级（78 人，18.53%）、HSK 六级（73 人，17.34%）、没考过 HSK（56 人，13.3%）和 HSK 三级（21 人，4.99%）。

一、高校来华留学生教育管理难题和困境分析

我国高校来华留学生教育管理正处于快速发展时期，留学生总量已经达到相当规模。从规模而言，中国可以被称为留学生教育大国，然而要真正成为留学生教育强国，还面临很多方面的难题和困境，本部分将进行梳理和分析。

（一）文化层面：留学生文化差异、文化冲突以及负面群体文化客观存在

在霍夫斯泰德对文化的定义中，就重点强调了文化的差异性，他认为文化是"能够把一个群体成员和另一个群体成员区别开来的集体思维模式……能够影响人类群体对其环境做出反应的共同特征的互动集合体"①。文化能够在一个特定时期被一个特定群体共享，那么不同的群体之间就必然存在文化差异性。在本书第二章对跨文化差异理论的梳理中，我们也可以发现，来自不同国家、民族和文化体的人都存在不同的文化特征，如按照高、低语境文化理论，在高语境国家如中国、日本，人们交流时语言只能传达整体信息的极小一部分，更多是通过非语言交流和环境提示，让你去领悟"话里有话"，而低语境国家如西方国家的美国、德国等国家则注重语言交流中的清晰信息传达，不喜欢绕圈子；就人际关系而言，高语境国家如日本、韩国注重内外有别，倾向于建立牢固的人际关系纽带，而低语境国家如欧美的一些国家则人际关系相对脆弱和不紧密。又如，按照文化模式理论，不同国家的人可以大致归属于不同的文化价值维度，其中一个维度就是个人主义和集体主义维度，用来对不同国家的人进行描述具有较好的准确性，如澳大利亚、美国、荷兰等国家属于个人主义文化，他们往往更加关注自己，个体目标优先于集体目标，而中国、巴基斯坦等国家，则属于集体主义文化，他们认为个体是集体的一部分，群体规范优先于个人目标。在第二章理论梳理中相关内容较多，这里不一一列举，这些理论都是基于来自不同国家、民族和文化的人们的文化差异建立起来的。对于留学生教育同样如此，留学生之间的文化差异是客观存在的。来华留学生教育之所以比对本国学生教育更加复杂，其主要原因就在于糅杂其中的跨文化问题，这些问题的客观存在，给留学生教育管理带来了这样或那样的难题，主要体现在由于文化差异甚至文化冲突，以及留学生群体负面文化的可能性存在带来的教育管理难题。

各国学生之间的文化差异客观存在，给留学生教育管理带来了更高要求。

---

① 尼格尔·霍尔顿. 跨文化管理：一个知识管理的视角[M]. 北京：中国人民大学出版社，2006：31.

学校在教学、生活和日常管理中,需要考虑到来自不同文化的留学生学习、生活、宗教的特征和差异。中国当前已经进入全面对外开放的时代,截至 2023 年,中国已经与 182 个国家建立了外交关系,来中国留学的外国留学生国别则更加丰富,如 2015 年全年有来自 202 个国家和地区的留学生在中国留学。就上海财经大学而言,学校留学生多年保持在 1 000 人以上,来自 80 多个国家和地区。以笔者所在的上海财经大学金融学院为例,截至 2016 年年底,学院共有各类学历生 182 人,来自 63 个国家和地区。这些留学生之间必然存在文化差异,主要通过学习、生活行为和习惯表现出来,比如亚洲学生尤其是韩国、泰国等国家的留学生往往喜欢集体行动,平时课内、课外活动都是如此,上课喜欢坐在一起,课余时间经常一起运动、吃饭、唱歌等,还常常一起举办具有国别特征的集体活动,如泰国学生每年都会在上海某一所高校举办泼水节;而欧美学生则相对"独来独往",个体之间的联系并不紧密,大家可能偶尔一起去上课甚至去吃饭喝酒,但是彼此之间很少有比较牢固紧密的关系。在日常管理中,笔者常常需要联系某个学生,一般而言,亚洲学生往往容易找到,因为可以联系一个国家的学生会的同学,或者与他关系比较好的同学,而欧美学生则相对难度较大,因为常常很难想到这个同学跟谁关系比较近。又比如,在同一个班级中,你往往会发现,不同国家的同学对个人权益的要求程度不同,总体而言,对于学校或者学院的有些规章制度,欧美留学生尤其是美国、加拿大、俄罗斯等国家的留学生往往更加"较真",他们往往会据理力争,向对他们有利的方向去辩解和争取,而亚洲国家如老挝、柬埔寨等国家学生则相对温和一些,容忍度高一些。此外,不同国家留学生的时间观念往往不一致,这样经常导致在各种活动或者会议中,你可以看到提前到的、准时到的学生,也可以看到迟到很久的学生。来自不同文化群体的留学生之间的行为和习惯的差异还有很多,总体而言,都体现了他们之间的文化差异。这些差异给留学生教育管理带来了很多的不确定性,对留学生教育工作者的知识储备、教学和管理能力都提出了更高的要求。

来华留学生们所面临的文化差异,固然包括留学生之间的文化差异,但是留学生本国文化与中国以及留学所在城市文化之间的差异,才是他们面临的最大的文化差异,同时也是高校留学生教育管理中需要考虑如何促进来华留学生跨文化适应的重点内容。在笔者开展的问卷调查①中,被调查的 421 名来自北京、上海、浙江临安、广西南宁、江苏南京等地的来华留学生中,对于来华留学生在中国所经历的事件的困难程度按照从"没有任何困难"到"很困难"排列,按照从"1"到"5"对应选择(选择数字越大,说明适应越难,同理,选择大数字的留学生越多,平均分值越高,代表该项事件难度最大),最终困难程度平均分值最高的依次为"理解当地口音/方言"(3.26 分)、"理解中国的政治系统"(3.08 分)、"理解中国的笑话和幽默"(2.95 分)等,这些都是典型的文化差异的表现,适应难度最大的除了语言因素,就涉及较深层次的文化、制度方面的事件了,相比较而言,"离开家人独自生活"(2.55 分)、"找到自己喜欢吃的食物"(2.71 分)、"处理住房、交通、购物等日常问题"(2.71 分)等事件的平均分值处于最低三项,可见这一现象层次的差异,都是相对容易克服的。这一调查结果正好能用文化的冰山模型理论来解释,按照该理论,我们看得到的、容易适应的是水面上漂浮着的冰山,是文化的表层现象,而看不到的、不容易适应和理解的则是深藏在水下面的冰山,是文化的深层次的内容,表层文化更容易适应,而深层次文化则理解和适应起来相对困难。此外,对于在大学学习的过程中碰到的事情的困难程度的调查,也同样支持了这一观点,同样的评分方式,其中难度最大的是"和中国学生一起上课"(3.17 分)、"和中国学生交朋友"(2.98 分)这两项。

在留学生教育管理中,并不是所有的文化差异都会引起文化冲突,然而对文化差异了解不充分或者宽容度不够,往往会引起留学生之间、老师和学生之间的文化冲突,有的冲突甚至是恶性的,容易引起较为严重的后果。

在诸多文化差异中,有因为语言因素造成的文化冲突,笔者学院曾经有一位非洲女博士,她的英文名字叫 Bijou,她所学的专业是全英文的,她的汉语基

---

① 　为避免重复,在后续提到本调查时,均以"我们 2016 年开展的问卷调查"的简略形式出现。

本是零基础,在入学系统登记时,学校招生部门按照惯例给没有中文名字的同学取一个中文名字,一般而言由于时间仓促都直接按照英译取名,比叫"詹姆斯"(James)或者"哈利"(Harry)等,当时给这个女生直接英译取了个名字叫"比佑"。在第一学期快结束时,这名女生气冲冲地来到笔者办公室,说为什么我的名字是左右的"右",取个这么傻的名字? 原来她课余学习了一些汉语课程,误把保佑的"佑"当成左右的"右"了,她生气地质问我:"为什么是右,而不是左"。笔者哭笑不得,只得给她解释保佑的"佑"是很好的意思,是保护、庇佑的意思,明白以后,她就心满意足地走了。

也有的冲突则是因为宗教、种族、民族等因素而造成的,这一类往往更加敏感和激烈,有时会造成严重冲突事件。20 世纪 90 年代某高校食堂因为没有清真食堂,留学生与中国学生共同在食堂进餐,有的信奉伊斯兰教的留学生们就曾经在食堂大闹甚至发生打砸事件。在某高校,也曾发生过一起因为涉及种族问题引发的小规模冲突事件,有几个非洲留学生吃完饭没有将餐盘送到指定的地方,食堂打扫卫生的阿姨并说了一些责备的话,被其中一名非洲同学听见了,之后十多名非洲同学一起围着这个阿姨兴师问罪,差点动手打人,后经劝解方才愤愤离开,其实食堂阿姨只是随口无心的一些话,却被误解为涉及种族歧视,挑动了非洲同学的神经。2008 年 10 月,上海外国语大学也曾发生了中日学生大规模冲突事件,事件起因只是因为日本学生聚会,酒后在学校下沉式广场喧哗,影响了旁边宿舍中国学生的休息,进而引发较大规模的冲突,最终警察介入,并引发了社会媒体的关注。这一事件的起因其实很简单,笔者认为是因为中日民族在历史上的摩擦,民族自尊心夹杂其中,最终导致了事态的升级。这一类因为历史、文化方面的差异导致的不同程度的冲突事件在各高校时有发生,也给高校的日常管理甚至突发事件管理带来了新的课题。

来华留学生教育管理中还会面临的一个难题就是留学生这个群体自身可能内生而形成的负面群体文化。任何一个在一定时间长度内、在一个相对固定的地域中的人群,他们因为相互交往,必然会或多或少地形成这个群体的文化特征,有的群体文化可能感觉很明显,有的则可能没那么明显,但是它确实存在着。这是一个比较有趣的现象,留学生们来自世界各地,都有各自不同的民族文化、宗教风俗和生活习惯,他们构成了留学生群体,这个群体本身就可以形成一种文化,或者再具体一点来说,他们的饮食生活习惯甚至是价值观,在留学期间,都可能受到留学生群体文化的影响,也会发生变化。比如,有些留学生来到中国也开始不遵守交通规则,但是在他们自己的国家他们会严格遵守交通规则,按照他们自己的说法,是看到本地也有人不遵守规则。这种变化,作为留学生群体而言,呈现出一种群体性特征,可能是长期形成的,也会持续下去,但是对个别留学生而言,可能是短期的、暂时的,因为留学结束回国就改变了,但是也可能一直这样。作为高校留学生教育管理者,要注意留学生群体文化及其变化,同时尤其要警惕其中可能的负面文化及其对中外学生的影响。

（二）环境层面:留学生教育环境建设不够成熟健全

教育环境对人的发展作用不容忽视,对于来华留学生教育而言同样如此,高校教育环境直接影响来华留学生的跨文化适应,影响他们的学习和生活。跨文化适应,就是指在异文化环境中的居留者对新环境的适应过程。面临的新环境,是有利于移居者跨文化适应的环境,还是不利于移居者跨文化适应的环境,直接影响着其跨文化的适应程度。好的环境可能不会让人有跨文化不适或者文化休克的症状,或者只是轻微的、短期的症状,但是不好的环境可能让你非常反感,产生厌恶、焦虑以及强烈的失落感等跨文化不适应症状。按照跨文化适应策略理论,移居者面临新的社会主流文化时,可能采取同化、整合、边缘、分离等不同的跨文化适应策略,这些不同的策略直接影响到他们的跨文化生活的舒适度。我们认为,移居者面临的新环境的具体情况,也会影响他们的跨文化策略。对于来华留学生而言,离开了熟悉的社会环境,来到陌生的国家、城市、大学来生活,他们所面临的环境直接对他们的学习、生活、文化适应程度构成影响。尽管改革开放至今,高校来华留学生教育环境已经取得了跨越式的发展,但是对比欧美发达国家的教育环境以及留学生的客观需求,我们认为,高校教育环境仍然是来华留学生教育管理质量提升的重要牵制因素。在下文中,我们将对高校来华教育环境存在的困境分别进行论述,其中对高校校园内的物质环境建设、制度建设和精神环境建设将简要进行分析,之后将花较大的篇幅从更加宏观的视角,对留学生教育的拓展性环境进行阐述。

1. 硬件环境、制度环境和精神环境

首先,校园硬件建设还有待于进一步发展。应该承认,当前高校的硬环境建设已经取得了突飞猛进的进步,在一些经济发达地区的学校,其校舍楼宇等硬件建设已经堪比欧美一流高校。但是用发展留学生教育的视角来衡量,依然还有很多值得改进之处,主要体现在不够国际化和人性化,难以满足留学生多样化的需求,如校园标识中的英文标识未达到全覆盖,或者有翻译错误,让中文不好的留学生常常不知所云;留学生也常常抱怨学校饭菜不够多样化,或者健身锻炼场馆不够等等。在我们开展的问卷调查中,对于学校宿舍条件,有45.37%的留学生表示"一般",有18.29%和12.59%的留学生表示"比较差"和"差",认为宿舍条件"很好"和"比较好"的留学生只占5.94%和17.81%;对于食堂的饭菜,只有7.6%和15.91%的留学生表示"很好吃"和"比较好吃",而有44.42%、15.91%和16.15%的留学生分别表示"一般""比较难吃"和"难吃";对于学校的教室和图书馆等设施,则满意度高很多,有13.06%和31.83%的留学生认为"很好"和"比较好",其余有43.71%、7.84%和3.56%的留学生分别认为"一般""比较差"和"一般"。此外,还有很多学校和学院的英文网站、教学管理系统、图书馆系统等建设滞后,让很多留学生觉得很不方便。在我们2016年开展的问卷调查中,对于学校网站的方便程度,有44.66%、15.2%和10.93%的留学生认为"一般""比较不方便"和"不方便",可见还有较大提升空间,这虽然只是一个个小细节,但是可能因为一次糟糕的体验,就会给留学生留下不好的印象。

其次,高校来华留学生制度建设不够完善。来华留学生教育管理的制度环境的建设可以包括两个部分,一方面是进一步健全留学生相关的制度,另一方

面则在于按照规章制度规范留学生教育管理。笔者在第二章曾经对国家和高校层面关于留学生教育相关的制度进行了梳理后得出的结论是，当前，基本已经形成了分门别类、较为规范的制度体系，包括国家层面的制度和规定，如高校招收来华留学生的办法、中国政府奖学金管理办法等；学校层面的留学生规章制度如关于教学、住宿、签证、学位、奖学金等各个方面的制度。但是我们必须承认，高校来华留学生教育的制度建设还远远不够，一方面，已有的制度不够健全，或者没有做到与时俱进，在处理一些新情况、新问题时往往没有相关的制度依据，比如笔者近些年常常有已经毕业的学生联系要办理在华学习期间的未犯罪证明，这一纸证明涉及高校、公安等部门的协调，在刚开始时，根本不知道如何办理，后来学校才联合相关部门进行商议，最终形成办理流程，明确责任部门；另一方面，高校之间还存在着不平衡的状况，一些高校在留学生教育管理方面制度还存在滞后或者缺位情况，高校之间步调不够一致。另外，在执行留学生教育管理规章制度时，还有落实情况的问题，有的学校为了保证留学生规模，往往难以做到严格按照规章制度对留学生进行处理，如留学生考试成绩绩点极低或者考试作弊，按规章制度规定要求劝退或者取消学位，但是有些高校往往息事宁人，未能严格执行规章制度。这样一来，一些留学生心存侥幸，"知法犯法"，我们认为，这都会直接影响来华留学生教育管理的整体质量。

再次，高校精神环境有待进一步改善，以适应留学生教育的发展。这里所说的高校精神环境是指一所学校体现出来的精神气质和文化氛围，具体而言，它体现在高校物质环境、制度环境中。高校的精神环境看不见、摸不着，却能够实实在在地影响到来华留学生的学习生活，影响到他们的留学满意度。当前，高校在这方面还存在较大的进步空间，如在留学生日常教学和管理活动中，高校教职员工的跨文化意识和国际化意识还不够强，不能给各国学生很国际化和很专业的感觉；又如高校能够提供给留学生的各类课堂教学、课后讲座、课余活动等还不够多样化和丰富，难以满足各国留学生的需求等。在我们开展的问卷调查中，留学生对学校留学生办公室和学院为留学生提供的服务满意度数据尚可,但是同样还存在提升的空间,如认为学校留学生办公室的服务"一般"的占43.41%,另外还有9.98%和6.41%的留学生认为"比较差"和"差";认为学院为留学生提供的服务"一般"的留学生占到44.42%,还有9.98%和5.7%的留学生认为"比较差"和"差"。

2. 留学生教育的拓展性环境

上文我们简单地从高校的硬件、制度和精神环境建设的角度对来华留学生教育存在的难题和困境进行了梳理,本部分我们将视野放得更加开阔一些。来华留学生教育的环境还应该包括更广泛的内容,由于留学生教育的特殊性,它可能需要更优质的服务,需要更多的部门、更广范围的参与,我们称之为留学生教育的拓展性环境。本部分我们将择取留学生辅助项目、社会与市场的参与、留学生教育的评估体系建设三个方面存在的问题进行梳理,事实上这些内容是在高等教育发展到一定阶段后才充分发展的,对于留学生教育来说是更高层面的要求。

(1)高校来华留学生辅助服务项目不健全

高校来华留学生辅助服务项目是高校留学生管理精细化、人性化的表现,它是在课程教育和日常管理之外,由高校建设的有助于促进来华留学生跨文化适应、学业适应、生活适应的各类项目。留学生来自世界各地,他们对来华留学生学习、生活的各类服务也提出了较高要求。同时,20世纪90年代初国家发布留学生教育新政策后,来华留学生招生自主权进一步下放给高校。自1994年至今,高校来华留学生群体中的自费生比例基本上保持在90%以上。与公费生相比,自费留学生自行承担学习经费,也因此对留学服务和配套提出了更高的要求,有一些留学生择校时就将学校的住宿、餐饮及其他服务纳入综合考量因素之中,故高校留学生配套服务项目对于吸引更多来华留学生、提高留学生的留学满意度具有非常关键的作用。很多留学生反映,在留学的过程中,会面临没有朋友、不知道参加什么活动、不了解学校以及周边的各类设施、不知道如何找合适的实习机会等问题,而在学习中也会面临语言困难、专业困难、学位论文写作等困难,这些问题涉及学习、生活、心理、社交等多方面,因此常态化建设各类留学生辅助项目对来华留学生的学习生活适应非常重要,也是一个国家、一所高校留学生教育成熟与否的表现。在美国、日本、澳大利亚、英国等留学教育发达的国家,学校有丰富多样的留学生教育辅助服务项目,包括法律法规指导项目、学业帮助项目、语言培训项目、国际友谊项目、社会参观与实践项目、融入当地家庭项目如 Homestay[①]、志愿者项目、衣食住行信息项目等,这些项目主要由留学生办公室负责,但是也充分发动了校内学生团体力量,以及校外社区、企业等多种资源,项目内容的告知可以是以小册子的形式发给学生,也可以是以专题性活动(workshop)的形式开展,在留学生入学时就将这些项目信息告知他们,让他们知道碰到类似问题应该去找哪个辅助服务项目帮忙。这类项目在国外已经发展得比较完备,例如,在日本的高校,留学生的咨询制度是非常有效的辅助项目,从文部省到各高校,都有专门的负责留学生学习生活咨询的机构和人员,在学校还专门有留学生咨询室,配备专门的咨询师以及休息室、娱乐室、阅览室等配套设施。早在 1988 年,澳大利亚高等教育委员会就跟大学副校长委员会制定过一份专门指导高校开展留学生服务工作的准则,该准则指出"澳大利亚的大学应该认识到他们对全费留学生教育和福利方面始终担负着责任。大学应该保证,所有提供给留学生的学习课程、辅助性服务和社会环境都应对他们有所促进,使他们在学成归国时对澳大利亚教育以及澳大利亚有个肯定的评价"[②]。相比而言,我国高校留学生教育中关注较多的是"硬实力"建设,比如学校的宿舍、食堂等硬件建设,或者追求学校综合实力的提升,而对留学生教育中类似配套服务项目的体现"软实力"建设方面还关注有限,在资源和精力上还无暇顾及。目前部分高校已经有了一些初步尝试,如留学生会、社团联等学生机构开展的各类活动,或留学生办公室组织的一些入学教育、参观参访活动,也

---

①　为外国留学生在其所留学国家以有偿服务的形式提供住房与生活基本设施(大多是本地家庭),旨在提高其在该留学国家的生活能力。

②　引自杨军红. 若干留学大国的留学生辅助项目研究[J]. 外国教育研究,2005(05):14-18.

取得了一定效果,然而总体呈现随意性的特点,缺乏系统性和科学设计,不够体系化,不能满足留学生学习、生活、社会交往等方面的多样化需求。举例而言,在我们开展的问卷调查中,留学生对学校举办的留学生可参加的课外活动的数量,还有 39.9% 的留学生认为数量"一般",有 11.64% 和 6.18% 的留学生认为"比较少"和"少"。

来华留学生辅助项目是提升留学生留学体验满意度和客户"黏度"的重要保障,对于学校的国际校友工作,未来的招生等都有积极促进作用,高校应该致力于发展丰富多样的来华留学生辅助服务项目。

(2)社会和市场在高校留学生教育管理中参与程度不高

社会和市场参与高校留学生教育管理,首先是高等教育本身的产业属性和服务贸易属性决定的。1994 年,世界贸易组织通过的服务贸易总协定(GATS)正式将教育纳入"服务贸易"的范畴,使之成为世界通行的 13 种服务贸易之一,教育服务贸易已经成为很多国家的重要贸易出口形式。在教育服务贸易中,留学生教育市场是其中市场化和产业化程度最高的部分。教育部、公安部、外交部于 2010 年颁布的《高等学校接受外国留学生管理规定》的第七章就专门对来华留学生的社会管理进行了规定,来华留学生的校外住宿、日常生活、实习、就业、旅行、奖学金等各个方面都需要社会多部门积极参与管理和配合,市场和社会参与主要是为来华留学生提供各类配套服务和咨询产品,在留学教育市场规模迅速扩大的今天,这一块内容是高等教育市场化的主要表现,对于高校、学生、市场能产生多赢的效果。哈佛商学院市场营销学教授西奥多·莱维特曾将产品"系列"分为"一般产品""期望产品""附加产品""潜在产品"(Levitt,1980)[①],笔者结合莱维特教授的产品分类,参照丁笑炯(2012)的分类并进行适当调整,我们也将留学生相关教育产品分为四类,如图 3—1 所示。

---

① Levitt T. Marketing Success through the Differentiation of Anything[J]. Harvard Business Review,1980,58(1):83-90.

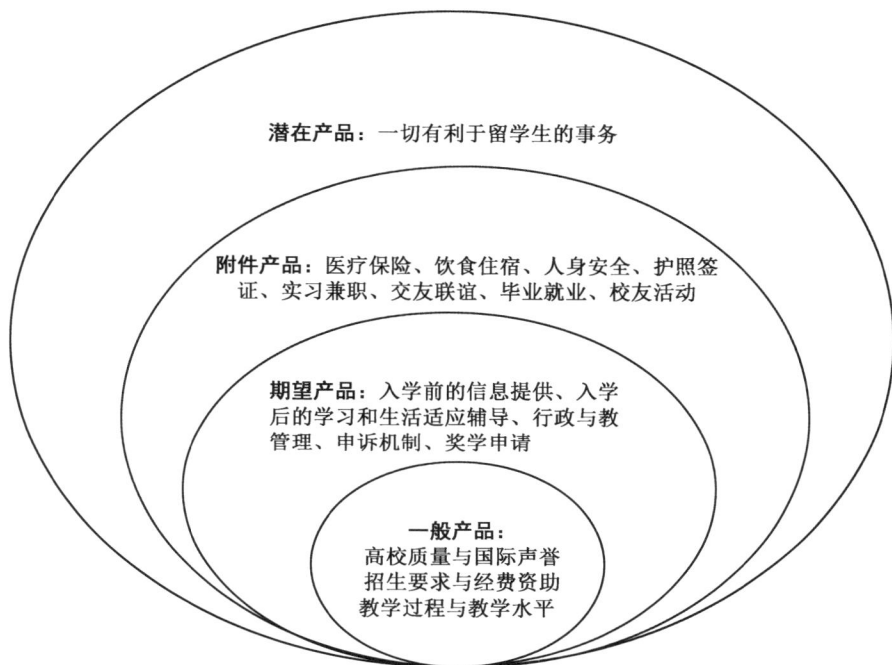

图 3—1　留学生教育产品分类

　　按照图 3—1 中的分类,结合莱维特的产品分类理论,留学生教育的一般产品包括如院校质量、教学过程等;留学生教育的期望产品包括了一般产品,但又不限于一般产品,还包括了入学前的信息提供、入学后的适应辅导、申诉机制等,代表了留学生的起码需求。留学生教育的核心就是优质的教学,应该说一般产品和期望产品都是与教学相关的,前者直接相关,后者间接相关。而附加产品包含较多,与教学并无太多直接关联,是帮助留学生更好地实现学业和生活适应的产品;潜在产品则范围广大,是能够吸引和留住留学生的一切事物,如友好的市民和国际化的文化氛围等。应该说留学生教育的附加产品和潜在产品越丰富、越完善,则留学生教育市场越成熟,市场和社会参与的程度越深。

　　根据丁笑炯(2012)的调查,与发达国家留学生教育产品相比,我国留学生教育产品极不完善,四个层次的产品质量都有待提高,如一般产品方面,我国尚未设计统一的院校质量保障机制,留学生入学筛选不够严格;期望产品方面,留学信息发布不完整,对留学中介管控较少;就附加产品而言,高校提供的住宿选择有限,签证程序不够简化。此外,还有留学生申诉机制、职业咨询、毕业后的居留与就业等方面的支持和服务,在一些发达国家都能够普遍提供的产品,而我国基本还处于待开发阶段。[①] 此外,在来华留学生奖学金体系建设方面,目前还很少有社会机构或者企业在高校设立来华留学生的专项奖学金,目前的奖学金提供主体还是以国家、地方政府和高校为主,社会企业和市场参与的积极性有限。在 2016 年我们开展的问卷调查中,有 50.83%的留学生认为学校能够提供给留学生的奖学金数量"一般",还有 11.16%和 8.55%的留学生认为"比较少"和"少"。

高校来华留学生教育社会化和市场化是留学生教育市场成熟的表现,同时也是学校和社会在留学生教育领域协同配合的探索和尝试,有利于高校留学生留学舒适度和满意度的提升,在我国来华留学生教育中,充分调动社会和市场的积极性,还需要较长时间的探索。

(3)来华留学生教育质量评估体系建设滞后

高等教育的质量评估是保障高等教育质量的重要抓手。在高等教育国际化阶段,高等教育质量是国家信托责任的一种,即由国家对大学学位和学历的承认来保障其质量。随着教育市场化运作的兴起,教育的产业属性逐步凸显,传统的由国家来背书的高等教育质量观受到来自顾客和市场的冲击,高等教育质量评估势在必行。高等教育质量评估从某种意义上说,是评价各相关利益主体的利益是否在高校的教育工作中得到了体现或者说在多大程度上得到体现(罗建河,2009)。[②] 我国高等教育质量的评估应该包括国家教育管理机构、社会企业、留学生自身等多个主体的评估指标。当前,我国高等教育整体的质量评估都还比较滞后,主要是由于在中国,国家和政府管理部门在高等教育发展的

① 丁笑炯. 基于市场营销理论的留学生教育服务[M].北京:北京大学出版社,2012:286.

② 罗建河. 从教育的产业属性看高等教育质量评估体系的构成[J]. 江苏高教,2009(6):15-17.

过程中仍然起着决定作用,社会、市场、学生等利益主体参与较少,高校教育更容易跟着国家的"看得见的手"而动,我国的高等教育评估体系目前仍然存在评估主体单一、独立的评估机构少、市场参与力度薄弱等多种问题。欧美很多国家的高等教育质量评估已经经历了较长时间的实践,发展得比较完备。有研究显示,美国高等教育质量评估模式已经经历了三个阶段:第一个阶段是早期评估模式,主要以高校内部自我监控为主体;第二阶段是输入评估模式,主要以社会中介评估组织参与完善;第三阶段则是过程绩效评估模式,以多元主体共同参与为主要特征。当前美国高等教育的质量评估体系在充分尊重大学自治和学术自由的基础上,由政府引领,全国性评估机构开展评估和认证,形成了校内评估和校外评估相结合、利益相关者广泛参与的过程绩效复合评估模式(刘凤云和刘永芳,2010)。[①]

在来华留学生教育中,留学生教育质量评估主体同样应该包括留学生教育的多元利益主体的参与,而在评估内容应该包括高校留学生教育的各个环节的指标,包括高校校园硬件情况、留学生教学质量、留学生管理和服务水平等各个环节的评估。我国很多高校来华留学生教育还处在扩大规模、兼顾质量的阶段,更遑论进行教育质量评估体系建设了,而缺乏质量评估和监控,高校来华留学生教育就必然难以走出低水平重复的现状。以上对美国高等教育评估体系的研究,对来华留学生教育评估体系的建设有较强的参考价值。对比当前我国高校来华留学生教育,我们还处于美国高等教育质量评估的第一阶段,主要以高校内部以检查和督查、总结为主要形式的内部评估方式,偶尔根据上级教育管理部门的要求提供一些评估材料,供上级教育管理部门评估和核查。随着我国高等教育的发展和来华留学生教育的推进,我国也逐渐开始重视留学生教育质量评估工作,2010年教育部印发的《留学中国计划》明确提出,要加快构建来华留学教育质量评估体系。高校来华留学生教育要建立学校、社会、教育管理

---

① 刘凤云,刘永芳.美国高等教育质量评估模式演变、特征及其借鉴价值[J].南京师大学报(社会科学版),2010(4):126-128.

部门、学生等多元主体共同参与的教育质量评估体系,并切实让评估结果发挥监督和调控的作用,用于指导和促进留学生教育实践,这一目标的达成还需要相当长时间的探索。

(三)师生层面:客观能力与主观态度影响留学生培养质量

高校来华留学生教育的实际效果如何,最终还是要由其中的主体因素来发挥作用,即教育环节中的教师和留学生。当前高校来华留学生教育过程中教师和学生两个方面的实际表现并不理想。按照跨文化适应的理论,来华留学生跨文化学习生活适应主要取决于能力和态度两个层次,其中能力是相对客观的部分,包括以语言、文化为主的跨文化知识储备和技能,当然也包括了留学生自身的专业基础,即生源层次;而态度则主要包括来华留学的动机和跨文化适应中对面临的主流文化的态度,两者会直接影响学习质量和跨文化适应水平。对于教师而言,同样有能力和态度两个方面对留学生教育管理的质量构成影响,能力包括语言、文化技能和跨文化储备,对专业老师而言,还包括国际化、多样化的教学方法和手段;而态度则主要是指专业教师和留管教师对留学生教育和对留学生的态度。下面将从学生和教师两个层面对当前来华留学生教育的现实困境进行梳理。

1. 教师层面

来华留学生教育中的教师主要包括课程师资和留学生管理人员(也称留管人员),主要存在留学生教育师资队伍专业化不够的问题。无论是教师还是留管人员,外语能力和跨文化交际能力都是应该具备的基本能力。就留学生管理人员而言,学校层面的留学生管理人员基本达到了专业化的程度,而在院系层面的留学生管理人员则不尽然,很多院系还是用原有的辅导员、教务管理人员等一套人马来"捎带"管理留学生,很少配齐专门的留学生教管人员,因此在留学生的教育管理中就容易出现各种问题,因为外语能力、跨文化交际能力储备不足等原因而经常引起留学生抱怨,影响了他们办理各类事务的便捷性,也影响了其留学舒适度和满意度。在当前高校留学生管理普遍实行院系二级管理的背景下,仅仅还是原来的那一套人马管理中外学生,有能力不足的问题,同时也有"心有余而力不足"的问题,对于院系的辅导员和教务人员而言,中国学生是更大的数量群体,他们应对中国学生管理就已经满负荷甚至超负荷运转了,根本无暇顾及留学生的日常管理,很难主动开展各类管理和服务工作。就课程教师而言,他们中的一部分也存在这方面的问题,外语能力、普通话程度、教学规范化程度、教学方式方法等还不太适应留学生的课堂教学,中外学生同课堂学习,必然带来了更多样化的要求,而课堂教学师资往往还难以做出适当调整,有留学生反映老师的普通话口音太重,或语速过快,也有学生反映老师在教学进度安排、考试时间等各个方面未能提前告知学生等,这些都对留学生学习的积极性以及学习效果构成不同程度的影响。在 2016 年我们开展的问卷调查中,对于"你是否能适应老师的教学方法"这一选项,就有 46.08％的留学生表示"一般",还有 14.73％和 4.51％的留学生表示"较大困难"和"很困难"。

当然,在高校留学生教育管理中,除了教育师资队伍自身客观的能力与技巧方面的问题以外,还存在主观意愿方面的问题。一些教师和管理人员本身由于对留学生教育的认识高度不够,在教学或管理中对留学生的关注、关怀不够,影响了良好的教育服务环境的营造。尤其在课堂教学中,由于中外学生的专业基础和语言能力的差异,有些教师往往不愿意带有留学生的课,甚至有极端现象,老师让有些已经选课的留学生退课,或者在课堂中不注意自己的言语,有出言不逊甚至歧视留学生的情况。当然,这只是其中极少的情况,但是这对于留学生的留学体验以及他们的学习态度、对学校乃至对中国的态度都会造成很坏的影响。在笔者 2015 年开展的调查中,就有 25.75％的留学生认为"大部分老师对留学生态度一般,不太喜欢留学生"(袁海萍,2016)[①],虽然这一评判也许略显偏激,但是仍然可以说明一些现实问题。

---

① 袁海萍.高校中外学生融合式培养模式探究——以上海财经大学为例[J].新课程研究旬刊,2016(2):38-40.

2. 留学生层面

(1)高校来华留学生生源质量总体不高

任何阶段的教育,生源质量问题都是一个非常关键的因素,它直接影响总体教育质量,影响到毕业生的总体水平。当前,我国高校来华留学生生源质量总体不高,是由多方面因素决定的。一方面,在世界留学市场上,我国高等教育的国际竞争力还并不特别强,很多国家的留学生都倾向于选择英国、美国、法国、德国、澳大利亚等国家作为留学目的国。我国要发展来华留学生教育,首先要有一定的留学生规模,这就带来了一个规模和质量的协调问题,如果严格控制生源质量,可能就会影响来华留学生规模,而如果只注意发展规模,则有可能良莠不齐、泥沙俱下。通过我国不同时期的政策文件的比较,可以看出对来华留学生规模和质量的辩证关系呈现动态变化过程。在 1985 年国务院批转国家教育委员会、外交部、文化部、公安部、财政部的《外国留学生管理办法》中,强调要"坚持标准,择优录取,创造条件,逐步增加"。到 2000 年,教育部、外交部、公安部令第 9 号《高等学校接受外国留学生管理规定》对高校外国留学生培养工作提出要贯彻"深化改革,加强管理,保证质量,积极稳妥发展"。[①] 2010 年 5月,国务院通过了《国家中长期教育改革和发展规划纲要(2010—2020 年)》指出,要"进一步扩大外国留学生规模。增加中国政府奖学金数量,重点资助发展中国家学生,优化来华留学人员结构……不断提高来华留学教育质量"[②]。2010年 9 月,教育部印发《留学中国计划》提出要统筹规模、结构、质量和效益,设定

---

① 教育部,外交部,公安部. 高等学校接受外国留学生管理规定[A/OL]. (2000-01-31)[2024-01-01]. http://www.moe.gov.cn/srcsite/A02/s5911/moe_621/200001/t20000131_81859.html#:~:text=%E6%95%99%E8%82%B2%E9%83%A8%E3%80%81%E5%A4%96%E4%BA%A4%E9%83%A8%E3%80%81,%E7%A4%BE%E4%BC%9A%E7%AE%A1%E7%90%86%E7%AD%89%E4%BA%8B%E9%A1%B9%E3%80%82.

② 中共中央,国务院. 国家中长期教育改革和发展规划纲要(2010—2020 年)[A/OL]. (2010-07-08)[2024-01-01]. https://www.gov.cn/jrzg/2010—07/29/content_1667143.htm#:~:text=%E9%AB%98%E4%B8%BE%E4%B8%AD%E5%9B%BD%E7%89%B9%E8%89%B2%E7%A4%BE%E4%BC%9A,%E8%AE%BE%E4%BA%BA%E5%8A%9B%E8%B5%84%E6%BA%90%E5%BC%BA%E5%9B%BD%E3%80%82.

的留学工作的原则是"扩大规模,优化结构,规范管理,保证质量"①。通过比较,我们可以发现,在前期阶段,政治、外交、文化等因素是国家考虑来华留学生教育比较多的因素,这个阶段对留学生规模并未特别强调,强调在保证质量的前提下加强发展;进入 21 世纪后,基于国家综合实力和国际影响力的逐步提升,大国办大教育,大力发展来华留学生教育是高等教育国际化进程中的重要环节,同时,由于留学教育市场作为服务贸易可以带来巨大的经济效益,我国开始强调扩大来华留学生的规模,并多次将"扩大规模"作为来华留学生教育的首要目标或者方针,最佳目标是实现规模、结构、质量、效益的统筹发展。

在此背景下,高校一方面受到国家大力发展留学生战略的推动,另一方面很多高校都将国际化作为新时期高校的发展目标之一,因为国际学生比例本身就是国际上衡量一所学校是否达到国际化标准的重要指标之一,扩大留学生规模成为很多高校留学生教育的首要目标,而对生源的质量要求,则难以统一标准,并在一定程度上妥协、让位于扩大规模的目标。通过文化考核的方式考核录取学生,是各国高校的通行做法,对于来华留学生录取同样重要,它关系到留学生教育质量。经过查询各高校的留学生招生简章,我们发现有一些学校采用入学考试加面试的方式录取留学生,如北京大学文科和理科的入学考试笔试科目均为语文、英语和数学;复旦大学文科留学生的入学考试笔试科目为语文、数学、英语,理科和医科的留学生入学考试笔试科目为语文、数学、英语和综合。此外,上海交通大学、清华大学也都需要参加入学笔试考试,其中上海交通大学的留学生笔试入学考试分为一次在上海,一次在北京或韩国,为留学生提供了更多的时间和地点选择。从全国范围来看,除了少量高校留学生录取需要参加笔试外,大多数学校采取入学材料审核的方式录取留学生。②

提高来华留学生生源质量的另一个方式就是加强招生宣传。当前,高校也

---

① 教育部. 教育部关于印发《留学中国计划》的通知[A/OL]. (2010-09-21)[2024-01-01]. https://www. gov. cn/zwgk/2010－09/28/content_1711971. htm.

② 本部分内容经查询各高校来华留学生招生简章汇总梳理得出。

有一些渠道开展招生宣传工作,有的学校组团到国外参加一些国际教育展,直接面对国外学生和家长开展学校宣传,如中国国际交际交流协会经常会组织高校的招生机构赴美国、加拿大、英国、韩国等国家开展招生宣传工作;也有的学校与一些国际教育中介机构开展招生方面的合作;还有的学校针对韩国、日本等国家留学生数量较多的情况,在学校的留学生招生办公室聘用外国人开展招生咨询工作,充分利用他们的语言优势、人脉资源,如东华大学专门聘请了韩国人作为韩国招生代表,负责韩国的招生市场。来华留学生由于生源来源国别较多,招生宣传如何有效开展是高校来华留学生教育必须面对的一个难题。当前,虽然高校也开始重视招生工作,但是具体效果依然并不显著,高校在招生工作方面过于重视广告式的宣传,而缺乏深耕细作的方式,比如高校已有的留学生资源,做好对他们的服务和宣传,以及运用好学校所在地区的外国人资源,这本身就是可以开发的有效渠道。

经过对一些高校的留学生管理部门的了解,我们还发现,在目前高校的留学生中,有相当一部分留学生,在生源国没有获得上大学的资格,而中国很多大学目前入学要求相对较低,所以他们很容易就获得了录取通知书,这些学生中大部分基础不够扎实,在学习过程中非常艰难,一学期多门课程挂科,无法按时毕业,延期毕业的学生大有人在;也有一些留学生,由于学习动机和态度方面存在问题,经常迟到、早退甚至旷课,学业成绩往往很差,有不少学生被学校清退,或者到后期确定无法拿到学位了,就办理退学。

高校来华留学生教育要发展,生源质量是关键,这需要我国高校一方面做好招生宣传工作,确保留学生规模,另一方面研究出有效的入学考核制度,把好留学生教育的入口关。

(2)高校留学生的学习动机与态度影响留学生学习成绩和毕业率

当前,高校来华留学生的第一、第二课堂学习效果总体来说还不够理想,尤其是同中国学生相比,还有较大的差距。这其中有留学生留学前自身生源质量和学习基础的原因,但是与留学后的学习态度、动机和行为也非常有关系。按照跨文化适应理论,跨文化适应策略是迁居者在新的社会进行文化调整时采用的方法,由态度和行为两个方面构成,态度是他们适应当地文化的偏好,而偏好则会影响具体的行为。我们认为,来华留学生本身的学习动机以及到全新的文化环境下的跨文化适应采取的跨文化态度这二者共同影响了他们的课堂学习行为和课外实践活动参与行为。根据笔者多年的观察和了解,发现有相当一部分来华留学生学习和生活状况并不理想,呈现出消极和被动的状态,主要表现为一定比例的留学生经常逃课缺课;到课堂学习的留学生不够认真,课堂表现不够积极;课外活动参与也不够充分,笔者所在的学院每次策划举办各类留学生活动参与者总是不够多,一些留学生倾向于宅在宿舍或者租住的房子里玩电脑、看电影、打游戏等;绝大多数留学生在课余活动中都倾向于和本国留学生一起吃饭、唱歌、逛街等,尤其是日本、韩国等国家留学生,较少有留学生会主动同中国学生交流交往。在我们 2016 年开展的问卷调查中,对于影响学习的最大的因素中,421 名留学生中,除了选择"中文水平"(61.76%)的留学生最多以外,其次就是"学习态度"(34.92%)这一选项了。又如,在对留学生上课情况的调查选项中,有 32.54% 的留学生表示自己上了 60%~80% 的课,还有 11.16% 的留学生表示自己的出勤率低于 60%。对于课外时间如何度过,排名最靠前的两项分别是"上网、看电影和玩游戏等""旅游、逛街等",分别占到 52.73% 和 35.63%,而"复习功课"和"参加集体活动"仅占到 25.65% 和 15.71%。可见留学生态度和动机还是存在较大的问题,这一结果与笔者 2016 年的研究发现极为相似,该调查发现,"留学生对自己学习态度的客观评价,认为自己'很认真'的占 14.97%,'比较认真'的占 43.11%,还有近 40% 的留学生认为自己学习'不认真'"[①]。

就学习成效而言,留学生群体表现不够理想,主要体现在两个方面:一方面是学习成绩整体不够好,表现为考试分数整体不高。按照笔者多年的统计,大

---

① 袁海萍.高校中外学生融合式培养模式探究——以上海财经大学为例[J].新课程研究旬刊,2016(2):38-40.

学期间不挂科的留学生基本少于留学生总数的 10％,绝大多数留学生都有过挂科,有的留学生甚至一个学期有多门挂科的情况,以 2016—2017 学年第一学期为例,笔者所在学院的留学生本科生共计不到 100 人,但是挂科总门数已经达到了 155 门,当然其中也有少数几位同学挂科门数很多的情况;另外一个方面就是按时毕业率不够高,有因违纪、作弊等情况提前退学转学等各类情况,也有因为学业难度的原因不能按时毕业的情况,以笔者曾经带过的一个 2010 级本科留学生班为例,全班 51 人,先后因各种原因退学的有 11 人,四年内按时毕业的只有 21 人,其余的同学分别花了 4.5～6 年才完成学业。

　　总体而言,从师生层面来对当前高校留学生教育的现状进行考察,可以说现状还不容乐观。留学生层面主要表现为来华留学生学习成绩总体不够理想,按时毕业的比例不够高,老师层面则表现为教学水平、技巧和方法难以适应和满足留学生教育的要求,导致对部分教师的评教满意度不够高。这些因素叠加在一起也影响了留学生留学体验的满意度,以及毕业后作为校友和国际友人与中国和所在学校的后续联系紧密程度。从已有研究中我们也可以看到,当前我国来华留学生留学满意度与欧美及东亚教育发达国家如英国、澳大利亚、德国、日本的学校有一定的差距,研究显示,2004 英国高校留学生的留学满意度达到89％,2006 年英国继续教育学院的留学生的留学满意度达到了 82％;澳大利亚2007 年对高校留学生的满意度调查显示,89％的留学生对在澳大利亚的学习和生活感到满意;德国 2008 年的一项调查显示,有 69.8％的留学生会推荐亲友来德国留学;日本的调查则显示有 65.5％的校友愿意推荐他人来日本留学。相比之下,留学生对留学上海的满意度则要低一些,对学校表示满意的留学生占54.2％,有 52.6％的留学生愿意推荐朋友来上海留学(丁笑炯,2012)。[①]

　　(四)管理层面:来华留学生跨文化管理效果有限

　　对留学生管理根据不同的标准,可以有很多种分法,有的学者认为高校留

---

① 丁笑炯. 基于市场营销理论的留学生教育服务[M]. 北京:北京大学出版社,2012:287.

学生管理职能可以分为行政管理、教学管理和后勤管理三种(冒大卫,2011)[①]。我们认为留学生管理还可以分为学习管理、生活管理和思想管理。无论怎样划分,由于留学生群体的特殊性,来华留学生管理都是一个跨文化管理的过程,对来华留学生的跨文化管理涉及管理理念、管理方法和手段、管理效果等多个方面。本部分我们将对高校对来华留学生跨文化管理的理念和方法进行简单阐述,之后从中外学生融合效果和思想教育效果两个方面对跨文化管理的效果进行描述。

1. 跨文化管理理念和能力较为欠缺,方法和手段不够丰富

高校来华留学生的跨文化管理能力,首先应该具有跨文化的理念,在来华留学生教育中,跨文化理念是非常基础和关键的理念。然而,在高校留学生教育的具体实践中,这一理念并没有得到重视和贯彻,导致在具体教育实践中缺乏跨文化的敏感性,进而影响留学生管理的具体实践。其中可能有因为知识储备不够而忽视的原因,也有主观态度上不够重视的原因。跨文化管理理念的缺失,导致一些与留学生打交道的教职员工基本还在用与中国学生完全一致的标准和工作方法对待留学生,给学生的感觉就是学校整体不够国际化和人性化,影响了他们留学生活的总体满意度。其次,跨文化管理的具体能力还有所欠缺,主要是客观语言文化能力储备不够,学校也缺少相关的跨文化培训,留学生教育管理几乎涉及学校的各个部门和环节,因此让所有管理人员都能够接受相关的培训需要有一个过程。在具体留学生教育管理中,一些管理者可能很难弄清楚不同国家留学生跨文化语言交流和非语言交流的特征,也可能难以识别留学生跨文化交流的障碍等。

高校在具体的留学生管理中,跨文化的方法和手段也较为单一。作为留学生教育管理者,尤其是院系和留学生办公室相对较多地开展留学生的日常管理,其实施跨文化管理的主要目的就是通过各类跨文化管理的平台设置、方法

---

① 冒大卫.浅析高校留学生管理工作的理念与机制创新[J].思想教育研究,2011(1):92-94.

和手段的实施,提高留学生跨文化适应的水平,帮助他们顺利学习和生活。用跨文化相关理论而言,就是帮助留学生选择适合自己的跨文化适应策略,促进他们跨文化调整的进度,并培养跨文化胜任力。按照跨文化调整的定义,跨文化调整是个体通过对新的、不熟悉的或变化了的文化环境进行重新定位,并和新的环境建立新的稳定、互利关系的一个动态的过程。当前,高校在这方面的做法还不够丰富和多样化,尤其在留学生的跨文化训练、中外学生融合、有针对性的课外活动的设置、动机和思想教育等多个方面主动性还不强,方法和手段不够丰富,进而导致对留学生跨文化管理的实效性不足的现状。

2. 中外学生融合难度较大

当前高校普遍采用中外学生趋同化的教育管理模式,在此背景下,中外学生共同学习和生活,如何促进中外学生之间的交流和融合,促进中外学生相互学习、优势互补,是高校学生管理面临的重要课题。中外学生之间的融合不仅包括中国学生和留学生之间的融合,同时也包括各国留学生之间的融合。中外学生之间的融合是为了达到相互帮助、相互学习、相互促进的目标,同时各国学生之间能够相互尊重各自文化、风俗,做到求同存异、共同进步。在共同的校园中学习和生活,只是形式上的融合,真正的融合一定是有深度的,在思想观念上需要相互尊重和认同。中外学生之间的深度融合有利于各国留学生提高语言水平,也有利于促进他们的跨文化适应和心理适应,以及国际理解力和包容力的提升,同样有利于国际化校园文化建设。

当前,高校对于中外学生如何促进中外学生深度融合还缺乏系统规划和科学设计,已有的一些活动主要是学校或者学生机构举办一些文化类活动或文体活动,并邀请留学生参加,留学生更多是以"观众"的角色出现,而留学生主动参与的积极性不够。同时,除了少数活跃的留学生以外,大多数留学生主要同自己国家的留学生一起扎堆学习和活动,尤其是韩国、日本等国家的留学生,"抱团"情况特别严重,除了上课学习是用汉语,平时基本都是用自己国家的语言沟通,与自己国家的同学在一起。此外,当前高校中外学生融合还有一个问题,那就是中外学生在交流融合中的付出和收获是否对等的问题。有调查显示,目前中外学生在学习上还很难做到互帮互助,中外学生在知识基础和学习成绩之间还存在一定差距,在具体学习生活中,中国学生帮助留学生的情况相对多一些,毕竟中国学生都是通过严格的高考程序统一录取的,而留学生总体而言生源参差不齐,同时也有一些中国学生在与留学生打交道时往往带有一定的国别偏好,如相对更愿意同英国、美国、法国、德国等国家的留学生交往。[①] 在我们2016 年开展的问卷调查中,也发现留学生与中国学生之间的真正交往并不多,在"一般来说,您跟谁一起学习"这一问题中,被调查的 421 名留学生中仅有5.23%选择"跟中国学生",另外选择"跟自己国家的留学生"和"其他国家的留学生"的高达 33.73%和 22.8%。而在"课外时间留学生您与谁在一起时间最多"这一问题上,结果基本相似,5.46%的留学生选择"同中国学生",而选择"自己国家的留学生"和"其他国家的留学生"的留学生高达 48.22%和 28.5%。因此,高校一方面应该加强对留学生开展思想教育工作,让他们意识到多参加集体活动、融入国际学生集体的重要性,同时也要鼓励和引导中国学生多与留学生打交道,作为东道主多为留学生提供力所能及的帮助;另一方面也要在活动设计本身上下功夫,应该思考开展哪一类的活动更能够调动中外学生的积极性,吸引他们积极参与、深度参与,达到深度融合的目的。

3. 来华留学生思想教育效果有限

对于来华留学生要不要开展思想教育的问题,长期以来还存在一些争论。有观点认为,留学生没必要进行思想教育,以免落人口实,觉得我们是进行政治意识形态灌输,担心被一些别有用心的人认为是对留学生"洗脑"。需要明确的是,对留学生开展的思想教育并不等同于思想政治教育,也区别于中国学生的思想政治教育。本研究认为,来华留学生思想教育是非常必要的,留学生中本科生比例占绝大多数,这个阶段的大学生们正处于世界观、人生观、价值观的形

---

① 袁海萍.高校中外学生融合式培养模式探究——以上海财经大学为例[J]. 新课程研究旬刊,2016(2):38-40.

成阶段,非常有必要开展思想教育。在留学生日常教育管理中,我们也发现很多留学生存在学习动机不强、学习不积极、生活不规律、心理健康状况差等问题,甚至有少数留学生在道德素质方面存在问题。这些都可以通过入耳、入脑的思想教育进行引导。之所以要对留学生开展思想教育,还有一个原因,那就是在当前中外学生融合趋同培养的背景下,中外学生之间的交流交往日渐普遍,来华留学生的思想素质状况对我国大学生也能够带来积极或者消极的影响。因此,来华留学生思想教育工作应该成为留学生教育工作的重要环节,做好这项工作,是保证教学、加强管理、促进校园和谐稳定、培养更多的优秀外国留学生人才的必要措施。对来华留学生的思想教育,不是有些人概念中对中国学生开展的政治思想教育,而应当是一种体现中国特色,又能为多数国家和各种社会普遍接受的包含法制教育、道德教育、中国文化、历史和国情介绍等为主要内容的思想教育。来华留学生思想教育中的中国文化、历史和国情教育尤其值得重视,这部分是体现中国特色的来华留学生教育的重要内容。

有必要向高校来华留学生开展思想教育的另外一个原因是,当前国际舆论格局依然是西强我弱,西方主要媒体左右着世界舆论,关于中国的负面舆论依然不少,"中国威胁论""中国不负责任论""中国搭便车论""中国失败论""中国崩溃论"等奇谈怪论不绝于耳。一些西方媒体利用各种机会对中国进行丑化和污蔑,很多留学生在没来中国之前对中国有很多偏见,而这些都是在其所在国的新闻舆论中了解到的。因此,向来华留学生客观地介绍中国的历史文化和国情,是我国对外宣传工作的重要组成部分。习近平总书记多次提出要向世界"讲好中国故事,传播中国声音""向世界展现真实、立体、全面的中国,提高国家文化软实力和中华文化影响力"。我们认为留学生思想教育中的这部分内容可以发挥留学生"贯通中外"的巨大优势,可以呈几何倍数地向各国传递真实的中国形象,也是塑造正面国家形象、提升国家软实力的需要,可以达到良好的公共外交的效果,对西方国家在意识形态领域的歪曲和渗透有一定程度的正本清源的作用。

当前,高校对来华留学生思想教育的开展情况并不深入,我国高校来华留学生教育大多还处在扩大规模的阶段,对来华留学生教育管理以满足基本学习生活要求为主,以安全稳定为第一要务,基本目标是确保稳定,普遍对留学生的思想教育关注不够,既有认为重要但是有心无力的情况,又有从根本上就不太重视的情况。由于思想教育不像其他事务性工作有明确的时间节点和考核指标,更进一步弱化了思想教育的实际实施效果。在当前普遍实施二级院系管理的背景下,高校专职留学生辅导员或班主任队伍建设严重滞后,高校很少按照学院或者年级设置专职留学生辅导员,很多辅导员的工作重心主要侧重在中国学生,对待留学生是有事情、有需要才会进行处理。同时,来华留学生由于住宿、上课都比较分散,很难成整班建制,导致即使有辅导员或者留学生管理人员愿意做留学生思想教育工作也比较难开展,最多就是一个学期1~2次班会或年级留学生大会,主要以强调安全和考试纪律为主。总体而言,高校来华留学生思想教育存在重视不够、队伍建设不齐备、思想教育措施和方法单一等多方面的问题,导致高校留学生思想教育几乎形同虚设。这也在一定程度上导致一些留学生学习散漫,难以按时毕业,或者生活习惯很不规律,健康状况堪忧,也有很多学生对中国、对学校缺乏基本的认同感和感恩之心,其中不乏享受着中国公费奖学金的留学生。随着我国来华留学生教育规模的不断扩大和国际化程度的不断深化,高校应该充分重视来华留学生思想教育的保障作用,让来华留学生健康成长和成才,同时又能够起到培养知华、爱华、友校的国际友人的作用。

二、高校来华留学生教育管理难题的深层次追因

在前面一节,我们从文化(C)、环境(E)、人(P)和管理(M)四个方面对当前高校来华留学生教育管理的现状和存在的问题进行了梳理,可以发现当前我国高校来华留学生教育总体质量还不容乐观。来华留学生教育质量的整体提升有赖于高校国际竞争力、教学水平、管理服务能力等多方面的综合提升,而留学

满意度则涉及社会环境、生活条件等多方面的综合因素。我们提出的当前我国来华留学生教育管理存在的问题,是现象层面的内容,我们有必要对其背后的深层次原因进行归纳分析,以便更深入地开展来华留学生教育管理工作。本节内容将对当前我国高校来华留学生教育管理存在的问题的深层次原因进行分析,分析将遵循四个维度:一是全球化视野下的文化维度,全球化进程进一步加剧了文化之间的交流,同时也更容易让不同文化之间的个体意识到文化差异,进而加速文化冲突的程度和频度;二是大学治理与国际化的维度,中国大学治理和国际化发展较之西方国家历史要短,因而还不够完善,在应对迅猛发展的来华留学生大潮时还显得不够得心应手;三是留学生教育中的主体因素(人的因素)维度,无论历史的、文化的因素,还是人的因素,始终是教育发展的核心要素和内因,也是最核心的考察因素之一;四是移动互联网对留学生教育管理带来的利与弊的维度,核心观点就是互联网对留学生教育管理带来了便利,但同时也带来了人与人之间的隔离,一定程度上造成了管理中的温度与亲近感的缺失。总体而言,本节主要是从文化、历史以及文化与历史中的人的视角展开追因分析。

(一)全球化视野下的文化差异与冲突之维

留学生来自不同的国家和不同的文化背景,他们之间的文化差异以及可能引起的文化冲突是高校来华留学生教育管理面临的最大难题,也是中国学生教育管理和来华留学生教育管理中的最大区别之一。了解文化差异的普遍性,以及全球化趋势对文化差异可能带来的新形态——文化冲突,对于高校来华留学生教育管理中提高文化敏感力以及提高来华留学生管理水平,是非常有益的。

文化的多样性是世界文化的普遍特征之一,在世界上各类文化形态中,是很难找出两种一样的文化的。文化模式理论由当代美国著名文化人类学家本尼迪克特提出,她指出在人类社会中,任何一个种群都只能在多种多样的人类行为模式中选择其中一个部分,并由此形成对自身所在社会有价值的生产方式、生活方式、风俗、礼仪等,这种选择就共同构成了某一个特定种群的文化模式。因此每个族群或者社会都有区别于其他族群或社会的显著文化特质,而社会成员的行为则体现了这些特质。关于文化多样性,西方学术界普遍较为认同多元文化主义,强调对不同种群的文化的独立性和各自特点的尊重和认同,多元文化主义还从学术观点走向政治舞台,成为诸如澳大利亚、加拿大等国家奉为国家文化政策。尽管多元文化主义也面临着各种批评,但是它反映的世界文化的多样性特征是确凿无疑的。世界各国的多样化文化,或者说多元文化,已经成为世界人民的广泛共识。联合国教科文组织在国际专家小组报告中曾用"多元文化的星球"来描述人类文化的多元起源和发展,其含义是指人类文化的多元起源、文化发展和多元未来。应该承认,融合了当前和未来世界发展的文化多元化发展的现实已成为不争的事实。

文化或文明之间的差异,必然导致出现摩擦和矛盾,有矛盾必然有冲突。文化或者文明之间的冲突古已有之,不仅发生在国家之间,也发生在国家内部的不同文化或文明之间。几乎所有人都有一定程度的文化本位主义或者文化中心主义的倾向,都会觉得自己的文化让自己更习惯,自己也理所当然地认为自己的文化会比异文化要好。戴维·莱文森曾经指出,种族中心主义几乎人人都会有,"在许多文化中,人们往往以固定的积极术语来描述他们自己文化的信仰、习惯和行为,而以固定的消极术语来描述其他文化的习惯与信仰"[①],或许用文化本位主义或种族中心主义这样的术语来描述略显严重,然而这种文化偏见或者"文化优越感"是极其正常的人类心理感受。

留学生教育的迅猛发展是伴随着高等教育国际化趋势发展而发展的,而高等教育国际化是全球化趋势在教育领域的表现,因此,在全球化视野下,对文化冲突的探讨显得非常应当且必要。全球化对文化或者文明的影响是毋庸置疑的。马克思和恩格斯在《共产党宣言》中对经济全球化引起的经济以及精神文化生产的变化进行了预言:"资产阶级,由于开拓了世界市场,使一切国家的生

---

① Levinson D,Ember M,Inc. H R A F. Encyclopedia of cultural anthropology[J]. Journal of the Royal Anthropological Institute,1996,3.

产和消费都成为世界性的了。……过去那种地方的和民族的自给自足和闭关自守状态，被各民族的各方面的互相往来和各方面的互相依赖所代替了。物质的生产是如此，精神的生产也是如此。各民族的精神产品成了公共的财产。民族的片面性和无限性日益成为不可能，于是由许多种民族的和地方的文学形成了一种世界的文学。"①必须承认，以资本的全球扩张为驱动力的全球化趋势带动了交通工具、通信工具、信息媒介等的快速发展，不同文明或文化之间的沟通和交流增多了，有了交流就有了比较和融合，不同文化之间可以找到更多的共同点，不同国家、民族和地区之间的共同利益和一致性越来越多，形成了某些人强调的"全球文化"。

这一切似乎看起来很美好、和谐，然而现实情况却没那么简单。文化本身就是一个很复杂的系统，按照文化层次论的说法，文化最表层的是物化形态，处于中间层的是制度形态，而处于核心层的则是意识、观念、思想、道德、风俗等。随着全球化趋势的发展和扩张，西方资本主义国家的文化已经由各种媒介输入到发展中国家，我们可以看到人们的饮食、服装、音乐甚至语言都"西方化"或者"全球化"了，这导致了福山的新的世界主义即将实现的错觉，他因此提出了"历史终结论"。但是这都是文化的表象层次，而文化的深层次内容则不是那么容易改变的。

各个国家、民族、种族都有一些人士开始担忧本土文化受到全球化的冲击和威胁，他们开始了保护本土文化的行动，一些国家或者地区出现了反全球化的趋势，即曼纽尔·卡斯特所说的"抗拒性认同"②，也有学者称之为针对全球化的"排他性的反叛"情绪，即重新强调种族和社群的认同感和合法权利的"承认政治""身份政治"和"多元文化主义"，而这种情绪的极端，甚至带来了一系列激进的恐怖主义活动。还有一种就是种族主义的文明进化观，认为一个文明一定是由血缘关系产生的联合体，如美国有的白人认为非白人移民已经对美国的历

---

① 马克思恩格斯选集：第二卷［M］.北京：人民出版社，1995：276.
② 曼纽尔·卡斯特.认同的力量［M］.曹荣湘，译.北京：社会科学文献出版社，2006：6-7.

史文化认同传统构成了威胁，而纯正血统的美国白人有被次等民族吞噬的危险。[①]

因此，在全球化趋势深入社会生活各个角落的今天，不同程度的文明冲突一定是客观存在的。不同民族和国家之间文化、文明、宗教的摩擦、碰撞乃至冲突，已经成为影响世界稳定的重要因素。文化冲突与冷战时期的意识形态冲突不同，它体现着人生观、世界观、价值观等精神层面的差异，它根植于人的精神世界，能直接影响人的思维和行为方式。文化因素对全球化的重要性，可以用汤姆林的论述来表述："全球化处于现代文化的中心地位；文化实践处于全球化的中心地位……我们这个时代所经历的、由全球化所描绘的巨大的转型式进程，除非从文化的概念性词汇入手，否则就很难得到恰如其分的理解。"[②]哈佛大学政治学教授亨廷顿因此于 1996 年发表了著名的"文明冲突论"，他强调冷战后世界的根本冲突不是经济的，也不是意识形态的，而是源自文化和文明，不同民族和种群之间的文明冲突将成为未来的主要战场。尽管各国学界、政界对他的观点有赞同也有批判，但是他所强调的宗教信仰、文化传统在全球化脉络下的冲突，其警示意义不可忽视。

王鉴和万明刚（2004）有关全球化多元文化发展关系的三个观点非常值得借鉴，他们认为全球化不等于一体化，它既强调同质化的一面，同时也不排除异质性；全球化是文化之间的合作与交流的过程，是文化同质化和异质化的互动过程，不是一种文化同化另一种文化的过程；民族文化由于面对全球化的冲击和挑战，各民族国家面临着社会转型和民族文化转型，同时也面临着文化机制之间的冲突和民族文化失落的问题，因此现代社会的民族体普遍患有"文化乡愁"的病症。[③] 因此，在全球化时代，不同的文化主体的民族认同和文化认同越来越复杂化和多样化。也有学者指出，民族认同换句话说就是"民族认异"，是

---

① 转引自苏国勋. 从社会学视角看"文明冲突论"[J]. 社会学研究，2004（03）：21-29.
② 约翰·汤姆林森. 全球化与文化[M]. 南京：南京大学出版社，2002：1.
③ 王鉴，万明钢. 多元文化与民族认同[J]. 广西民族研究，2004（02）：21-28.

一个民族确定自己不同于别的民族的差异或他性(张汝伦,2001)。[①]

在全球化时代,人与人的交流变得更加便捷,交流空间无限扩展,文化的敏感神经更容易被挑动,因此文化冲突也加剧了,很多冲突与宗教或文化冲突相关,有学者指出,全球化的另一种可怖的景象展露无遗:越来越多的人强调绝对差异以表现自我、排斥他者,越来越多的人在文化压力下失去自我或走向暴力(单波和肖珺,2015)。[②] 正如弗朗西斯·福山所概括的:"在当代世界,我们看到一种奇怪的双重现象:一边是普世的大同世界的胜利,一边是各民族依然存在;一方面现代经济和技术以及理性认可作为世界唯一的统治合法性基础的理念在普及,使人类不断同化,另一方面到处都在重新确定(至少在政治层面上)抵制这种最终会强化人民和民族之间隔绝的文化价值。"[③]应该承认,在全球化大行其道的今天,民族认同和本土文化认同仍然是非常顽固的力量,与全球化同时存在着。

关于全球化时代文化冲突的话题似乎讨论得过于严重,然而文化差异和文化冲突的客观存在不容忽视。大学是社会的晴雨表,社会的政治、经济、文化各方面的变化都会反映到校园里来。来华留学生们来自世界各国,每个人都附带着相对根深蒂固的民族文化、宗教信仰、风俗习惯和政治偏好,正是由于来自不同国家、不同民族、不同文化的留学生个体之间的文化差异的存在,以及可能的文化冲突,他们看待事物的视角,对教学、生活各方面的要求也可能不同,这就对留学生教育管理提出了人性化服务、差异化服务等多方面的要求,这也是来华留学生教育管理与中国学生不同的地方,而这些都会影响来华留学生教育的整体满意度的情况。而现实中的留学生教育管理,由于文化差异导致的摩擦和冲突,在师生之间、留学生之间、中外学生之间,几乎天天在不同程度地上演着。

① 张汝伦. 经济全球化和文化认同[J]. 哲学研究,2001(02):17-24.
② 单波,肖珺. 文化冲突与跨文化传播[M]. 北京:社会科学文献出版社,2015.
③ 福山. 历史的终结及最后之人[M]. 北京:中国社会科学出版社,2003:276.

（二）大学治理与国际化之维

造成当前高校来华留学生教育发展问题和困境的因素有很多，高校自身的发展水平则是非常关键的因素之一。高校发展所包括的内容十分广泛，本部分选取与留学生教育管理联系较为紧密的大学治理结构和高校国际化水平两个方面进行追因。

1. 大学章程和大学治理结构的视角

相较于西方国家的大学，我国大学普遍具有发展历史短、积淀不深厚的先天不足的特点。在大学治理结构方面，国外很多大学，尤其是欧美名校，经过数百年的发展，已经建立相当完善的内部治理结构。首先，制定了大学章程，并以之为大学的基本法，确保按照章程执行。大学章程是大学办学的纲领性文件，是高校治校的"基本法"。它是大学联系政府、社会，以及大学依法自主办学、民主管理和履行大学职能的基本准则，是构建现代大学制度的重要载体，是法治精神在大学治理中的具体体现。德国的大学既是国家机构，也是社团法人，任何大学在申请和获得教育机构许可时必须制定好大学的"基本法"，即大学章程，如1737年成立的德国哥廷根大学哲学院的章程指出："所有教授，只要不涉及损害宗教、国家和道德的学说，都应享有教学和思想自由这种责任攸关的权利。"[1]该章程是德国大学史上的里程碑，它第一次在法律意义上明确申明了学术自由原则。英国的管理规则体系就包括了三部分内容：一是明确大学独立法人地位的宪章，由英国皇家枢密院授予；二是明确大学治理结构的章程，由各大学拟定，报枢密院审批生效；三是对章程进行阐述和解释的条例，如英国伦敦大学学院的主要管理规则就包括学校章程和管理条例（刘绪和赵显通，2016）。[2]美国章程由特许状演变而来，殖民地时期建立的私立大学的章程就源自于殖民地议会或英国王室颁发的特许状，新中国成立后成立的大学的章程的法律效力

---

[1] 引自马陆亭.大学章程地位与要素的国际比较[J].教育研究，2009(06):69-76.
[2] 刘绪，赵显通.英国大学内部治理结构探析——以伦敦大学学院为例[J].世界教育信息，2016(15):21-25.

则来自各州的法律法规。国外大学章程对学校的治理结构进行了详细的说明和界定，主要包括：大学的外部治理结构，主要指大学和国家、社会的关系；大学的内部治理结构，包括决策治理机构和学术治理结构等；此外还对大学校长的权利、章程的制定和修订程序等进行了规定。

相较于国外大学章程，我国大学章程起步较晚，虽然我国 1995 年的《中华人民共和国教育法》和 1998 年的《中华人民共和国高等教育法》都规定了大学设立的法律依据是大学章程，并要求各高校尽快发布大学章程，然而我国第一部大学章程一直到 2006 年才由吉林大学发布，到 2010 年《国家中长期教育改革和发展规划纲要》强调："学校要建立符合法律规定、体现自身特色的学校章程和制度"，要"依照章程规定管理学校"。[①] 之后各高校的大学章程发布开始提速，2013 年教育部核准发布了首批 6 所高校的大学章程，到目前几乎所有大学都发布了大学章程。然而，对比国外大学，我国大学章程自身以及高校内部治理结构的完善还存在很多不足。首先，大学章程的法律地位不够明晰，具体实现程度也大打折扣，我国大学章程基本属于"事后补办"，一方面不能与上位法《中华人民共和国教育法》和《中华人民共和国高等教育法》冲突，要满足上级考核和学校评估的要求，同时又不能与学校现存的规章制度过多抵触，因此很多大学章程普遍是完成任务，条款相对空洞，可操作性条款缺乏（张苏彤，2010）。[②]其次，国外大学章程基本明确了大学与政府、社会的关系，并规定了大学外部人员以及校友参与大学事务的权利、参与方式、参与名额等，能够确保社会各界、企业、校友参与学校的事务。相比而言，中国的大学章程普遍都明确了大学办学自主权，但是在大学与政府、社会之间的关系的具体规定相对要少一些。再

① ①中共中央，国务院. 国家中长期教育改革和发展规划纲要（2010—2020 年）[A/OL]. (2010-07-08)[2024-01-01]. https://www.gov.cn/jrzg/2010—07/29/content_1667143.htm#:～:text=％E9％AB％98％E4％B8％BE％E4％B8％AD％E5％9B％BD％E7％89％B9％E8％89％B2％E7％A4％BE％E4％BC％9A，％E8％AE％BE％E4％BA％BA％E5％8A％9B％E8％B5％84％E6％BA％90％E5％BC％BA％E5％9B％BD％E3％80％82.

② 张苏彤. 大学章程的国际比较：来自中美两国六校的样本[J]. 中国高教研究，2010(10)：54-59.

次,在学校决策机制和决策程序上,国外普遍有董事会或者理事会,对多元利益主体如何参与决策都有明确规定,如英国伦敦大学学院的章程和管理条例明确规定了内部治理结构和各构成主体的责任与权利,在伦敦大学学院最高权力和决策机构理事会的 20 名成员中,有半数以上的人员是校外人员,学生成员占10％,在学生的奖励、申诉等方面,《大学纪律守则和处分程序》中都进行了明确规定(刘绪、赵显通,2016)。[①] 在德国亚琛工业大学,大学评议会是其组织结构的最高机构,由 13 个教授代表、4 个科学工作人员代表、2 个非科学工作人员代表、4 个学生代表组成。学生代表如果与教授代表的意见不同,可以向州文化教育部提出申诉,确保学生的利益诉求(李慧琳和张营广,2014)。[②] 而在我国是党委领导下的校长负责制,相对而言,决策主体比较单一,尤其是校外人员、学生参与较少,学生的权益保护和申诉机制不够健全。此外,在大学校长拥有的权力方面,国外大学普遍拥有的权力包括代表权、决策权、行政权、筹款权等,国外大学校长尤其在作为大学与社会、政府的纽带以及为大学筹款等方面发挥重大作用,相对而言,我国大学校长则在行政权力的实施方面花费时间较多。中外大学在大学章程和治理结构方面还有其他差异,这里不再赘述。

经过国内外大学章程和大学治理结构的梳理和比较,可以发现我国的大学章程和治理结构都还不够完善,我国高等教育依然是行政色彩比较浓厚,以公立高校为主,主要依靠政府财政拨款,因此学校的办学自主权依然难以真正完全得到落实。在留学生教育方面,虽然招生、管理权限已经下放到高校,但是留学生教育依然是政府宏观调控和主导,高校的自主性依然不够充分,也一定程度上导致了留学生教育管理整体水平难以快速提升。同时,在高校治理中,学校利益相关者参与高校治理的广度和深度还远远不够,涉及来华留学生教育管理同样如此,一方面,外部的社会、企业等参与留学生教育管理的机制不够完

---

① 刘绪,赵显通.英国大学内部治理结构探析——以伦敦大学学院为例[J].世界教育信息,2016(15):21-25.

② 李慧琳,张营广.趋同管理背景下高校来华留学生思想教育问题探析[J].思想教育研究,2014(11):98-100.

善,参与也不够积极,校内的教师和中外学生参与学校决策的制度保障也不够完善。有学者指出,我国大治理的内在逻辑是从"人治"到"法治",再到"善治",而这其中主要的变化就是要强调依法治校以及多元利益主体参与治校,保障学术自由、民主参与,做到以人为本,实现公共利益最大化(史利平,2015)。① 在来华留学生教育中,不断完善和健全大学章程和相应制度,实施依法治校,强调大学的外部参与,以及留学生的参与机制和权益保护机制的健全,对留学生教育管理都会形成直接的正向影响,有利于来华留学生教育质量的提升。

2. 高校的国际化因素

来华留学生教育是高校国际化程度重要衡量指标之一,同样高校国际化的程度也对来华留学生教育的规模和质量构成直接影响。高校的国际化是国家高等教育国际化发展的主要组成部分。大学教育的国际化基因可以追溯到古希腊时代,中世纪大学追求知识的普遍性,强调一切学问都应该是全球性的,当时跨国的"游教"和"游学"之风盛行;从 16 世纪上半叶开始,随着欧洲宗教革命,形成各种教派,继而由于民族国家的边界存在,学术基本从属于教派和地方势力;18 世纪到第二次世界大战前,教育交流开始频繁起来,主要是从殖民宗主国向殖民地国家输出教育模式;"二战"以后,尤其是冷战结束,全球化时代开始到来,各国都意识到高等教育的国际化在政治、经济、文化领域的重要价值,尤其是对教育产业化的经济利益的追逐,以及对国际化人才的渴望,高等学校国际化趋势遂一发不可收。

学界对大学国际化的界定主要从四个方面来进行:一是活动方法层面,包括课程的改革、人员的国际交流、国际技术援助和合作研究等;二是能力方法层面,即注重培养一种学生、教师及雇员的国际化态度和知识、技能等;三是精神气质方法层面,主要侧重于大学的国际化的精神气质或者文化氛围的营造;四是过程方法层面,将国际化看作是将国际的维度和观念融入高等学校的各种主

---

① 史利平.大学治理的内在逻辑及其生态构建——从人治、法治到善治的历史演变[J].大学教育科学,2015,5(05):26-29.

要功能中的过程(陈学飞,2004)。① 以上几个方面,基本涵盖了高校国际化的主要内容,我们认为高校的国际化水平对来华留学生教育的影响主要体现在高校的国际化氛围(含配套服务设施)、高校的综合实力(含国际影响力)、高校的课程、师资及学术研究等方面的国际化程度,这些都是高校国际化的具体表现,它们直接影响来华留学生对留学目的学校的选择以及来华留学生留学期间的学习、生活、社会交往等方面的适应程度等。

相较于美国、英国、德国、日本、澳大利亚等经济发达国家,我国高等教育国际化起步较晚,在改革开放前,高等教育国际化发展缓慢,在改革开放后,邓小平提出了"教育要面向现代化,面向世界,面向未来"的重要指示,伴随着我国综合国力的迅速提升,中国加入了世界经济贸易组织等大型国际或区域组织,中国在国际事务中发挥着越来越重要的作用,中国高等教育国际化工作取得了不少成效,进程也明显加快,相关的资源投入也在不断加大。师资和学生的国际交流日益频繁,来华留学生规模发展迅猛。高校的中外合作项目也越来越多,也有高校尝试到国外开设分校,如厦门大学马来西亚分校也于 2016 年招收首届本科生。很多高校在全英语课程、双语课程、国际师资授课等课程与教学方面成效显著,一些高校开始探索建立国际实习实践基地,如笔者所在的上海财经大学就联合上海糖酒集团、澳大利亚玛纳森食品集团共同成立了上海财大·上海糖酒集团海外实习基地项目,该基地会定期向上海财经大学在校生开放短期实习的岗位,由上海糖酒集团和上海财经大学共同组织部分在校生前往澳大利亚参加为期 6 个月的海外带薪实习。此外,在我国高校的国际排名方面,近几年也有较大进步,按照 2015 年 9 月发布的 2015/2016 的 QS 世界大学排名,中国大陆有 7 所大学入选世界前 200 名,其中清华大学排名第 25 名,位居亚洲第三;此外,复旦大学和上海交通大学也进入全球百强,复旦大学排名第 51 名,

---

① 陈学飞.关于高等教育国际化的若干基本问题[C]//北京高校引进国外智力工作文集.2004:13-15.

上海交通大学排名第 70 名。2016 年 8 月 15 日发布的上海软科世界大学学术排名(ARWU,前身为上海交通大学世界大学学术排名)①,中国内地有 41 所大学入围全球前 500 名,其中清华大学和北京大学首次进入全球百强,排名分别位于第 58 名和第 71 名,此外浙江大学、上海交通大学、复旦大学、中国科学技术大学的排名也处于世界 101~105 名之间。周群英等(2010)选取全球 41 个国家和地区 1999 年、2002 年、2006 年三年的高等教育国际竞争力指标进行了实证研究,研究指标包括投入、创新、结构、国际声誉四个基本要素以及教育机会和相关支持行业两个辅助要素,研究结果表明中国高等教育的国际竞争力有明显提升,从 1999 年的第 26 名升至 2006 年的第 22 名,但是与高等教育强国差距还较大。②

应该承认,我国高等教育国际化进入 21 世纪后得到了较快的发展,但是可以发现,在已经取得较大进展的方面主要是可操作性较强的部分,如国际人员交流、国际课程、院校国际合作等,我们可以称之为高校国际化的硬性或显性部分,这部分内容往往相对容易开展,并且有明确的量化指标,尽管对比国际一流高校还尚有距离,但是也取得了明显进步;而在国际化氛围营造、教师和管理人员的国际化意识和服务意识的提升、国际化校园文化的建设、高校和社会的支持性服务的国际化等方面发展则相对较为滞后,这些方面是高校国际化的软性或隐性部分,由于其相对不易量化,在教育主管部门进行考核和评估时,也很难考核,因此高校还无暇顾及,导致发展较为缓慢。但是这些方面同样是影响来华留学生留学选择、留学适应以及留学满意度的重要因素,也正是这些方面建设的迟缓和滞后,在某种程度上造成了我国高校留学生教育管理的困境。

---

① 上海交通大学世界一流大学研究中心的 ARWU 世界大学学术排名、美国国际教育研究机构 Quacquarelli Symonds 发布的 QS 世界大学排名以及英国泰晤士高等教育发布的 THE 世界大学排名是世界公认的最有影响力的三大世界大学排名。

② 周群英,徐宏毅,胡绍元.高等教育国际竞争力比较研究[J].武汉理工大学学报(社会科学版),2010,23(6):903-908.

（三）高校教师与留学生的非理性行为倾向之维

高校来华留学生教育管理的总体质量如何，教师和留学生作为其中的主体因素，是最核心的因素。按照马克思主义辩证法的观点，任何事物的发展都是内因和外因共同作用的结果，其中外因是事物变化发展的条件，而内因则是事物发展的根据。在高校来华留学生教育中，环境、文化等因素都只是外部因素，而人的因素才是留学生教育管理工作中的内在因素，直接影响着留学生教育管理的效果。按照跨文化适应理论，个体的跨文化能力和个体态度共同影响着跨文化的适应程度，具体到来华留学生教育管理中，便是指教师和留学生的能力和态度。本章第一节对教师和学生的能力现状进行了探讨，当前课程教师、留管人员和留学生都不同程度地存在语言、文化和技能储备的能力缺位，我们认为这是造成当前来华留学生教育管理困境的客观原因，而教师与留学生的主观态度则是造成当前来华留学生教育管理难题的主观原因，我们认为还存在着一种非理性的行为倾向，下面将具体阐述。

1. 教师的非理性行为

在教育活动中，人的因素是主体因素，也是影响教学管理效果的最直接因素，我们认为高校教师和留学生在具体留学生教育管理的过程中存在一定程度的非理性倾向，这也是导致高校留学生教育管理存在这样或那样难题的关键原因。

当前，高校教师在来华留学生教育中存在不同程度的功利化和非理性的倾向，这里说的留学生教育管理的教师，既包括授课教师，也包括学校、院系及涉及留学生管理的留学生管理人员。高校是社会的组成部分，也是社会的晴雨表，社会上的各种风气都会在学校里得到反映，因此，高校教师在留学生教育中的功利化和非理性倾向，是社会及高校功利化和非理性倾向在留学生教学和管理过程中的反映。

有学者在关于教育的善的本质的思考文章指出，教育的善分为实用价值和本体价值，其中，实用价值是指"它能够为人们获得社会地位提供支持"，而其本体价值则体现在"它能够对人的整体发展的促进尤其是理智发展的促进上,这种善乃是一种智慧的善"。① 留学生教育是教育的一种具体表现形式,其最终目的还是培养人,实现留学生个体的发展和个人的完善。因此,就要求教师在对留学生的教学、管理、服务的过程中做到以人为本,全心投入,从留学生的实际需求出发,做好教学、管理和服务工作,实现教育的真正价值。

然而,伴随着市场经济的迅猛发展,工具理性的思维也日益大行其道,教育领域出现了日益严重的功利化倾向。所谓"工具理性",就是要"通过实践的途径确认工具(手段)的有用性而追求事物的最大功效","它追求最佳的手段和效率,无孔不入地渗透到个体思维的潜意识里,从而从心理层面主宰个体的行为"。按照杜威的观点,"工具理性指导下的功利主义教育要实现的目的和价值,不是在教育之中,而是在教育之外"②。当今的高等教育除了受工具主义理性引导外,还受到功利主义哲学思想的影响,"哲学意义上,功利主义是以实际功效或利益作为道德标准的伦理学说,认为个人利益是唯一的现实利益。社会利益只是一种抽象,它不过是个人利益的综合"③。当社会上功利主义、拜金主义、唯经济主义浪潮大行其道时,学校教育也逐渐迷失了方向,成为过于重视工具理性的功利主义教育,即雅斯贝尔斯所说的"失真"的教育。日本著名思想家池田大作甚至认为在现代技术文明社会中,教育已成为"实利的下贱侍女"和"追逐欲望的工具"④,也正如黑格尔指出的,当代教育的沉疴在于"太忙碌于现实,太鹜驰于外界"⑤。

在高等教育功利化的环境下,高校教师在留学生教育管理中呈现出一种非理性的倾向。虽然,工具价值和功利主义本身也是理性行为和理性选择的一

① 王洪才. 教育是何种善——对教育善的本质的思考[J]. 探索与争鸣,2011(5):1-3.

② 张兴峰. 教育功利化现象审视:工具理性的视角[J]. 教育发展研究,2008(21):26-28.

③ 柯佑祥. 理性主义、功利主义对现代高等教育发展的影响[J]. 高等教育研究,2008(3):13-18.

④ 汤因比,池田大作. 展望 21 世纪——汤因比与池田大作对话录[M]. 北京:国际文化出版公司,1985:60-61.

⑤ 转引自鲁洁. 教育的返本归真——德育之根基所在[J]. 华东师范大学学报(教育科学版),2001,19(4):1-6.

种,但是教育功利化本身是对教育善的本质的一种违背,同时身处其中的教师对留学生教育的政治、经济、文化以及外交方面的重要意义的选择性忽略,是对个体利益的重视和对社会、集体利益的轻视,因此,我们倾向于认为这是一种教育管理中的非理性行为。按照来华留学生教育的国家、学校、学生三个层次划分,如果说国家和学校的留学教育战略是上层理性的表现,留学生带着个人发展、获得学位的目标而选择来华留学是下层理性的表现,那么负责留学生具体教育、管理和服务的教师及管理人员则属于中间层面,他们在工具理性和功利主义影响下的非理性行为,我们可以尝试创造一个新词,即留学生教育管理的"中间理性"的缺失,即中间操作层面的非理性。

一般而言,在留学生教育管理中教师层面的非理性行为,主要有以下三个方面的表现:一是未能充分意识到来华留学生教育的重要性,或者意识到了,但是不够重视。来华留学生教育在政治、经济、文化、外交、高等教育等方面都有重要意义。然而,高校教师在教学和管理过程中,往往更多关注的是自己科研工作的达标情况,或者教学工作量完成的容易程度,而管理人员则以方便、简单的管理为主,不要给自己太多麻烦,也倾向于不过多地去关心、了解学生,对留学生教育在国家、在学校层面的重要性关注较少,或者是选择性忽视。二是高校教育对教学工作的重视程度不够。在当前重科研轻教学的形势下,高校教师普遍面临较大的科研压力,往往更倾向于多做科研项目或者发表科研论文,取得更大的个人收益,而真正用心教学的师资严重不足。来华留学生课堂教育对教师的耐心、教学技巧有更高的要求,而现实中高校教师普遍存在重科研轻教学的情况,对教学不够重视,也导致了留学生对教师教学满意度的下降。三是高校教师在留学生教育管理中,对来华留学生的人文关怀不够。对来华留学生的人文关怀主要体现在尊重留学生,尊重文化差异,用跨文化的同理心去对待留学生,与留学生多沟通多交流,为留学生提供好的教学和服务。然而,在与留学生访谈的过程中,也常常听到老师的诉苦和留学生的诉苦,一些老师反映"招那么多留学生干什么呀,基础好差,汉语也不好,成绩也跟不上,上课进度都慢了……",甚至有的老师表示不愿意带有留学生的班级,也有少数留学生反映,老师上课速度很快,不会考虑留学生的情况,对有的留学生问的问题不太耐烦,觉得"太简单了",甚至有个别留学生反映,第一次上课的时候,老师让留学生退课,认为留学生会跟不上班级进度。虽然这不是普遍情况,但是在笔者多年留学生教育管理实践经历中也曾多次碰到这样的情况,留学生基本都是插班上课,他们本身的文化基础、汉语水平确实差异很大,为高校教学管理带来了一些难题,但是高校教师这样的行为,也确实给留学生带来了非常不好的印象。

总体而言,高校教师个体的态度因素是造成他们在来华留学生教育管理过程中出现非理性行为或者缺失"中间理性"的最主要的原因。态度决定行为,对来华留学教育的态度、对来华留学生的态度、对教学管理工作本身的态度,直接决定了留学生教学、管理、服务工作的质量,也直接影响来华留学生的留学满意度,以及留学生是否愿意介绍亲戚、朋友继续来华留学。

2. 留学生的非理性行为

在高校来华留学生教育管理中,留学生本身同样也存在非理性行为。来华留学生教育管理的总体效果欠佳,或者留学生学习效果不理想,可以找出很多方面的因素,如老师教学的问题、学校管理的问题、生活配套服务的问题等,但是这些原因都是客观存在的,而且是外在原因,对留学生的学习生活构成的只是外在因素的影响,而留学生自身的内在原因则是留学生教育管理质量最关键的原因。我们发现来华留学生有大量的非理性的心理和学习行为的存在,正如有研究表明,"教师所实施的教育对象(学生)并非是理性人,他们中的相当一部分人存在着比较严重的非理性学习心理,而且这种非理性心理随时空的变化而变化,随各种外界环境因素之变化而变化,并且具有很强的互动性,会在动态中不断变异和发展"①。来华留学生同样如此,他们也存在非理性的学习心理,有的留学生是父母帮自己选择来华学习的,或者因为在本国上不了好的大

---

① 李士金.学生非理性学习心理分析[J].心理科学,2005,28(4):989-990.

学才选择来中国留学的,来华学习的目的性不够明晰、学习动机不够强烈,自然学习态度也会因此大打折扣。也有的同学是由于来到中国后因为生活适应和文化适应问题,引发心理问题,进而影响学习;有的留学生则是由于自控力不强,学习状态经常出现波动等,一些留学生由于父母不在身边,缺少管束,经常出去泡酒吧或者玩游戏,疏于学习。类似情况在留学生中并不少见,这些都属于留学生学习生活中的非理性行为。每个留学生个体都是非常复杂微妙的学习主体,其非理性心理和行为也会因时因事随时发生波动,会给留学生教育管理带来随时可能出现的难题。此外,就留学生群体的年龄阶段来看,留学生们尤其是本科生,年龄都不太大,心理和心智不够成熟,在自控和自律方面有所欠缺。因此,高校在来华留学生教育管理中,要充分考虑到留学生在学习和生活中的非理性心理和行为,以及随时可能出现的波动和变化,提前做好预防,确保留学生管理的顺利运行。

上文我们对来华留学生教育管理中的师生双方行为的非理性倾向进行了分析,由于教师行为受工具理性的影响以及留学生自身学习动机和态度方面的原因,一定会导致师生之间的交往行为的减少。哈贝马斯针对工具理性,提出了"交往行为"的应对策略,他指出交往行为服从必须遵守的有效性规范,这种规范规定了相关的行为期待,并必须至少被两个以上的行为主体所理解和认可。他因此指出以语言形式进行交往活动的主要内容应归结为"对建立在特定观念和原则的有效性的共同理解之上的和谐共处"[①]。他还提出了语言交往行为的三个有效性要求,包括真实性、真诚性和正确性。我们认为正是由于工具理性等因素的影响,当前师生之间符合哈贝马斯所言的针对工具理性行为的交往行为很少,导致了留学生教育管理质量的困境的出现。

（四）互联网在来华留学生教育管理中的利弊之维

互联网时代是我们这个时代最有代表性的时代背景,本部分将探讨互联网

---

① 杨芳. 论哈贝马斯"交往理性"的当代价值[J]. 贵州社会科学,2007,216(12):123-127.

在留学生教育管理中的运用,并分析其利弊。我们的核心观点是互联网为留学生教育管理带来了便利,但是同时也带来了隔膜和困境,即从某种程度而言,来华留学生教育管理中运用互联网开展工作也造成了其自身的困境,这似乎成为一种悖论性的存在。

当今社会已经成为名副其实的网络社会,网络科技的普及速度要快于历史上任何一种新科技的普及速度。网络已经成为人们生活中不可或缺的一部分,它既是一种工具,但是同时又构成了我们的生活环境,改变了人们的交往方式、沟通方式和工作方式。互联网对人类社会的影响,应该没有什么词语比"双刃剑"更合适了。笔者在一篇研究文章中这样描述互联网对人们的影响:"互联网给人们生活带来便捷性、丰富性、创造性等积极影响的同时,其消极影响不容忽视,如在提供海量信息的同时也出现了信息负担(information overload);在信息唾手可得的同时也束缚了人们主动辨别、搜寻信息的能力;在方便网络使用者的同时,也一定程度上淡化了人们的道德责任等"[①]。在互联网时代,人人都是麦克风,人人都是传声筒,信息传播速度之快前所未有。但是从跨文化的视角而言,互联网的普及拓宽了人们的视野,让不同国家、民族和文化群体的人们之间交流和沟通更快、更便捷,然而,也是它的快速和便捷,让文化差异乃至一些文化冲突事件被迅速传播和放大。好事不出门,坏事传千里,这是传播学的一个简单规律。一些涉及宗教、种族方面的冲突事件正是从互联网开始酝酿和发酵的,并迅速造成事态升级。

对于高校留学生教育管理而言,互联网工具的使用确实让很多方面事半功倍,节省了大量的人力、物力。随着移动互联网的迅猛发展,互联网在学生管理、教学、生活信息系统建设、各类信息发布和通知告知、师生联系与沟通、网络平台宣传等各个方面发挥了巨大的便利。但是,在来华留学生教育管理中,互联网在带来了大量的网络视频和文字的同时也带来了其他的一些问题,如对学

---

① 袁海萍. 国外青年互联网行为研究及借鉴[J]. 青年研究,2016(1):84-93.

生注意力的吸引和分散的问题、学生之间传播信息的内容不可控问题、信息传播范围无限大的问题，以及文化冲突等事件的迅速酝酿和升级的问题。在一些高校发生的由于文化差异带来的冲突事件中，留学生容易利用网络迅速召集一个国家的同学或者朋友，或者通过网络发表偏激的、煽动性的言论，这都给高校的突发事件处理增加了可控性方面的难度。

互联网给高校留学生教育管理带来的另外一个问题就是教育管理方式的转变。我们认为，当前高校留学生教育管理，尤其是课堂外的留学生教育管理，已经由传统的面对面的、有温度的、有感情交流的师生现场沟通为主，转化为基于互联网的不见面或少见面的、冷冰冰的、情感交流少的师生网络交流为主的管理方式，虽然这样说有些绝对，但是这种倾向是客观存在的。人是有感情的，当人们面对面进行沟通和交流的时候，能够体会到彼此的情感，能够增进双方的友谊和感情，而人一旦建立感情后，很多事情办起来往往容易很多。对于来华留学生教育同样如此，根据一些文献资料显示，在我国来华留学生教育发展的早期，由于留学生数量少，以及对留学工作的高度重视，往往一对一为留学生安排老师或者同学，他们甚至是同吃同住，长期的交往建立了深厚的感情，这样留学生对中国、对学校的感情一定是非常深厚的。在互联网未普及之前也是如此，高校留学生教育管理工作基本通过面对面开展，师生之间的交流机会较多，相处也更为融洽，老师对学生也非常了解，这样开展教育管理工作效果很好。然而，在互联网时代留学生教育管理中，留管人员和学生主要通过网络进行沟通，微信、QQ、邮箱、网站等都提供了大量的便利，但是师生之间面对面的沟通则越来越少了，有什么事情发一条消息就可以了。但是，由于缺乏面对面的交流和沟通，师生之间的感情越来越淡，相互之间的了解也越来越少，教育管理效果自然大打折扣，试想坦诚相待、苦口婆心的面对面的思想教育如果通过发一条信息来达成，其效果估计是微乎其微的。当前高校无论是留学生教育管理，还是中国学生的教育管理，都存在这个问题，大量使用线上方式开展工作，减少或忽视了线下的面对面的工作，造成了师生之间感情淡漠、学生的归属感不强、教师对学生的学习生活动态掌握不够等诸多问题，并进一步造成了辅导员或者管理人员对学生的影响力下降，思想教育效果弱化等多种问题。

这也是高校传统学生工作的守成与创新的问题，对于那些传统的好的方式，我们应该守成，而那些不好的方式则应该结合时代需要进行创新，值得我们深入思考。综上，我们认为，当前高校留学生教育管理中互联网的大量运用，从某种程度上是造成当前留学生教育管理的难题与困境的原因之一。

通过对来华留学生教育管理中存在问题的梳理以及对其背后深层原因的分析，有利于我们对当前来华留学生教育管理的现状有较为清晰的了解，也为有针对性地构建来华留学生教育管理策略打下了坚实的现实基础。

第四章

高校来华留学生教育管理难题的破解理路

在对来华留学生教育管理存在的难题及其原因进行分析之后，本章将呈现如何破解这些难题的思路。需要指出的是，本书是在跨文化理论视域下对来华留学生教育管理工作的现实观照，跨文化有两个层次的含义：一层是作为背景要素，在高等教育国际化浪潮迅猛发展的今天，跨文化首先是作为来华留学生教育的一种文化背景存在，我们需要在跨文化的背景下考虑教学管理中涉及的各类跨文化因素，以跨文化的视角来思考和处理来华留学生教育管理中的相关问题；另一层含义是跨文化作为一种理论因素，具有具体的方法论指导意义，为来华留学生教育管理提供理论指导，指导留学生教育实践工作的开展。由于来华留学生工作包含的环节和内容很多，而跨文化理论只是众多与留学生教育关联紧密的理论之一，不可能用一个跨文化理论罩住所有留学生教育管理的范围，而主要是基于跨文化理论视角的破解思路解决来华留学生教育管理中存在的部分问题，因此，本章主要的破解思路将以跨文化理论为主，但是提出的破解思路并不完全局限于跨文化理论。

本章是在跨文化的大理论背景下开展的构思，将首先对来华留学生教育管理的目标指向和操作中的具体原则进行阐述，其中也渗透进了相当程度的跨文化的视角；之后将仍旧按照研究确立的 CEPM 四要素分析模型（文化、环境、师生、管理）来构建高校来华留学生教育管理的破解思路，研究最终落脚于高校对来华留学生的教育管理上,最终的破解理路也主要从文化、环境、师生、教育管理四大核心要素出发构建相应的破解思路和对策,这部分内容也是本研究具有现实指导意义的部分。

一、高校来华留学生教育管理的目标和原则

(一)高校来华留学生教育管理的目标

高校来华留学生教育管理的目标是留学生教育管理在社会实践中希望达到的境地或标准,在做任何事之前,需要确立明晰的目标。按照管理学的观点,目标必须纵观全局、层次清楚,既要有可靠的现实基础,又要便于衡量和操作。目标具有层次性,从不同的角度可以有不同的目标,如按照等级层次,可以分为最高目标、中级目标和最低目标;根据具体涉及的内容,将按照内容板块进行划分,设立不同内容的目标;还可以根据时间长短分为长期目标、中期和短期目标。由于来华留学生教育涉及面较广,涵盖了从微观层面的中外学生和中观层面的高校,乃至到宏观层面的社会、国家和世界等,故我们将来华留学生教育管理的目标从宏观、中观到微观三个层面进行阐述。

首先,高校来华留学生教育宏观层面的目标,是基于国家和社会层面来考量的,需要考虑到留学生教育本身的政治、经济、文化、教育等多方面的价值和利益。高校来华留学生教育是我国一项重要的国家战略,高校应该通过高质量的来华留学生教育管理,服务高校"双一流"建设和国家的整体发展战略。具体而言,就是要致力于将我国发展成为留学生教育大国和强国,以纳天下英才而育之的胸怀,将留学生们培养成为国际化的、一流的专业人才和管理人才,促进国际交流与合作,增进各国留学生对中国的了解和感情,以广大留学生为桥梁,发展我国与世界各国的友好合作关系;传播中国文化,减少和消弭国际上对中国的误会、曲解甚至恶语中伤,树立良好的国际形象,增强国家软实力,为国家发展营造良好的国际环境;大力发展国际教育贸易,进一步完善和优化来华留学服务质量,拓展和健全留学配套支持,实现来华留学生教育的经济价值;发挥来华留学教育的人力资源优

势,进一步健全和完善外国人在华工作和居留政策与制度,让留学生教育为我国的人力资源强国和创新型国家的建设提供优秀人才支持;此外,通过来华留学生教育,促进多样化文化、社会生态的形成,提升国家和社会的国际化水平。

其次,高校层面的目标,构成了来华留学生教育管理的中观目标。来华留学生教育是高校国际化工作的重要考核指标和构成部分,也是高校实现"双一流"建设目标,发展成为世界知名学校的重要抓手。高校要通过来华留学生教育,提高学校教学、管理、服务的质量,促进学校校园软硬件建设,丰富留学生辅助服务项目,满足留学生的多样化、多层次的需要,提高高校整体的国际化水平;同时,留学生毕业后奔赴世界各地,成为高校宝贵的国际化校友资源,为高校树立良好的国际口碑、更深层次拓展国际合作等。

再次,留学生层面的目标,则是来华留学生培养的微观目标。从留学生层面而言,来华留学生教育管理的最终目标就是人才培养。具体来说,可以包括以下几个方面:在学习方面,高校通过提供优质的第一课堂和第二课堂教学,向来华留学生传授学业知识,帮助他们以优异的成绩完成学业,获得毕业证书和学位证书。这也是来华留学生来华学习最主要的目标。在生活方面,高校通过完善校园硬件建设,丰富留学生辅助服务项目,为来华留学生提供让他们满意的生活服务和帮助,确保他们在住宿、餐饮、娱乐等各方面都有较高的满意度;在思想方面,通过积极引导,做好全员、全过程育人工作,培养思想积极向上、道德品质优秀的留学生,同时也要增进他们对中国的了解和亲近感,培养知华、友华的留学生;在心理适应方面,高校应该为有需要的来华留学生提供心理方面的咨询和服务,确保留学生的心理健康;在文化适应方面,高校应该帮助留学生实现跨文化适应,引导和组织来华留学生群体形成积极、健康、向上的留学生群体文化,引导中外学生共同建设国际化校园文化。

（二）高校来华留学生教育管理的原则

1. 尊重差异、包容多样的原则

在跨文化背景下,对来华留学生的教育管理,尊重差异、包容多样的原则是首要原则。文化的差异性和多样性是来华留学生群体的首要特征,直接决定着留学生教育管理的模式和具体策略。联合国《世界人权宣言》第一条就宣称"所有的人在尊严和权利方面生来就是自由和平等的",萨默瓦和波特在《跨文化传播》一书中对跨文化的道德原则也进行了强调,其中就包括要尊重个人价值,在交流中双方都应该保持尊重,还提出要认识差别的合理性,同时也要注意寻找人际间和文化间的相似性。他们指出,真正成功地为跨文化交流做出贡献的,往往是相似性和非差异性。人类在很多方面都存在共同之处,有一些共有的价值观,也有一些共有的交流准则等,比如"己所不欲,勿施于人"就是一个很好的例子,虽然语出《论语》,然而在很多国家的文化中都有类似的表达。尊重和承认差异,做到求同存异,这才是一个"完整而诚实的跨文化道德"(萨默瓦和波特语)①,只有这样,我们才能更好地评价在跨文化交流过程中自己的行为产生的影响,并且对他人更加宽容。

在来华留学生教育管理中,尊重差异、包容多样的原则,是对来华留学生教育管理涉及的所有人而言的,包括与留学生教育管理相关的所有老师和管理人员,也包括所有中外学生。只有克服文化偏见、民族中心主义、刻板印象等多方面的不利于进行跨文化交流的因素,才能在开放、包容、相互尊重的文化氛围下开展来华留学生教育管理工作。

2. 趋同化与差异化相结合的原则

高校在来华留学生教育管理中,应该坚持趋同化和差异化相结合的原则,二者并不相悖。趋同化是指在教学管理的各个环节照章办事,对规则和程序统一,确保公平公正;而留学生教育管理的差异化则是根据各国留学生的文化差异,在具体操作中适当考虑文化风俗、生活习惯、学生生源学习基础的特殊性,是在趋同化前提下的人文关怀的表现。

留学生教育管理中实现趋同化管理是各国培养学历留学生的通行做法。

---

① 萨默瓦,波特,闵惠泉.跨文化传播[M].北京:中国人民大学出版社,2004:354-360.

有学者指出,趋同教学管理是"对外国留学生教学环节上趋向于与中国学生相同的管理,是比照教学本身的含义和国外对留学生教育所采用的通行方式而对留学生教学管理的模式"(夏青,2010)。① 留学生教育管理中之所以提趋同化,说明了在留学生教育发展历程中,有一个从不同到逐步趋同的过程。在 20 世纪 50 年代,我国开始招收来华留学生,一直到改革开放以前,留学生都被当作外宾,所有事务都由教育部和外交部负责,这个时期基本是完全隔离、分开的教育管理;到了 20 世纪 80 年代以后,由于留学生招生和管理自主权的逐步下放,也随着来华留学生数量的增多,高校才开始逐步实施留学生趋同教育。留学生教育管理的趋同化,不仅指中外学生之间的趋同,也包括留学生之间的趋同,这就给高校留学生的生源质量控制、学籍管理、教学管理、日常管理等方面的规范化提出了更多、更高的要求。

当然,留学生教育管理中的差异化原则,主要是针对高校中外学生之间以及来华留学生之间存在国别差异、文化差异、文化基础差异等多方面的不同,进而在教育管理中做到差异化考虑,体现人文关怀和因材施教。在教学管理中实现差异化,就是我们常说的"因材施教",因材施教是孔子教学的一大特色,朱熹对孔子施教的注释是:"圣贤施教,各因其材。小以小成,大以大成,无弃人也。"②在来华留学生教育管理中,差异化管理就是要体现灵活原则和人文关怀,要承认留学生之间的差异,允许差异的存在,同时也要根据学生的差异和长处进行培养。差异化培养与教育公平并不相悖,留学生的教育公平,不是平均主义,不是僵化的铁板一块,而是为学生提供内容不同的平等机会。在教育部、公安部和外交部于 2000 年颁布的《高等学校接受外国留学生管理规定》(9 号令)第五章中,就体现了差异化管理的精神。《规定》指出:"高等学校应当根据学校统一的教学计划安排外国留学生的学习,并结合外国留学生的心理和文化特点开展教育教学活动。在确保教学质量的前提下,可以适当调整外国留学生的必

---

① 夏青. 对来华学历留学生实施"趋同教学管理"模式的思考[J]. 教育探索,2010(9):72-73.
② 朱熹. 四书章句集注·论语集注 (卷十三)[M]. 北京:中华书局,1983:362.

修和选修课程。"①在具体操作过程中,不少高校对留学生培养方案、课程设置、教学辅导方面也都作了灵活处理。

需要指出的是,来华留学生教育管理差异化原则,是在趋同化原则下开展的,它体现在留学生教学、管理、服务的各个环节中,是确保来华留学生顺利学习、生活,顺利毕业的重要条件之一,它也与来华留学生教育柔性管理有颇多共通之处。柔性管理最开始从企业界开始实施,它强调以人为本和人性化,"重视发挥管理中柔性要求的功能,即价值导向功能、信念支持功能、情感凝聚功能来实现管理目标"②。

对留学生实现差异化管理,也就是坚持以我为主、以学生为本,在严格要求的同时照顾到学生的个体差异性,在学习和生活管理中,对于规章制度严格贯彻执行,不搞特殊化,但是在涉及学生的具体困难时,也尽可能地帮助他们。在留学生教育管理中实现差异化管理,就要求高校教师和管理人员既要有丰富的知识储备和教学管理技能,同时也要能够充分了解不同学生的差异,还要有耐心、热情的工作态度,愿意从学生的角度出发。换言之,要有能力和态度两方面的准备,才能较好地实现针对留学生的差异化教学管理。

高校来华留学生教育管理中的差异化原则,还可以有另外一个意思,那就是根据留学生的学历层次、所在年级来实行差异化教育管理。因为来华留学生在不同的阶段可能面临不同的困难,有不同的需求,而且同一层次学生的需求也大致相同。这种差异化,主要体现在第二课堂的活动中,以本科生为例,在大学一年级尤其是第一学期,主要以跨文化适应、语言类适应的活动为主,而在之后则主要是为留学生提供学习方面的辅导和帮助,到了大学三四年级,则可以

---

① 教育部,外交部,公安部. 高等学校接受外国留学生管理规定[A/OL]. (2000-01-31)[2024-01-01]. http://www.moe.gov.cn/srcsite/A02/s5911/moe_621/200001/t20000131_81859.html#:~:text=%E6%95%99%E8%82%B2%E9%83%A8%E3%80%81%E5%A4%96%E4%BA%A4%E9%83%A8%E3%80%81,%E7%A4%BE%E4%BC%9A%E7%AE%A1%E7%90%86%E7%AD%89%E4%BA%8B%E9%A1%B9%E3%80%82.

② 张铤. 论高校"量化—柔性"学生管理新模式的构建[J]. 黑龙江高教研究,2009(2):29-31.

开展一些生涯规划、就业指导方面的课程，尤其在大学四年级还可以为留学生提供一些毕业论文写作指导方面的辅导课程等。对于研究生阶段的留学生，则主要以学术研究、论文写作方面的辅导为主。要结合来华留学生的实际需要，为他们提供真正需要的帮助，这也是差异化教学管理的一种体现。

　　3. 完善外部驱动力与激发内部驱动力相结合的原则

　　在留学生教育管理中，应该对来华留学生实行外部驱动和内部驱动相结合的原则。所谓留学生学习生活的外部驱动力，主要来自制度设计的规范和规约的力量，实现制度管人，体现依法、依规管理的原则，主要从奖励和惩罚两个方面体现外部驱动力。激发留学生外部驱动力可能涉及的制度包括日常的教学、住宿、生活方面的管理规章，以及根据规章实施的奖励和惩罚措施，如留学生教学生活中的全勤奖、优秀学生奖学金、优秀毕业生荣誉称号等，通常有物质和精神两个方面的激励；而惩罚方面则是根据相关规章制度对留学生实施的警告或惩罚措施。有的留学生因缺勤次数过多，或成绩绩点太低，或者参与打架斗殴等，高校可能采取处分、劝退、开除等惩罚措施。这些都构成了高校留学生留学期间的外部驱动力，其中最主要的环节，就是相应规章制度的健全，实现有规可依以及严格做到照章管理，切实做到依规办事。

　　外部驱动在来华留学生教育管理中的使用，是各高校采取的常规做法，然而，外部驱动也存在诸多局限，最主要的局限就是容易形成习惯，学生对外部激励的兴奋度会随着频率和次数的增多而渐次减弱，同时一旦奖励或者惩罚停止，则驱动作用也随时消失。因此，激发来华留学生内部驱动力就显得非常关键。外部驱动一般是客观的、外在的驱动，而内部驱动力则主要是主观的、内在的驱动力。根据美国著名趋势专家丹尼尔·平克在其著作《驱动力》中的观点，在当今世界，"胡萝卜加大棒"的外部激励措施已经不是激励人的最好办法，他认为要激发积极性、焕发工作热情的驱动力三大要素包括自主、专精和目的，他所强调的正是内部驱动力的重要性。[①]

内部驱动力主要作用于个体的心理因素,包括需要、动机、情感、兴趣、直觉等。Deci 和 Ryan(2002)的自我决定理论指出,只有个体的基本心理需求得到满足,良好的组织和社会环境才能促使个体将外在激励因素转化为内在动机,进而驱动个体工作和创新的行为。[②] 这里所说的"转化为内在动机",也就是形成促进行为的内在驱动力。之所以要激发内部驱动力,主要是由于我们每个个体内在的非理性因素的客观存在,这些非理性因素就包括情感、意志、直觉、动机、需要等,这些内在的、非理性的因素,在人类的认识和行为中具有推动、选择、调控、创造等积极作用。对于人的非理性因素的重要作用,很多学者都曾经强调过,著名心理学家汤姆金斯曾经指出,人的行为的内驱力信息需要由一种放大的媒介去激化主体行动,而起到这种放大作用的就是情感这种非理性因素。[③] 马克思也曾经指出:"人是一个有激情的存在物,激情和热情是人强烈追求自己对象的本质力量。"[④]恩格斯也强调了内在行动力转化对于行为的决定作用,他指出:"对个别人来说,他的行动和一切动力,都一定要通过他的头脑,一定要转变为他的动机,才能使他行动起来。"[⑤]人类的非理性的情感因素是非常复杂、随时变动的综合体,可以分为积极的和消极的两类,要充分发挥主体积极情感的作用、抑制消极情感的作用。

在来华留学生教育管理中,要高度重视对留学生内部驱动力的激发,内部驱动力才是真正促使留学生努力学习、健康向上的长久动力。高校要注重对来华留学生内部不同强度和品质的情感的选择和整合,使之成为留学生学习生活

① 平克,龚怡屏. 驱动力:Drive[M]. 北京:中国人民大学出版社,2012:9.

② Ryan R M,Deci E L. Overview of self-determination theory:An organismic-dialectical perspective[J]. 2002:3-33.

③ 赵东海,牛婷. 论非理性因素在认识中的作用[J]. 内蒙古大学学报(人文社会科学版),2000(3):11-17.

④ 中共中央马恩列斯编译局编. 马克思恩格斯全集第 42 卷[M]. 北京:人民出版社出版,1965:169.

⑤ 中共中央马恩列斯编译局编. 马克思恩格斯全集第 21 卷[M]. 北京:人民出版社出版,1965:345.

的稳定内驱力量,同时也要注意回避、抑制那些妨碍留学生顺利学习生活的情感因素和心理,例如,影响跨文化交流的心理如民族中心主义、刻板印象等,就应该通过开展教育和引导加以回避,确保留学生良好的学习生活状态。同时,激发留学生内驱力,有利于激发留学生的参与意识,推动来华留学生自我管理的积极性。

高校激发来华留学生的内部驱动力,是提升来华留学生整体教育质量的内在要求。当前,高校对来华留学生学习生活内部驱动力激发的实践探索还比较少,缺乏对留学生心理、情感等因素的关注和影响。对来华留学生内部驱动力的激发,高校可以通过多渠道开展工作,不仅包括直接或间接的思想教育、榜样影响、前景的描述等直接或间接的思想教育方式,同时还包括能够激发内部驱动力组织机构的设置、制度环境的设置、物理环境的设置等,激发学生的学习兴趣、学习动机、学习内在需要,甚至还包括设置一定的学习压力,以适当的压力激发动力,有研究者指出:“学校教育中应该创造出这样一种氛围,即向学生提供低威胁、中度和高度挑战的连续不断的学习任务,可以激发起学生学习力。”①

4. 抓学习和抓思想相结合的原则

在来华留学生教育管理中,抓留学生的学习是中心任务,是确保留学生顺利完成学业、按时毕业的必然要求,思想教育则是确保留学生良好的学习态度和动机、健康的生活态度以及正确的中国观的保障,是具有方向性引领和保障作用的环节,可以说二者都是来华留学生教育管理工作的中心工作。

高校通过建章立制、动态了解、提供辅导等多个层面努力,来促进来华留学生的学习。在规章制度层面,通过完善入学考核标准,录取优质生源,把好入口关,不断完善符合留学生的培养方案和教学计划、毕业要求等,并要根据留学生的情况适当调整;而在留学生具体学习的过程中,要做好动态了解工作,通过听课与任课老师交流、查阅成绩、班委摸排具体情况等多种方式,了解学生的学习

---

① 谷力.激发学习内外驱动力的策略谈[J].上海教育科研,2011(2):77.

情况,并随时采取相应措施,促进他们的学习成绩进步;对于跟不上教学进度的留学生,或者留学生普遍难度较大的课程,如数学类课程,可以安排中国学生志愿者进行一对一辅导,人数多的话,可以进行小班集中辅导。

来华留学生思想教育,与中国学生思想教育有同有异。对来华留学生进行日常思想教育、心理健康教育、道德教育等内容,与中国学生是一样的,是全世界各国学生思想教育中共通的部分;同时,在来华留学生思想教育上还要开展中国国情教育、中国历史文化教育等内容,这方面的教育也非常重要,是对来华留学生讲好中国故事、传播中国声音的重要内容,也是留学生教育的政治、外交功能的体现,在当前世界上很多国家还对中国的国情、世情存在误解甚至是歪曲的情况下,对来华留学生客观介绍中国的历史、文化和国情是非常必要的,也是来华留学生思想教育的重要组成部分。在这方面,要勇于开展教育,注意方式方法,不强求,但是也要积极影响,目的是培养知华、爱华的国际友人。

5. 第一课堂和第二课堂相结合的原则

第一课堂与第二课堂相结合,是所有大学生包括来华留学生教育的重要原则。第一课堂主要指的是课堂教学,以直接灌输为主;第二课堂教学是第一课堂的延续和补充。与第一课堂相比,第二课堂具有实践性、开放性、灵活多样性等特征,能够兼顾直接教育和间接教育这两种教育方式,第二课堂尤其具有以隐性教育达到思想教育目标的特点。第二课堂教育是"以育人为宗旨,培训学生的基本技能和提高学生的综合素质为重点,以丰富的资源和空间为载体来展开系列的开放性活动。"①在来华留学生教育管理中,第一课堂是任务式的,是必须开展的,而相比而言,第二课堂教育还存在很多不足,比如第二课堂体系结构不科学、组织机制不健全、考核效果欠缺等。

高校应该在进一步推进留学生第一课堂教学质量的基础上,重点发展留学生第二课堂教学。第二课堂教学对于留学生而言,意义非常重要,因为留学生

① 李同果. 高校第二课堂活动课程体系探讨[J]. 教育评论,2009(2):74-76.

会比中国学生面临更多的学习、生活、心理、文化、社会交往等方面的适应问题，而第二课堂的开放性、灵活多样性的特征，更适合帮助来华留学生尽快适应留学所在地的学习和生活。通过有针对性地开展第二课堂教学，可以帮助留学生将课堂所学运用于课外实践，同时能够让他们结识更多的朋友、了解中国历史文化等。留学生第二课堂建设主要从以下几个方面出发：首先，要通过制度设计，为第二课堂教学提供制度保障，包括将第二课堂学分化、模块化、体系化，要通过第二课堂学分的形式促进留学生积极参与；留学生第二课堂教学体系可以分为专业相关活动、语言文化类活动、国际学生联谊活动等多个模块，要通过科学设计，形成一个门类齐全、特色凸显的活动体系，还要注重内容型和思想性的结合，在每一次活动中都应该融入思想教育的目标于其中。其次，要健全组织机制，在学校、学院层面要有相应的部门和专人管理留学生第二课堂活动，主要包括留学生办公室、学校和学院团委等；在学生层面要有学生会、社团联、志愿者部等机构，负责活动的组织和具体开展。再次，要有留学生第二课堂评估机制，要从学校、学生的层面对每次活动的具体效果进行评估，并不断改进和完善，打造留学生第二课堂的精品项目。要通过第二课堂教学，充分实现中外学生之间、外国学生之间的融合，以活动促融合，提升各国学生的跨文化沟通能力、国际理解能力和包容能力，提升国际视野。

二、树立融合的间性文化观

开展来华留学生教育管理，认识和了解来华留学生的特征是前提，其中，跨文化和文化差异特征是最为明显的特征，来华留学生教育管理首先是具有跨文化特征的一种管理。因此，我们首先要从文化的维度来探索如何破解来华留学生教育管理难题。本部分将结合跨文化相关理论，对来华留学生群体文化特征进行分析，并在此基础上阐明来华留学生教育管理应该树立的文化观——间性文化观，最后一部分，将以讲好中国故事和传播中国声音为主题，探索如何开展留学生中国国情、中国历史文化的教育。

（一）理解来华留学生群体文化

从跨文化的视角对来华留学生教育管理问题进行思考和探讨,首先应该对来华留学生的文化特征进行解读。跨文化交流的基础,应该起始于正确、客观地认识自己的文化以及处于沟通对方的文化。对于来华留学生教育管理而言,我们既要熟悉了解、客观对待中国文化,同时也要了解留学生群体文化特征。理解留学生的文化特点,有利于理解和预测留学生的行为动机和方式,更有效地进行留学生教育管理。结合本书第二章关于文化内涵和特征的阐述,对照来华留学生的具体特点,我们可以对来华留学生的文化特征解读如下:

（1）留学生的文化特征既包括个体文化特征,又包括群体文化特征。

（2）就个体而言,每个留学生都受到本国文化、中国文化以及学习生活中碰到的其他留学生的国家文化的影响,如果按照对留学生本身的影响程度而言,这几类文化对留学生的影响力呈现依次递减特征。首先,本国文化作为已经根深蒂固的东西,是所谓"心灵的程序""习惯反应模式系统",留学生的生活习惯、价值观等主要还是受其所在国的文化影响。正如费孝通先生指出的:"个人作为一个生物体,是在既定的文化里边长起来的,一切离不开自己所属的文化。"①其次就是中国文化的影响,因为留学生来到中国,接触最多的还是中国的语言文化、风俗习惯等,因此不可避免地会受到中国文化的影响,有些留学生经过几年的学习,能够熟练地使用汉语甚至方言,会烧中国菜,甚至能够理解中国式的幽默等。此外,就是来自其他留学生国家文化的影响,留学生之间在学习、生活中的交往非常频繁,各国留学生所带有的文化,很可能相互影响。

（3）留学生群体自身,本来就可以形成一种文化,即留学生群体文化,他们都身处异乡,都面临着学习、生活适应方面的问题,他们经常一起学习、生活,也能够形成一些带有留学生群体特质的特点。在中国学习期间,在某个特定空间的留学生们,他们可能会形成自身独特的文化特征,如他们的生活习惯、社会交

---

① 费孝通.全球化与文化自觉[M].北京:外语教学与研究出版社,2013:60.

往、价值观念等。

（4）无论是个体还是群体，留学生的文化都是动态的、变动的。费孝通先生曾指出："文化本身是变化的，不会永远复制上一代的老框框，如果文化内容已经不能适应客观的变化，文化里边就会出现新的东西，会出现变化和创新。新的个体进入社会，个人的创造被接受，从某种程度上说，也就是创造文化的过程。"①留学生到一个新的环境，或者认识一个新的朋友，其个体文化都可能在某种程度上发生变化。这种变化，作为留学生群体而言，可能是长期形成的，也会持续下去，但是对个别留学生而言，可能是短期的、暂时的，有的学生回国后就又恢复到原来的状态中去了。这种文化具有时间和空间上的暂时性，它可能是留学生们在中国学习期间形成的，而去了别的国家，或者离开中国以后，这种文化可能会消失，也可能还存在。

作为高校留学生教育管理者，一方面要注意留学生整体文化的形态，以及因为时间推移、留学生群体的变化带来的整体文化的变化，要留心留学生群体文化可能对个体学生带来的不好影响；同时作为管理者，也要避免带着"刻板印象""偏见"来看待留学生整体文化。

（二）树立融合的间性文化观

来华留学生教育中，对于多种文化共存的情况，应该采取何种文化观，是指导留学生教育管理的重要问题。我们可以从学者们对于一个国家如何处理多种族矛盾问题提出的理论中得到一些启示。一种是"熔炉论"（theory of melting pot），是由法裔美国学者爱克托·圣约翰·克雷夫科尔提出的，他认为美国将来自不同民族的人融化成为一个新的人种——美国人。"熔炉论"得到了很多人的认可和赞同，该理论实质就是文化"同化论"，即外来族群一定会全盘接受主流族群的文化，最后达到文化认同和社会融合的目的。该理论也受到了不少批评，批评者认为个人和族群的关系不是那么容易改变的，美国既然是民主

---

① 费孝通. 全球化与文化自觉［M］. 北京：外语教学与研究出版社，2013：60.

的,那应该各民族独立自主。之后卡伦提出了"文化多元论"(cultural plural-ism),该理论承认不同社会集团和不同种族之间享有保持"差别"的权利,与美国宪法和独立宣言中的平等思想是一致的。随着 20 世纪 60 年代欧美民权运动的兴起,"文化多元论"越来越被民权主义者青睐,用来谋求与主流种群和文化平等的经济、政治和文化权益。加拿大、澳大利亚、瑞典、英国、法国等许多国家先后将"多元文化"政策纳为国家处理文化多元问题的国策,加拿大还在内阁增设了"多元文化部长"。后来美国也摈弃了"熔炉论",取而代之的是很多人称为多元文化、多元种族的"沙拉拼盘",实质上也是多元文化政策。1995 年,联合国教科文组织在澳大利亚召开的"全球文化多样性大会"上将"多元文化"内涵总结为:多元化包含各族群平等享有"文化认同权、社会公平权以及经济利益需求"。① 当然,多元文化论也受到了很多批评,批评包括:认为"多元文化主义"过于强调各族群的差异和权利,容易造成种群冲突,是一种新种族主义;多元文化是一种乌托邦,将错综复杂的社会文化简单化为"文化问题",幻想通过"文化展示"消除事实上来自生存竞争的种群之间的矛盾;多元文化容易将一些落后的、迷信的反科学、伪科学行为披上文化的外衣,否认文化有先进和落后之分等。

通过对历史上关于多种文化如何共存的"熔炉论"和"多元文化论",可以发现二者各自都存在的缺陷。在来华留学生教育管理中,应该秉持什么样的文化观呢?值得采纳的是一种融合的间性文化观,它既是一种融合的文化观,又是一种间性文化观。

首先,要倡导文化的融合。文化的融合是相对于文化冲突而言的,它是指"异质文化之间相互接触、彼此交流、不断创新和融会贯通的过程。融合体现了在互补和互惠关系中寻求平衡的倾向,是文化发展演进过程的必然步骤"②。文化冲突和文化融合在文化发展过程中是既对立、又统一的关系。文化冲突既是文化融合的一个阶段,又是文化融合的一种途径和方式。文化的融合不是"合二而一"形成

---

① 引自李明欢."多元文化"论争世纪回眸[J]. 社会学研究,2001(3):99-105.

② 陈平. 多元文化的冲突与融合[J]. 东北师大学报:哲学社会科学版,2004(1):35-40.

另外一种单一文化,而是要赋予原有文化各自以生命力和发展动力,并实现相互间的良性互动。文化的融合应该包括物质层面、制度层面和精神层面,精神层面才是文化融合的核心。在人类历史上,文化的融合是文化发展和演进的主流,正如马林诺斯基在《文化动态论》(*The Dynamics of Culture Change*)一书中表述的一个观点,认为人类必须有一个共同一致的利益,文化才能通过交流而融合。正是差异文化之间的同一性和相似性,才促进了不同文化的的和谐和融合。

其次,要坚持间性文化观。间性文化观来自哈贝马斯的主体间性(inter-subjectivity),西方哲学一直困扰于"主体—客体"的问题之中,传统哲学家往往采用主客分离的主张。哈贝马斯认为,主体形成的社会化实际上是以语言为核心的交往行为,因此,"主体—客体"模式必然能被进行言说与行动的主体与主体之间的相互理解的范式所取代,即强调言说和行动着的"主体间关系"。[①] 文化间性观是西方哲学的主体间性问题在文化领域的一个表现。文化间性观"不是静止的概念,而是一个动态的生成的演绎,是一种多维度的跨文化关系的建构"[②]。间性文化观以辩证的方式统一"差异"和"融合",强调的是不同文化主体间的平等地位,追求一种相互理解、相互适应、相互联结和依存的跨文化关系的建构,通过对话和协商,进而达到意义重组和分享的过程,并非单向的意义输出,该过程是动态的。文化间性可以"提高每一个交流主体在超越自身文化的基础上与其他文化形成互动的能力"[③]。根据刘学蔚的研究,要理解文化间性,就要理解三个要点:一是"延异",即不同文化之间的差异是非静态的、非绝对的,是处于运动之中的;二是关联,就是说要在彼此关联中重新生成意义,而不是作为独立的文化去谈论其本身的意义,要进入他者文化的关联之中;三是融合,即在文化间对

---

① 汪民安. 文化研究关键词[M]. 南京:江苏人民出版社,2007:502.
② 刘学蔚. 文化间性:发展来华留学生教育的跨文化之思[J]. 华中师范大学学报(人文社会科学版),2016,55(1):160-167.
③ 单波. 跨文化传播的问题与可能性[M]. 武汉:武汉大学出版社,2010:248.

话的相互阐释方面,采用辩证融合的方式,摈弃二元对立的思维模式。[①]

因此,我们认为来华留学生教育管理中秉承的文化观应该是"融合的间性文化观",它强调不同留学生个体文化之间的平等,以"和"为逻辑,在承认差异的基础上构建相互间的关联模式和互动交往模式,并构建一种融合的、多元的跨文化关系。不同的文化个体和群体之间互为主体,主体之间通过相互的协商和合作,形成共享的意义和互惠性质的理解,最终寻求的是文化间开放式的融合。融合的间性文化观要求所有的教育管理人员和中外学生克服文化自我中心的偏见,对其他文化采用平等关注和关怀的态度。采用融合的间性文化观,老师和学生们看到的是动态的、多元的"生成观",我们不仅仅要接受和承认文化差异,这是远远不够的,这只是一种静态的"存在观",我们通过融合的间性文化观指导下的跨文化对话和交流,最终形成一种自由、开放、融合、创新的留学生教育管理的文化氛围。而这样的氛围的形成,则更有利于促进来华留学生们的跨文化适应,也更有利于他们在学习、生活中的创新性行为。

(三)讲好中国故事,传播中国声音[②]

"讲好中国故事,传播中国声音"是习近平总书记先后在 2013 年和 2018 年的全国宣传思想工作会议上谈及对外宣传工作时提出的。我们认为对来华留学生讲好中国故事和传播中国声音,是来华留学生教育管理中体现留学生教育的政治、外交价值的必然要求,也是留学生思想教育的组成部分,是塑造和改善中国国家形象、提高中国国家软实力的重要途径。

美国前助理国务卿约瑟夫·奈教授曾经在其著作《软实力:世界政治中的成功之道》中指出:"成功不仅取决于谁的军队赢得胜利,而且取决于谁的故事赢得胜利。"[③]中国特色的大国外交,需要更有利的国家形象和更强的软实力为

---

① 刘学蔚. 文化间性:发展来华留学生教育的跨文化之思[J]. 华中师范大学学报(人文社会科学版),2016,55(1):160-167.

② 袁海萍. 刍议高校向来华留学生讲好中国故事[J]. 新课程研究旬刊,2016(12):20-22.

③ 转引自姚晓东. 如何向世界讲述中国故事—美国媒体国际传播的经验及启示[J]. 江海学刊,2010(6):19.

支撑,向世界讲述精彩的中国故事非常关键,这也是中国对外宣传中非常重要的环节。"讲好中国故事,传播中国声音",这里所说的中国故事,不仅仅是一个文学意义上的概念,它是一个复合概念,包括中国的政治、经济、文化、社会等各个方面。对高校来华留学生所讲述的中国故事,也只是一种特定的表达方式,其实质是针对留学生讲述关于中国的知识文化、历史背景、现实状况等。当前高校在来华留学生教育中,还存在主动意识不强、故事讲述的载体和方法不丰富、知识和技能储备不充分、传播能力有待提高等多种现实问题。高校来华留学生作为高校学生群体的重要组成部分,由于其身份的特殊性,既是高校学生,同时又是国际人士,对他们讲好中国故事具有重要的意义。

1. 深刻理解高校对来华留学生讲好中国故事的重要意义

向来华留学生讲好中国故事,是塑造和改善中国国家形象、提升国家软实力的需要。乔舒亚·库珀·雷默指出:"国家形象对当代中国来说是最为根本的问题,假如把这个问题解决好了,那么许多其他困惑和难题都可以迎刃而解……国家形象在某种意义上将决定中国改革发展的前途和命运。"[①]当前,中国在经济发展、国家治理、人权改善、制度建设等多方面都取得了举世瞩目的成就,然而现实情况是我们的中国故事并没有得到很好的讲述,中国故事与中国现实之间还存在脱节或不匹配。这其中有话语权的问题,有概念范畴的对接问题,也有讲述的路径载体、方式方法等多方面的问题,这已成为中国对外宣传和软实力建设的一大瓶颈。来华留学生们为对外传播提供了一个捷径,通过向他们讲好中国故事、传播来自中国的声音,让他们了解中国历史文化和社会发展,并发挥他们"贯通中外"的巨大优势,可以呈几何倍数地向各国传递真实的中国形象,多渠道来塑造正面国家形象,可以争取到更多的爱华、友华的国际友人,为中国的政治经济发展积累国际人脉支持。

向来华留学生讲好中国故事,是开展公共外交的有效尝试,能够起到良好

---

① 乔舒亚·库珀·雷默. 中国形象:外国学者眼里的中国[M]. 北京:社会科学文献出版社,2006:8.

的外交效果。开展公共外交的目的是改善外国公众对本国的态度，进而影响外国政府对本国的政策。中国公共外交的宗旨是向世界说明真实的中国，向世界说明中国的国情、内外政策、今天的成果和明天的道路、进步和不足，认真回答外国人对中国的兴趣以及怀疑。高校是公共外交的重要主体之一，高校自身具有开展公共外交的优势，高校师生作为精英，作为主体参与公共外交实践，在和留学生的交往中，可以生动地讲述各种中国故事。我国高校留学生数量逐年递增，对大量的来华留学生讲好中国故事，让他们更了解和亲近中国，能够起到良好的公共外交效果。

高校对来华留学生讲好中国故事，对西方国家在意识形态领域对中国的歪曲和渗透具有正本清源的作用。当前随着世界多极化、经济全球化的深入发展，国内经济社会正经历着转轨转型和深刻变革，同时现代传播技术迅猛发展，世界范围内各种思想文化的交流交融交锋更加频繁，在思想领域的意识形态之争仍然激烈。在此背景下，向来自世界各国的留学生们讲好中国故事，向他们客观呈现一个真实的中国，一个社会稳定、经济发展、和谐包容的中国，通过他们进行对外宣传，能够起到以正视听、正本清源的作用。

对来华留学生讲好中国故事，是高校进一步提高留学生教育质量、培养中外学生共同成才的必然要求。向来华留学生讲好中国故事，有利于留学生们顺利实现跨文化适应，尽快适应中国的环境，有利于留学生增进对中国历史、文化、国情的了解，建立亲近感，增进其对国家和学校的感情，有利于高校国际教育水平和国际影响力的提升，同时留学生也能够更快克服文化差异困难，适应在中国的学习生活，也有利于校园环境的安全稳定，有利于中外学生的成长成才。从另一个角度来说，向来华留学生讲好中国故事，是提升中国高等教育国际化程度以及保持中国特色、民族特色的保证之一。

2. 完善构建高校向来华留学生讲好中国故事的内容体系

习近平总书记在全国宣传思想工作会议上对如何引导人们全面客观认识当代中国、宣传阐释中国特色，重点提出要坚持"四个讲清楚"，为高校对来华留学生讲述中国故事提供了具体遵循。

中国悠久的历史和灿烂的文化,是向来华留学生讲述中国故事的历史根基。高校应该立足于中国悠久的历史和灿烂的文化,丰富中国故事的内容体系。高校应该向留学生介绍中国历朝历代的历史发展和曾经的辉煌文明,以及由盛转衰甚至屈辱的鸦片战争和八国联军的侵略。同时,也可以查阅中国历史上与各国交流的历史,根据留学生的来源国进行整理,这样更有利于缩短与留学生的情感距离,激发他们的兴趣。中国的优秀传统文化,内容丰富多彩,包括传统书法、传统美食、武术、中医等,都是中国故事的重要来源。在向留学生讲述历史和文化的过程中,要以中国故事的形式,将其中积淀的中华民族的精神追求讲述清楚,如中华儿女勤劳、勇敢、孝顺、忠义等美好品德,中国人处理人与人、人与社会、人与自然关系的智慧,以及仁者爱人、与人为善、天人合一、自强不息等思想理念,增进留学生们对我们国家和民族的了解,拉近他们的文化和心理距离,同时也能起到道德教育的作用。

中国特色社会主义道路的发展历程和建设成绩,是向来华留学生讲述中国故事的现实主体。中国是由中国共产党领导的社会主义国家,对于中国特色社会主义道路以及中国共产党的领导,长期以来,国外民众因为所接触的媒体和舆论负面宣传的影响,还存在这样那样的误解。来华留学生来自世界各国,应该让他们了解到中国特色社会主义道路的发展以及中国共产党的领导,是符合中国国情的,有着深厚的历史渊源和广泛的现实基础,是创造人民美好生活的必由之路;要用生动的语言向留学生们诠释和传播当代中国的发展理论、道路、制度及理念,中央领导集体的执政理念、执政方略以及核心价值取向;要主动向他们介绍中国的社会主义建设的发展成效,尤其是改革开放以来在社会、经济、民生等各方面取得的重要成绩,如奥运会、世博会的成功召开及“一带一路”倡议、亚洲基础设施投资银行的成立等;向他们宣传中国作为一个负责任大国在国际社会中发挥的巨大作用,如中国成功抵御金融危机、旗帜鲜明地反对恐怖主义、积极促进人权自由等,让他们了解到一个真实、飞速发展、有责任感的中国。

中国壮阔秀美的大好河山和丰富多彩的节日民俗,是向来华留学生讲好中国故事的重要依托。中国拥有大量的旅游资源,这些对留学生具有很大的吸引力,参观旅游也是很多留学生来华学习的动机之一。高校应该多向学生介绍中国各地的风景名胜,包括其中包含的历史、地理、人文知识。此外,高校应该充分利用中国的传统节日来讲中国故事。传统节日是中华民族文化优秀传统的重要载体,凝结着中华民族的民族精神和民族情感,承载着中华民族的文化血脉和思想精华,是维系国家统一、民族团结和社会和谐的重要精神纽带,是建设社会主义先进文化的宝贵资源。[①] 其中,春节、端午节、中秋节、重阳节等非常有代表性。高校应该一方面向留学生普及相关民俗、文化知识,同时组织留学生参与和体验群众性节日民俗活动和文化娱乐活动。参与类的体验活动,符合价值观传递的三个步骤,即 KUI 结构(知悉,Knowing;理解,Understanding;认同,Identification)(周庆安和黄璐,2015)[②],让留学生更容易接受和认同其中的文化和价值观。

高校的校史校情、校园文化,是向来华留学生讲述中国故事的重要组成部分。留学生们既是现在的学生,也是未来的校友。高校应该向他们讲清楚学校的历史发展、校园文化、学科特色、发展成绩、发展愿景等,培养学生的集体归属感,激发他们参与学校治理和建设的主人翁精神以及毕业后持续保持对学校的关注。这些内容不应该仅仅停留在学校的网页、宣传折页、校史馆中,更应该深入学生的思想中,作为大学精神、大学文化深深烙印在学生的记忆中,让学生自觉将自己与学校的发展结合起来,这样才起到了真正的人才培养实效。

3. 加强吸收借鉴、多措并举,提升对来华留学生讲述中国故事的实效

---

① 中宣部,中央文明办,教育部,民政部,文化部. 关于运用传统节日弘扬民族文化的优秀传统的意见[A/OL]. (2005-06-17)[2024-01-01]. http://www. moe. gov. cn/jyb_xxgk/gk_gbgg/moe_0/moe_495/moe_1079/tnull_12331. html.

② 周庆安,黄璐. 重构中国故事的多个维度——试论媒介融合趋势下的核心价值观传播[J]. 电视研究,2015(5):9.

树立多学科融合理念,奠定向来华留学生讲好中国故事的理论基础。讲好中国故事,是一个多学科的命题,涉及文学、历史、跨文化、传播等多个学科,每个学科均可以从不同角度进行阐述和分析,并且有各自学科的讲述故事的视角。因此,应该从不同学科汲取丰富的理论和实践经验,如文学角度的"中国故事",更关注中国人的共同经验和情感,强调宏观视野和中国立场,以文学的形式讲出当代中国的现代历程,更强调在经验与情感上触及当代中国的真实与中国人的内心真实(李云雷,2014)。[①] 又如,有学者指出《史记》有"文献互引""文化与事实边界的缝合""寓论断于序事""成一家之言"及文化之间的"参彼己"等特征,可以为讲好中国故事提供很好的经验借鉴,我们应该跳出西方话语体系,挖掘中国传统文化资源,结合当下独特的"中国经验",用贯穿中华文化源流的语言构建文化软实力(吴宗杰和张崇,2014)。[②] 又如,新闻传播学重视媒体利用网络讲好"中国故事",要走出本土、选好故事、真实可信、注重情感(闻迪生,2014)。[③] 媒介传播学则认为在讲故事或者传播的过程中,要充分尊重受众主体性地位,在媒体语态上下功夫,使用国外受众易于接受的方式进行对外传播话语建构;同时要发挥国际友人的"皮下注射"效果,发挥境外的传播力量,主要包括外国新闻网站、外国新闻媒体、国际性组织等在塑造中国形象中的作用(梁国杰和赵新利,2014)。[④] 也有学者认为要从媒介融合的角度考虑,遵循价值观传递的规律,从知悉到理解,最终达到认同的目标。高校对来华留学生讲中国故事,应该广泛吸收不同学科的经验,对中国故事的内容、讲故事的方式方法进行改进和完善。

积极吸收和借鉴国外媒介的"讲故事"经验。美国、法国、英国、日本、韩国等国家非常重视提升本国的文化竞争力,以文化外交配合政治和经济外交,塑

---

① 李云雷. 何谓"中国故事"[N]. 人民日报,2014-01-24(24).

② 吴宗杰,张崇. 从《史记》的文化书写探讨"中国故事"的讲述[J]. 新闻与传播研究,2014(5):5-24.

③ 闻迪生."中国故事"的网络表达[J]. 新闻战线,2014(4):78-80.

④ 梁国杰,赵新利. 中国故事·中国话语·中国形象[J]. 青年记者,2014(3):93-94.

造良好的国家形象,如法国借助本民族的文化资源、旅游资源,开展文化和旅游外交,在政治、经济和外交上均有收获;日本、韩国主要通过各类产品、食品和娱乐文化在东南亚国家刮起了"日韩风",传播了国家文化、提升了国家形象。国外媒体的舆论宣传的经验,对讲好中国故事也提供了很好的参考和借鉴,如美国媒体开展国际传播的做法包括:倡导美国价值观,注重目标受众,充分应用新媒体,建立广泛的全球网络,讲述故事精心老到(姚晓东,2014)。① 有学者通过对《纽约时报》的相关案例进行话语分析,发现西方媒体在呈现中国故事时往往注重突出细节,偏爱用来自个体的故事和声音呈现宏观叙事,在建构两元对立凸显矛盾和冲突的同时,也往往使用"伪平衡"的声音扩展策略,在报道中国时呈现出一种互动的特征(刘立华和毛浩然,2011)。② 这都可以为高校在向来华留学生讲好中国故事的过程中提供方式方法上的启示。

充分实现多支队伍的协同配合。高校来华留学生教育管理,涉及多个部门和多支队伍,留学生学习生活各方面涉及专业教师、辅导员、行政人员、后勤管理人员、中国学生等多个群体。对来华留学生讲好中国故事,需要这些人员的协同配合和共同参与,他们只是在具体的内容分工和实现方式上有所不同,如教师主要通过课堂融入中国故事的讲述,辅导员主要通过第二课堂、思想教育等方式,行政人员则主要体现在与留学生打交道的过程与细节中,中国学生则通过日常交往向留学生讲好中国故事。要讲好中国故事,相关人员一方面要有主动性和敏感性;另一方面也要有相应的知识储备和能力水平,包括对中国历史文化的了解以及对跨文化沟通技巧、外语能力的掌握等。

丰富讲述中国故事的载体和方法。对来华留学生讲中国故事,既要体现国家、学校大局的需要,同时也要结合学生的具体需求,通过好的故事的方式展现出来。高校应广泛运用载体,整合各类平台和媒介。要实现第一课堂和第二课

---

① 姚晓东. 如何向世界讲述中国故事——美国媒体国际传播的经验及启示[J]. 江海学刊,2010(6):19.

② 刘立华,毛浩然. 话语分析视域下西方媒体中的当代中国故事——以《纽约时报》为例[J]. 当代传播,2011(5):31-33.

堂的全覆盖,在第一课堂中设置中国概况、中国文化、中国历史等课程开展直接教育,同时在其他课程中实现融入式教育,每个学科都有自己的中国故事,要有融入思维,有时候融入式地讲故事的方式更自然、更接地气,能够起到"润物无声"的效果;在第二课堂中,则主要通过各类活动来讲中国故事,可以有专门针对留学生的,也有中外学生共同参与的,活动形式包括文化讲座、民俗展览、语言文化实践、志愿者活动、看电影等多种形式,尤其应该注重充分利用中外学生共同学习生活的便利条件,让中国学生在与外国学生的交流沟通中,树立意识、增强能力,讲好中国故事。要充分运用各类信息媒介,向来华留学生讲中国故事。高校可以通过主题网站、论坛、微信群等多种渠道,因时因地制宜,讲好中国故事。在讲好中国故事的过程中,要具体问题具体分析,结合学生的国别、年龄、认知水平和具体需求,有针对性地讲好中国故事,并不是对所有的留学生都千篇一律。要以平和的心态讲好中国故事,在正面引导的同时,又不强加于人,如果太急切或者目的性太强,则容易引起接受者反感,要充分发挥文化浸润、以文化文的作用。

三、构建跨文化适应的教育环境

来华留学生的跨文化适应或者跨文化调整,是他们从熟悉的社会生活环境迁居到新的社会生活环境的时候,如何与新的环境建立起相对稳定和健全的关系的过程。因此,留学生来到留学所在国和留学学校,他们面临的新的社会生活环境如何,将直接影响他们的跨文化适应程度,进而影响他们的学习和生活情况。本部分主要基于高校构建跨文化适应的教育环境进行阐述。

环境有很多分类,教育环境是其中的一种,来华留学生教育管理环境,则是众多教育环境的一个类别。所谓"来华留学生教育管理环境",是指"环绕在留学生周围并对其产生影响的客观现实,也就是说来华留学生教育环境,是除了教育以外,影响留学生的一切外因的总和。"①

　　教育环境对人的发展的重要性毋庸讳言,我们生下来就受到各种教育环境的影响。马克思主义关于社会存在与社会意识关系的原理,为来华留学生教育环境的构建奠定了唯物论的基础。"教育环境是人的能力形成和发展的外部客观条件,对人的能力形成和发展起着一定的制约作用。"②人的能力发展固然受先天因素的影响,但是对每个个体而言,在先天因素已经定型的情况下,后天的教育环境能够对人的能力发展起到非常重要的作用,有时候甚至能够起到决定性的作用。苏联心理学家鲁宾斯曾经指出,人的能力的发展一方面受人的内部因素影响,如性格、遗传因素、先天素质等,另一方面则与人赖以生存和发展的外部条件相关,包括教育、学习和生活环境。有思想政治教育领域的学者认为,教育者、受教育者和教育环境,是思想政治教育的"三体",构成了思想政治教育的基本结构或本源性结构。③ 对来华留学生教育同样如此,教育者、留学生和教育环境构成了留学生教育的基本结构。

　　当今社会,人类主体意识不断觉醒,个性越来越鲜明多样,每个个体都有很强烈的自我发展和自我实现的愿望,因此,在高等教育中,坚持以人为本,考虑差异需求,注重"人—教育—环境和谐平衡"就显得尤为重要(林朝晖、李裕红,2005)。④ 在来华留学生教育管理中尤其如此,留学生们来自不同的政治、经济、文化背景,在自己的国家有不同的生活水平、学习习惯等,来华学习之前自然而然就"事先"地用自己国家的状况来衡量留学目的学校的各类环境,因此,留学生教育管理环境的构建就变得很有难度,但是也很重要。优良的留学生教育管理环境的形成,可以激发留学生的内在动力,充分发挥他们的潜能和聪明才智,做好学习、生活等多方面的适应工作,主动积极地完成各类留学期间的任务。

---

① 此处借鉴陈秉公 1992 年的著作《思想政治教育学原理》对思想政治教育环境的定义。
② 李为民. 论教育环境对人的能力形成和发展的影响[J]. 中南民族大学学报(人文社会科学版),2002(s1):116-119.
③ 陈秉公. 思想政治教育学原理[M]. 沈阳:辽宁人民出版社,2001:171.
④ 林朝晖,李裕红. 教育环境建设的实施方略[J]. 教育评论,2005(3):19-21.

对于来华留学生教育管理而言，不论是大环境还是小环境，都是人为的、人化的环境，是教育者设计、创造、影响和净化的结果。

当前，对来华留学生教育管理分类和构建的专门研究还较少，主要出现在一些关于来华留学生教育管理的对策研究中，会提到营造留学生教育环境的重要性和对策等。对来华留学生教育管理环境的分类可以有多重标准和多种分法，如分为大环境和小环境、高校内部环境和外部环境、留学生留学的客观环境和主观环境，以及社会环境、家庭环境、学校环境等。以最后一种分法为例，来华留学生教育管理的社会环境包括我国社会的政治面貌、经济水平、生活方式和生活水平、精神文明以及道德风貌等，其中值得注意的是，对于来华留学生而言，社会道德水平、对外国人及文化的接纳和包容程度，是其中非常重要的因素，直接影响他们的社会生活和文化适应。来华留学生教育管理的家庭环境，就是家庭因素中可能对留学生学习生活构成影响的所有部分。由于社会环境和家庭环境对高校来华留学生教育管理而言，是相对不太容易控制的因素，因此，后面将重点阐述来华留学生教育的学校环境的构筑。

我们可以借鉴李辉在《现代思想政治教育环境研究》一书中的要素分类来对高校来华留学生教育管理的学校环境进行阐述，他将思想政治教育的要素分为物质要素、制度要素和精神要素。[①] 那么，我们可以将来华留学生教育管理的要素分为物质要素、制度要素和精神要素，而相对应的就包括了高校留学生教育管理的物质环境、制度环境、精神环境。

（一）改善来华留学生教育的物质环境

学校物质环境主要指"学校所处的自然环境、为实现育人目标而规划和创建的包括校园建筑、校舍布局、校园艺术经典以及教学的基本设施等方面形成的整体格局"[②]。对于来华留学生教育而言，学校要进一步健全和完善学校的物质环境，满足来自不同国家留学生教学、生活、休闲等多方面的要求，主要包括

---

① 李辉. 现代思想政治教育环境研究[M]. 广州：广东人民出版社，2005.
② 李柏宁. 略论学校物质环境及其美育功能[J]. 教育导刊，1995(z2)：13-15.

教学楼、图书馆、体育场馆、学生活动中心、宿舍、食堂等建筑物,校园绿化、雕塑等景观类设置,以及这些场所能够提供的相关产品和服务。高校现有的物质环境很多是在没有留学生或者留学生规模较小的时期建设的,因此,学校应该根据留学生的需求对现有物质环境进行改善,以及在新建某些楼宇或者设施之前考虑到留学生可能的需求。一方面,物质环境的建设需要体现开放性和国际化特征,当前高校很多设施没有英语标识,一些不会中文或中文不好的留学生完全不知道如何使用,这会给他们的体验度和印象大打折扣;另一方面,要为留学生提供他们所需要的产品和服务,如留学生一般希望一人一间宿舍,在食堂有的因为宗教信仰的原因希望吃清真餐,有的同学希望学校有健身房、咖啡厅等,对留学生要"生活上适当照顾",要为他们的学习、生活提供方便。此外,学校的水、电、网络建设以及整体的卫生程度,应该都属于物质环境的组成部分,在改善物质环境的时候同样应该考虑周全。总体而言,学校来华留学生教育的物质环境的改善,取决于学校相应的资源投入程度,以及在具体建设时对来华留学生学习、生活等多方面需求的考虑程度。

(二)健全来华留学生教育的制度环境

按照制度经济学家诺斯的说法,制度环境是"一系列用来建立生产、交换与分配基础的基本政治、社会法律的基础性规则"[①],虽然他的阐释是经济学的视角,然而制度环境对任何一个领域都具有极端的重要性,学校的发展和变革,同样受到特定的制度环境的支撑和规约。完善来华留学生教育管理的制度环境,一方面需要进一步健全来华留学生相关的制度设计,另一方面在于按照规章制度规范留学生教育管理。

我国来华留学生教育从新中国成立后经历了一个从无到有、从缓慢发展到迅猛发展的过程,来华留学生教育的制度建设同样也是如此。当前,基本上所有高校来华留学生教育制度体系都已经不同程度地得到确立,但是还不太健

---

① 道格拉斯·C.诺斯.经济史中的结构与变迁[M].陈郁,罗华平,译.上海:上海三联书店,1994:8.

全。进一步健全和完善相关制度可以从两个方面入手：一方面是学校针对所有学生的带有普遍性的规章制度的完善，我们高校有很多制度在设计的时候并未将留学生考虑在内，如学校的章程、教学规定、培养规定、学位规定、学籍规定、后勤制度等，高校应该进一步根据留学生学习、生活的情况，将留学生群体纳入考虑范围；另一方面，则是专门针对留学生的规章的完善，如留学生入学考核制度、留学生签证规定、留学生实习规定、留学生购买保险的规定等，由于留学生的特殊身份，因而有些规章制度需要专门为留学生制定。总体而言，高校在留学生教育管理相关的制度建设方面还不够健全，对留学生的需求考虑得不够全面，如某校留学生反映，学校在留学生奖学金评定、优秀毕业生评定等方面并没有相应的评定标准，很多甚至在学生不知道的情况下就直接由留学生办公室确定了，一些留学生表示不公平；同时，高校制度设计中对留学生权益保障涉及不多，一些学生碰到希望申诉的情况，由于相关的制度缺失，导致学生权益得不到保障；还有一个问题就是一些制度对学校和院系的权责划分不明确，当下高校留学生教育管理普遍实行二级院系管理，但是在管理制度方面并没有明确相关的管理责任，出现责任真空地带，出了事情则可能院系和学校的留学生办公室、教务处或者研究生院相互推诿责任，有的学生为了一件事情被不同的部门"踢皮球"的情况并不少见，留学生在不同部门之间跑来跑去，多次无功而返，给他们留下了非常不好的印象，直接影响到他们的留学满意度。

高校来华留学生教育管理制度建设的问题，除了制度不健全外，还有具体执行方面的问题，某种程度上还存在重"人治"而轻"法治"现象，体现在留学生教育管理中，也依然存在对规章制度不重视、不重视对留学生进行相关宣传、缺乏规则意识的情况，有的留学生反映，今天去找这个老师，和昨天的说法完全不同，或者不同的同学去问，问回来的情况也可能完全不一样，留学生教育管理中的随意性现象比较普遍。

有学者提出教学管理的伦理制度化的观点，对来华留学生教育制度环境的建设也非常有建设意义。所谓"教学管理的伦理制度化"，即伦理道德在教学管理中的制度化,指的是"把一定的伦理原则或道德标准转化为明确、具体的道德要求,并制定成为教育管理中的刚性规则制度,强制相关的成员履行一定的道德义务"①。对来华留学生教育制度建设的启示意义就在于,可以将与留学生相关的跨文化的道德伦理、人文关怀之类需要注意的"软"的目标转化为"硬"性的制度设计,如在规章中要体现对多元文化和差异文化的尊重、对留学生的道德关怀等,从而对高校师生的行为进行约束。

来华留学生教育管理制度环境还要注重制度创新,制度创新的重点在于建立健全留学生激励与约束机制、参与机制,通过激励性或者强制性举措,为留学生教育发展提供规则体系,奠定制度基础。对于高校留学生教育管理中存在的多元利益者参与不足、留学生利益保障机制缺失等问题,高校应该大胆尝试、积极突破,通过制度创新的形式,为留学生教育创新发展提供制度保障。

(三)营造来华留学生教育的精神环境

来华留学生教育的精神环境包括大学校园内与来华留学生学习生活相关的、支持跨文化行为和高校国际化的思想条件和精神基础,是通过校园物质环境、制度环境、师生的观念和行为表现出来的一种精神气质和文化氛围。高校物质环境、制度环境和精神环境对于来华留学生培养同样重要,然而,经过一定时间的发展,高校的物质环境和制度环境会逐步趋于稳定,而精神环境的治理就显得尤其重要,因为精神环境体现在高校所有的活动中,随时都可以开展相关的治理活动。

来华留学生教育的精神环境与物质环境、制度环境是分不开的,通过物质环境和制度环境能够表现出一所学校的精神气质。当然,还有人的因素,老师和学生对来华留学生的态度、言行等,都能够体现大学的精神文化。精神文化层面的东西可以说无处不在,因此,营造来华留学生教育的精神环境,首要因素就是树立跨文化和国际化意识,在学校物质环境建设、制度建设、教学和日常管

---

① 郅庭瑾. 教育管理制度伦理问题研究[J]. 华东师范大学学报(教育科学版),2006,24(4):32-37.

理、校园文化建设活动等诸多环节中要有跨文化敏感性,要从留学生的需求出发,考虑到学习、生活、文化各方面的差异,最大限度地体现国际化;其次,就是高校的教师和管理人员、中外学生,都要树立跨文化和国际化思维,更新观念,毕竟校园所有活动都是通过人的行为来实现的;再次,就是要通过科学的活动设计,尤其是第二课堂各类活动,鼓励中外学生积极参与,推动中外学生融合,以活动促进国际化校园文化的营造。

以上是高校来华留学生教育管理的物质环境、制度环境和精神环境,还可以将物质环境分为"硬环境",而制度环境和精神环境则是"软环境",在高校物质环境建设日趋完善和稳定后,高校软环境的建设就显得尤为重要。软环境的建设是打造高校软实力的关键,软实力简单而言就是"人随我欲"(徐占忱,2014)。① 只有被人们接受并转化成为其观念的文化,才可以说是产生了软实力。高校致力于构建良好的软环境,有利于真正地从心理层面赢得留学生的认可。

需要注意的是,高校来华留学生教育管理的环境,无论是社会环境、学校环境还是家庭环境,都是不断变化的,正如有学者指出,教育环境是思想政治教育过程的要素之一(张耀灿和刘伟,2006)。② 留学生教育环境同样是留学生教育管理过程的重要要素,因为环境不是静止的,在教育过程中它不仅发挥作用,而且是随时变化的。任何一种环境的变化,都会对留学生的培养产生影响。高校应该随时关注各类环境的变化,如根据社会文化环境、就业市场环境、国家政策环境等的变化做出相应改变,而在校内则需要根据国际教育市场的变化、留学生群体特征的变化等对学校的留学生相关内容进行调整,只有保持灵活性和与时俱进,才能够打造优秀的来华留学生教育的环境,充分发挥环境在教育中的感召力、促进力和约束力。

---

① 徐占忱.讲好中国故事的现实困难与破解之策[J].社会主义研究,2014(3):004.
② 张耀灿,刘伟.论教育环境是思想政治教育过程的要素[J].江汉论坛,2006(5):54-57.

四、重建师生交往理性，培养跨文化交流能力

在上一章对师生维度的来华留学生教育管理的难题阐述时，最终归结为跨文化能力和态度两个方面的难题，虽然在教师和学生方面二者略有不同，比如老师可能涉及教学技巧、外语水平等各个方面，但是由于涉及留学生教育管理，其态度可能是对留学生教育或者留学生个体的态度，也存在跨文化因素，因此都可以归结为与跨文化有关的能力和态度。基于此，本部分提出的有针对性的破解思路就是建立师生跨文化交往理性和培养跨文化交流能力两个方面。

（一）重建师生跨文化交往理性

1. 交往理性

交往理性（communicative rationality）由德国著名哲学家尤尔根·哈贝马斯提出。交往理性是针对笛卡尔以来的意识哲学而提出的。意识哲学将主体与客观世界分离，把主体与客体、人的意识与客观世界构成相互对立的关系，将人和人的意识，也就是主体空前突出出来，强调意识是认识客观世界的有效保障。针对意识哲学的工具理性，哈贝马斯提出了实践理性，他的实践理性是以交往理性为核心。他认为，工具理性行为是"策略性行为，表现为目的合理性的确定，或手段的理性选择，或是二者的结合。它遵循的是以经验知识为基础的技术规则"[①]，他对工具理性的批判继承了法兰克福学派的传统。从最早的马克斯·韦伯开始，韦伯认为西方现代化的过程，就是从价值理性为主向工具理性为主的社会转变的过程，工具理性的快速膨胀带来了经济的腾飞和物质财富的增加，但是同时也带来了道德滑坡、价值衰微、人的异化、意义和自由的丧失。哈贝马斯从理论社会学的角度，将社会行为划分为"戏剧行为""规范调节行为""目的论行为"和"交往行为"。他认为，交往行为是"主体间通过语言的交流，求得相互理解、共同合作的行为，它必须遵循有效的规范来进行"，而交往理性就

---

① 哈贝马斯.交往行为理论[M].曹卫东，译.上海：上海人民出版社，2005：8.

是要寻找交往行为合理的根据,这种根据只能到人的世界去发现,那就是交往主体之间的相互统一、普遍赞同且自觉遵守的规范。哈贝马斯指出:"我所致力的是重建一种事实上应该存在的状况,其前提是,社会化的个体在交往的日常实践中,运用日常语言达到相互理解的目的。在这种交往中,他们必须从特定的语用学规范出发,实现交往理性。这个道理非常简单:无论何时何地,只要我们想通过语言来表达我们所要表达的意识,我们便会对我们所说的话语提出真实性、真诚性和正确性的要求。"①

哈贝马斯的交往行为是基于语用学的,他认为交往理性对语言交往行为提出了三个有效性要求,即真实性、正确性和真诚性。对于人与人之间的交往行为如何达成共识,哈贝马斯提出了通过"对话"和"商谈"来"论证"的方法,"合理性归根结底就是通过论证演说促使自愿联合和获得认可的力量的中心经验"②。他提出,如果希望对话和商谈顺利进行,需要一定的规范前提,包括:参与者都畅所欲言,具有平等的机会提出言辞行动或者反驳行为,没有人凌驾于他人之上;同时论争在时间上和空间上都是开放的。这就是所谓的"理想的言辞处境",其关键就在于没有权利的扭曲,所有人都是平等的,可以畅所欲言。作为建构交往理论范式的核心范畴,哈贝马斯还提出了主体间性的理论,它具体说明了"行为主体之间达到相互理解和共识的条件即规范基础,强调了语言符号系统在交往行为、文化再生产以及社会进化中的作用"③。简单而言,哈贝马斯的交往理性是具备主体间性的、通过语言实现的、符合一定社会规范、通过对话和商谈完成的在交往主体之间达成协调一致和相互理解的合理性。

2. 交往理性对师生交往的启示

应该承认,哈贝马斯的理想交往情境,确实具有理想主义的色彩,毕竟现代

① 哈贝马斯、哈勒. 作为未来的过去——与著名哲学家哈贝马斯对话[M]. 章国锋,译. 杭州:浙江人民出版社,2001:16.
② 哈贝马斯. 交往行为理论[M]. 曹卫东,译. 上海:上海人民出版社,2005:25.
③ 杨芳. 论哈贝马斯"交往理性"的当代价值[J]. 贵州社会科学,2007,216(12):123-127.

社会结构"日益产生着人际间的疏离感,窒息人与人之间的沟通"①,现实生活中的平等的、开放的理想商谈环境往往比较难实现。但是,我们认为,哈贝马斯的交往理性理论,对于高校来华留学生教育管理中各主体之间的交往,具有良好的指导和借鉴意义,尤其是交往行为有效性的三个因素以及"对话"和"商谈"中必须遵守的规范前提,可以用来指导师生之间、生生之间的交往过程,达到良好的交往效果。

首先,在来华留学生教育的交往实践中,第一要素是要构建适当的语言媒介。因为交往行为理论的基础就是不同主体之间通过语言媒介达成的一致与共识。来华留学生教育中,无论是中国大学的教师和管理人员与留学生之间的沟通交往,还是中外学生之间、留学生之间的交往,语言媒介至关重要,并且是有相当难度的一个部分。留学生教育的交往实践中适当的语言媒介,不仅是要求使用不同语言的交往主体在交往时选择同一种双方都容易理解的语言进行沟通,同时还包括了对语言背后的语法和语用规则、文化背景的理解,最终是要形成一种双方相互认同、相互理解的语言沟通媒介,方能进行有效的沟通。这种语言媒介体现在"一对一"的沟通中,也体现在"一对多"的沟通中,在不同的交往情境中,其语言媒介的表现形式也会有所不同,包括语言和非语言的因素。当然,适当的语言媒介的构建,对交往主体的外语能力、文化理解能力、表达能力等多个方面都提出了要求。

其次,要确保真诚的、平等的、非强迫的、参与式的沟通氛围。"理性的言谈处境"(ideal speech situation)是实现理性沟通的前提条件,"在这种处境中,权力和欺诈都不存在,只有最佳论据的力量发挥作用"②。然而,现实情况是在来华留学生教育管理中存在理性沟通的诸多障碍,包括师生之间在对话中的平等

---

① 郑召利. 交往理性:寻找现代性困境的出路——哈贝马斯重建现代性的思想路径[J]. 求是学刊,2004,31(4):28-31.

② 张德胜,金耀基,陈海文,等. 论中庸理性:工具理性、价值理性和沟通理性之外[J]. 社会学研究,2001(2):33-48.

难以实现。在交往中部分人依然存在文化中心主义、文化优势论、刻板印象等倾向，看不上、瞧不起其他国家的文化，存在偏见和歧视的现象。高校在制度保障和现实活动设计中，对保障留学生参与权、决策权尚未形成制度文化，对留学生的权益保障机制还不够完善。因此，哈贝马斯的交往理性理论对高校来华留学生教育管理最大的指导意义就在于，要通过高校中外师生主动树立跨文化交往意识，以相互尊重、平等、开放的姿态参与到留学生教育的交往实践中，同时要通过制度设计来保障交往和沟通理性的达成。正如哈贝马斯本人也承认的，现实社会中，理想的对话、沟通和交往环境是不可能的，然而，我们可以尽最大的可能向这个目标靠近，确保来华留学生教育管理的沟通效果。

（二）培养师生跨文化交流能力

跨文化交流能力是指能够适当而有效地与异文化的个体或群体进行交流的能力，其中适当性和有效性是最主要的两个指标。[①] 跨文化交流能力培养，对于高校来华留学生管理中教职员工和学生双方都非常有必要。对于参与来华留学生教学、管理的教职员工而言，提升跨文化交流能力有利于在教学和管理中提高服务能力，以及提升教学管理的跨文化水平和国际化水平。对来华留学生而言则更加重要，跨文化交流能力培养有利于帮助他们克服文化休克，尽早适应新的环境，顺利地学习和生活，尤其是在刚到中国学习和生活的阶段，跨文化交流能力对于克服文化休克有非常重要的现实意义。

对来华留学生教育管理而言，跨文化交流能力培养主要希望达到以下目标：帮助来自不同文化的老师和学生之间、学生和学生之间进行有效沟通；帮助来华留学生减少文化融入、跨文化适应相关的障碍；师生们在跨文化交往中能够理解并适应另一种文化中的行为，能够与另一种文化中的人开展团队协作。

结合马丁和中山（J. Martin & T. Nakayama，2009）对跨文化能交流的个人能力的分类，我们认为可以对高校留学生及教师开展以下四个方面的跨文化交

---

① 陈雪飞.跨文化交流论[M].北京:时事出版社,2010:284.

流能力要素的培训：（1）动机要素，在跨文化交流中，我们首先得有交流的动机，如果持有文化或民族中心主义，或对陌生人、陌生文化感到不自在，或因为历史上国家之间的矛盾和冲突导致不愿意交流，这都可能导致留学生或者老师不愿意参与跨文化交流。（2）知识要素，跨文化交流的知识要素包括对自我、他人及交流各方面的认知，对自我的认知包括自我作为个体以及对个体所处的历史文化有一个客观、清楚的了解；对他者的认知主要包括对他人的了解以及对他者文化的了解，此外，还包括熟练掌握交流所需的语言和非语言因素，以及对交流技巧的掌握。（3）态度因素，包括个体对含混不清的容忍力、跨文化移情能力和不做评判等。其中不做评判看似容易做到，实则不容易，因为我们都容易戴着先入为主的有色眼镜去看待人和事。（4）行为能力，是可以通过行动表现出来的，如尊重、友好、礼貌这些行为都是具有普遍意义的，可能具体表现形式有所差异，但是可以提醒老师和学生注意这些行为的重要性。①

　　培养跨文化交流能力最常见的办法就是开展各类培训。Brislin(1989)介绍了9种培训方法，可以供高校留学生教育管理中开展类似培训参考，该培训体系主要是根据三种培训目标（认知的、情感的、行为的）和三种参与程度（低、中、高）两两结合而形成的。② 这三种培训目标同马丁和中山的四种要素大致类似，根据来华留学生教育管理的具体情况，我们将这九种跨文化培训的方法调整如表4—1所示，可以得出9种方法，分别为低参与性的认知培训、低参与性的情感培训、低参与性的行为培训、中参与性的认知培训、中参与性的情感培训、中参与性的行为培训、高参与性的认知培训、高参与性的情感培训、高参与性的行为培训。

---

　　① 马丁（Martin, J. N.），中山（Nakayama），等. 社会、历史背景下的跨文化交际：英文[M]. 北京：外语教学与研究出版社，2009.

　　② Brislin R. W. Intercultural communication training. In M. K. , Asante, & W. B. Gudykunst (eds.), Handbook of international and intercultural communication[M]. Newbury Park：Sage. 1989：441-457.

表 4—1 跨文化交流能力培训的方法

培训目标	认知	情感	行为
低	以了解知识信息为主,可以根据不同内容选择不同的专题,可采取专家讲演、阅读作业的方式	以培养受训者的情感积极感受为主,可以采取资深人士讲演、看电影等方式,要注意结合分析和点评	以示范正确的行为为主,如初次见面如何打招呼、如何发言以及其他非言语行为等
中	拓展对不同文化的看法和扩大文化经验;采用归因训练①,或者对情境进行批判性分析	体验不同文化的价值感差异,可以通过小组讨论、辩论演讲的方式,如中国与美国不同文化价值观下的个人主义与集体主义的讨论	认知/行为训练,讨论不同文化中哪些行为被鼓励或禁止,也可以通过实地旅行、餐厅就餐等方式
高	解决新文化环境可能遇到的文化困惑,给予信息和认知指导,如吃和喝、守时、礼物、异性相处等	通过角色扮演或情景剧的方式,如不同国家之间的商务谈判等,并进行事后分析	真实或模拟场景的拓展性训练,如在一个异文化的模拟训练基地生活和体验

上述 9 种跨文化交流能力培训由于相对专业,应该由高校留学生管理部门如留学生办公室针对全校留学生开展,也可以通过专题培训的方式集中开展,或者可以作为公共课专门开设跨文化课程,通过课程教学的形式达到培养目标。除了这类比较正规的培训以外,高校学生机构、社团联可以通过各种活动的形式,在活动中融入跨文化能力的培训内容,学生活动形式的缺点是可能难以保证覆盖面,然而它也有灵活、新颖、有吸引力等特征,如笔者所在的学院就专门设有国际学生中心,每学期都会有中外学生联谊晚会、语言兴趣角、校外语言文化实践活动、电影音乐欣赏等,这些活动由中外学生共同策划、共同参加,让中外学生在真实的交往中提高跨文化交流能力。

对高校与来华留学生接触较多的教职员工,高校可开展相对正式的专题培训,提高他们的跨文化交流和跨文化管理能力,更好地为来华留学生服务,如有

---

① 对同一个事情,不同文化可能采用不同的归因方式,了解归因差异,有利于从另一种文化角度看问题。

些高校每年都会开展针对留学生管理教师的培训,对在来华留学生教育管理中所需要的政治、文化、交往等多方面知识进行培训,提高整体跨文化管理和服务水平。此外,还有一个视角值得考虑,那就是高校应该从传播学的视角开展一些培训,学校在对来华留学生传递一些通知或信息的时候,可能是口头语言形式,或通过网络多媒体的邮件、微信等形式,也可能是海报的形式,在行文、措辞等方面,要综合跨文化的视角和新闻传播学的视角开展文字表述,确保达到最佳的信息传播效果。

五、创新留学生教育管理的体系与方法

高校来华留学生教育是一个涵盖了丰富内容的领域,包括来华留学生学习、生活、文化等多方面的事情,涉及校外的外事签证、公共安全等多个领域,以及校内的留学生管理部门、院系、后勤部门等,因此要促进留学生克服新的社会文化环境对其跨文化适应带来的冲击和影响,促进他们跨文化适应的程度,确保他们安全、稳定、顺利地学习和生活,需要从留学生自我管理、校内校外协同管理以及采用多样化的管理方法和手段等多方面共同着力。

(一)强化来华留学生自我管理

留学生跨文化适应的状况和实效如何,第一重要的因素就是留学生自身的努力和自我管理。自我管理的概念源自于管理学领域,指"具有自我意识、自主意识和自由能力的个人在正确认识自己的前提下,为了实现组织的目标,通过合理的自我设计、自我学习、自我协调和自我控制等环节,以个人的自我实现和全面发展为价值诉求的管理实践活动"①。自我管理是人的主体性充分凸显的结果,是人的主观能动性的充分发挥。当人将自己本身当作客体来管理,对自己的思想、行为进行审视和管理时,人的"自我"本身就成为管理的客体。

---

① 王永明,潘惠香. 自我管理的哲学审视[J]. 社会科学辑刊,2006(5):21-24.

国外高校在大学治理结构中,由于有大学章程等制度的保障,"学生管理自治化"是普遍趋势。在我国高校来华留学生教育管理中,在对留学生做好引导教育的同时,强化留学生自我管理也非常重要,它可以充分发挥留学生个体积极性,让他们感觉被重视和信任。同时,推动来华留学生学习、生活、实践的自我管理,可以大量减轻高校留学生教育管理的管理成本,学校在其中主要起方向引导和把控作用。当前,高校来华留学生自我管理方面还做得不够,有高校方面的原因,如环境、制度和氛围的问题,也有管理者本身缺乏相关意识的问题,当然,留学生本身也存在一定的问题,如学习动机不强、思想不够成熟等,这都会影响来华留学生自我管理的效果。

高校要实现来华留学生的自我管理,首先,需要培养来华留学生的参与意识和主人翁精神,需要通过集体或者个别的思想教育工作,来激发留学生的主体意识、参与意识和主观能动性,让他们明白自我管理的重要性。正如一本书的书名所说,你永远都无法唤醒一个装睡的人。只有留学生充分意识到自我管理对个体当前学习生活及整个生涯发展的重要性,自我管理才可能发挥其效果。自我管理可以衍生出自我服务、自我教育、自我监督等多个层次;其次,是在氛围营造上,高校自身需要改进和完善,主要通过制度建设、校园文化建设维护学生合法权益,确保学生的参与权与申诉权;再次,还应该在留学生个体的自我管理的基础上,将层次更进一步,加强留学生群体层面的自主管理,主要通过留学生骨干和留学生团体发挥作用;最后,高校应进一步提高来华留学生生源质量,录取的留学生是否具有强烈的学习动机、良好的思想素质、扎实的文化基础,同样也是学生发挥自我管理积极性的主要影响因素。

（二）搭建校内外协同配合的教育管理体系

无论是来华留学教育还是来华留学生跨文化管理,都涉及校内管理和校外社会管理,校内管理和校外社会管理又涉及不同的部门和人员,因此,高校应该充分做好校内外多部门的协同配合,共同做好来华留学生教育管理工作。

要做好多部门协同,首先是要做好权责划分,由于很多高校来华留学生工作发展较为缓慢,因此留学生教育管理涉及的工作权责分配都是走一步看一步,出了事情再来考虑归口问题。在当前留学生教育发展迅速且跨国留学日益普遍的情况下,高校要从体制机制上做好设计,实行归口管理,权责划分清晰,以免在办理留学生事务的时候相互推脱,影响办事效率和声誉。在校内,留学生教育管理涉及留学生教务管理,要划分教务处和留学生办公室的培养科之间的权责问题;在具体日常管理上,要划分好留学生办公室和学院的权责问题;在开展学生第二课堂活动方面,要划分好留学生办公室、学生处、团委、院系分团委之间的权责问题。不同的学校可能有不同的做法,但是需要明确划分,并向学生做好告知工作。而在涉及学校和社会单位配合的方面,如签证方面学校留学生办公室和校外出入境管理部门的权责划分,留学生校内校外违法行为应该划分好高校保卫处和校外公安部门的权责问题,实习就业方面应该划分好学校留学生办公室、就业指导部门和社会就业单位之间的权责问题等。只有划分清楚了,在具体处理的时候,才能确保可以高速、高效地处理。实现来华留学生教育管理中的部门协同,也是不同部门的人员协同配合的过程,包括专业教师、留学生管理人员、辅导员、职能部门管理人员,以及涉及校外的管理人员之间的协同配合。

高校的留学生教育管理,要充分调动社会单位的参与积极性。当前,高校留学生教育中社会参与还远远不够。高校应该充分引进社会资源,更好地为留学生提供服务。社会参与留学生教育主要是在留学生配套服务方面发挥作用,包括以下方面:(1)在住宿方面,一些高校将留学生住宿引入社会化管理,让专业的社会物业公司来管理留学生宿舍,还有的大学直接与校外的公寓合作建立国际学生村,如复旦大学与同和国际留学生村合作,为留学生提供优质的、多元的住宿服务选择。(2)大学还可以与社会企业合作开展就业或实习基地,为有国际人才需求的企业推荐优秀的留学生实习生或毕业生,为希望留在中国工作的留学生提供就业机会。以上海为例,2015 年 7 月,公安部为支持上海科创中心建设,推出 12 项出入境新政,就提出"支持外国留学生在我国高等院校迎接毕业后直接在上海创新创业"①,上海市随后出台了《关于深化人才工作体制机制改革促进人才创新创业的实施意见》,允许本科及以上的留学生在上海创新创业并办理就业手续和居留许可。据新闻报道,自 2015 年 7 月至 2016 年 7 月,已有 39 位应届外国留学生依托新政策,成功在上海合法就业。② 伴随着中国人口老龄化的趋势日益加剧,可以预测中国将会出台更多政策吸引优秀的外国留学生在华就业,因此在实习和就业方面,高校和社会单位未来将会有大量的合作机会。(3)伴随着社会企业开始参与高校留学生培养,高校可以探索成立更多的针对留学生的社会奖学金,一方面有利于提高企业的国际声誉,另一方面为留学生们提供更多的奖助学金,解决经济压力和学业激励两方面的问题。(4)在高校留学生招生与评估方面,与社会上的留学服务机构合作开展招生宣传和招生工作是很多国家大学的通用做法,高校可以尝试与专业的留学服务机构合作,吸引更多、更优质的生源;在留学生教育评估方面,除了高校自我评估、教育主管部门评估以外,高校还应该引进社会第三方评估机构,对来华留学生教育质量、毕业生质量和校友质量进行第三方评估,达到以评促建的效果。(5)在为留学生提供更丰富的留学产品和配套服务方面,社会和市场的参与将会为留学生提供更加专业的服务,留学教育中的"生活服务社会化"是未来发展的趋势,当前留学生留学相关的产品和服务还不够丰富,留学生在饮食、旅行、娱乐、教育培育与咨询等各个方面都有大量的需求,高校应该充分发动社会各方参与的积极性,为留学生提供更好的留学体验。

---

① 支持上海科创中心建设 公安部推出 12 项出入境新政[EB/OL].(2015-06-10)[2024-01-01]. http://shzw.eastday.com/shzw/G/20150610/u1ai150885.html.
② 陈晓颖.科创中心人才新政一周年 39 位留学生留沪[EB/OL].(2016-07-12)[2024-01-01]. http://sh.eastday.com/m/20160712/u1ai9520786.html.

(三)构建来华留学生教育管理的多样化方法体系

在来华留学生教育管理的具体实施过程中,要注重教育管理的多样化方法体系的构建。来华留学生教育管理的对象是来自世界各地的留学生,他们文化、习俗的背景各异,分布在高校不同的学院和学科中,年龄层次也比中国大学生跨度要大得多,因此,对于具体的留学生教育管理的方式方法也提出了多样化的要求。

首先,丰富来华留学生教育管理的活动载体。高校学生活动载体是高校学生教育管理采取的各种实施形式,在开展各类活动的过程中,融入教育管理的理念,最终达到培养学生综合能力的目的。在来华留学生教育管理中,要充分调动学生的积极性,贴近留学生需求开展丰富多样的学生活动,吸引他们多参加活动,促进中外学生之间的交流交往。在具体活动设计中要充分将跨文化因素纳入考量,让各类活动起到促进来华留学生跨文化学习、生活等方面适应的作用,就具体活动形式而言,可以包括学业类活动如语言学习、校内外语言实践、专业竞赛、读书活动等,文体类活动如歌曲大赛、篮球赛、乒乓球赛等。开展这些活动最重要的是要做好前期需求调研,进而体现在活动的具体设置中,提升活动吸引力和黏度。

其次,留学生教育管理中要融入多学科的理论与实践方法。高校留学生教育管理中涉及多学科的知识,如语言学、文化学、管理学、传播学等不同学科,尤其是跨文化相关理论的运用,在具体管理中只有灵活掌握和运用多学科理论知识,才能提高留学生教育管理的专业化水平。举例而言,跨文化交际理论可以运用在留学生交流交往的过程中,要善于发挥语言交际和非语言交际各自的功用;传播学理论则可以用在对留学生开展的信息传播、文化宣传等工作中,如对留学生的各种形式的通知信息如何拟订、对留学生的思想教育以及中国文化宣传文案如何撰写,都涉及跨文化传播的理论知识;又如对多国别、不同文化的留学生的管理,则涉及跨文化管理的相关知识。只有灵活掌握了多学科知识并能够经常运用、熟能生巧,才能事半功倍。

再次,要辩证地看待网络新媒体在留学生教育管理工作中的运用,处理好传统方法与基于互联网的新工作方法的关系。互联网时代是当前高校学生工作的重要时代背景,互联网已经深深地融入高校留学生工作的各个环节,而且切切实实地带来了信息发布、宣传推广、学生联络等多方面的便利。但是在具体留学生教育管理中,要警惕对互联网、网络新媒体的过多依赖,过多地开展线上活动,而忽视了线下的活动,减少了师生之间面对面开展的、带有情感温度的交流。过多依赖互联网开展工作容易陷入消极等待的状态,只是在办公室等待留学生有事来找再处理,如此则不利于师生之间感情的建立,进而削弱了留学生教育管理人员对留学生的影响力。因此,高校留学生教育管理一方面要充分运用互联网工具,发挥其积极优势;另一方面要进一步传承和发扬传统的留学生教育管理的方法,增进与留学生的情感交流,提升教师在留学生中的影响力,提高教育管理实效。

最后,要充分发挥团队建设和骨干培养两种方式在留学生教育管理中的运用。来华留学生群体具有分散化、个体化和原子化的特点,他们来自世界各国,住宿上分为住校和校外租房两种情况,加之当下高校大多采用弹性学分制,导致班级概念逐步淡化,同时由于互联网带来的信息查询、通知等的便捷性影响,诸多因素共同导致来华留学生总体上呈现分散化和个体化的特征,各类活动对留学生的吸引力和黏度降低,十分不利于学生的培养。因此,高校应该重视团体、团队对个体的塑造和影响作用,毕竟个人对个人的影响是有限的,而群体所展现的集体主义氛围、相互促进和相互刺激的氛围,对个人的影响作用则大得多,高校需要注意的是确保方向性正确。通过科学、合理设计,让留学生以不同的形式形成不同性质的团体,通过核心骨干的培养和团体活动的科学设计,发挥留学生团体对留学生个体综合素质的培养,可以通过年级小组、学习小组、兴趣小组、国别小组等多种形式形成留学生团体,并注重在团体中发挥留学生骨干的作用,形成留学生骨干网络,发挥以点带面的作用,留学生骨干可以包括班长、国别负责人、留学生会的成员等。留学生骨干和团体在留学生中的影响力更加广泛,也更加自然,高校留学生管理者应该同时注重对留学生骨干和团体的培养,以其为抓手有效开展来华留学生教育管理工作。

参考文献

一、主要政策规章

[1]《中华人民共和国教育法》,1995 年 3 月 18 日中华人民共和国主席令第 45 号公布,1995 年 9 月 1 日。

[2]《中华人民共和国高等教育法》,1998 年 8 月 29 日中华人民共和国主席令第 7 号,1999 年 1 月 1 日。

[3]《高等学校接受外国留学生管理规定》,教育部、外交部、公安部令第 9 号,2000 年 1 月 31 日。

[4]中共中央宣传部、中央文明办、教育部、民政部、文化部《关于运用传统节日弘扬民族文化的优秀传统的意见》,中央文明办〔2005〕11 号,2005 年 6 月 17 日。

[5]中共中央、国务院关于印发《国家中长期教育改革和发展规划纲要(2010—2020 年)》的通知,中发〔2010〕12 号,2010 年 7 月 8 日。

[6]教育部关于印发《留学中国计划》的通知,教外来〔2010〕68 号,2010 年 9 月 21 日。

[7]习近平在全国宣传思想工作会议上讲话,中央政府门户网站,www. gov. cn,2013 年 8 月 20 日。

[8]关于印发《关于服务具有全球影响力的科技创新中心建设 实施更加开放的海外人才引进政策的实施办法(试行)》的通知,沪人社外发〔2015〕35 号,2015 年 8 月 5 日。

[9]国务院关于印发《统筹推进世界一流大学和一流学科建设总体方案》的通知,国发〔2015〕64 号,2015 年 10 月 24 日。

[10]中共中央办公厅、国务院办公厅《关于加强外国人永久居留服务管理的意见》,2016 年 2 月 18 日。

[11]教育部关于印发《推进共建"一带一路"教育行动》的通知,教外〔2016〕46号,2016年7月15日。

[12]国务院《外国留学生管理办法》,国发〔1985〕121号,1985年10月14日。

二、著作

[1]哈贝马斯、哈勤. 作为未来的过去——与著名哲学家哈贝马斯对话[M]. 章国锋,译. 杭州:浙江人民出版社,2001.

[2]哈贝马斯. 交往行为理论[M]. 曹卫东,译. 上海:上海人民出版社,2005.

[3]特姆彭纳斯,汉普顿-特纳,陈文言. 跨越文化浪潮:理解全球化经营中的文化差异[M]. 北京:中国人民大学出版社,2007.

[4]萨默瓦,波特,闵惠泉. 跨文化传播[M]. 北京:中国人民大学出版社,2004.

[5]汤因比,池田大作. 展望21世纪——汤因比与池田大作对话录[M]. 北京:国际文化出版公司,1985.

[6]道格拉斯·C. 诺斯. 经济史中的结构与变迁[M]. 陈郁,罗华平,译. 上海:上海三联书店,1994.

[7]爱德华,泰勒. 原始文化[M]. 上海:上海文艺出版社,1992.

[8]爱德华·T. 霍尔. 无声的语言[M]. 上海:上海人民出版社,1991.

[9]贝内迪克特. 文化模式[M]. 北京:三联书店,1988.

[10]陈秉公. 思想政治教育学原理[M]. 北京:高等教育出版社,2006.

[11]陈华文. 文化学概论[M]. 上海:上海文艺出版社,2001.

[12]陈向明. 旅居者和"外国人":留美中国学生跨文化人际交往研究[M]. 北京:教育科学出版社,2004.

[13]陈晓萍. 跨文化管理[M]. 北京:清华大学出版社,2016.

[14]陈雪飞. 跨文化交流论[M]. 北京:时事出版社,2010.

[15]程家福. 来华留学生教育结构历史研究[M]. 上海:同济大学出版社,2012.

[16]戴晓东. 跨文化交际理论[M]. 上海:上海外语教育出版社,2011.

[17]单波,肖珺. 文化冲突与跨文化传播[M]. 北京:社会科学文献出版社,2015.

[18]单波. 跨文化传播的问题与可能性[M]. 武汉:武汉大学出版社,2010.

[19]董泽宇. 来华留学教育研究[M]. 北京:国家行政学院出版社,2012.

[20]费孝通. 全球化与文化自觉——费孝通晚年文选(精)[M]. 北京:外语教学与研究出版社,2013.

[21]冯天瑜. 中华文化史[M]. 上海:上海人民出版社,2005.

[22]关世杰. 跨文化交流学[M]. 北京:北京大学出版社,1995.

[23]胡文仲. 跨文化交际学概论[M]. 北京:外语教学与研究出版社,2012.

[24]吉尔特·霍夫斯泰德. 文化与组织:心理软件的力量[M]. 北京:中国人民大学出版社,2010.

[25]金洋咏,戴晓东. 跨文化能力:交际与跨文化适应的综合理论[M]. 上海:上海外语教育出版社,2014.

[26]克拉克·克尔. 高等教育不能回避历史[M]. 杭州:浙江教育出版社,2001.

[27]李滔. 中华留学教育史录[M]. 北京:高等教育出版社,2000.

[28]李辉. 现代思想政治教育环境研究[M]. 广州:广东人民出版社,2005.

[29]李普曼. 公众舆论[M]. 上海:上海人民出版社,2002.

[30]联合国教科文组织总部中文科译. 教育:财富蕴藏其中[M]. 北京:教育科学出版社,1999.

[31]刘大钧. 周易经传白话解[M]. 上海:上海古籍出版社,2006.

[32]刘向撰,向宗鲁,校证. 说苑校正[M]. 北京:中华书局,1987.

[33]马丁,中山,等. 社会、历史背景下的跨文化交际[M]. 北京:外语教学与研究出版社,2009.

[34]尼格尔·霍尔顿. 跨文化管理:一个知识管理的视角[M]. 北京:中国人民大学出版社,2006.

[35]平克,龚怡屏. 驱动力:Drive[M]. 北京:中国人民大学出版社,2012.

[36]乔舒亚·库珀·雷默. 中国形象:外国学者眼里的中国[M]. 北京:社会科学文献出版社,2006.

[37]塞缪尔·亨廷顿. 文明的冲突与世界秩序的重建[M]. 北京:新华出版社,2015.

[38]塞缪尔·亨廷顿,劳伦斯·哈里森,等. 文化的重要作用:价值观如何影响人类进步[M]. 北京:新华出版社,2002.

[39]唐宁玉,王玉梅.跨文化管理:理论与实践[M].北京:科学出版社,2006.

[40]熊明安.中国高等教育史[M].重庆:重庆出版社,1983.

[41]徐光兴.跨文化适应的留学生活:中国留学生的心理健康与援助[M].上海:上海辞书出版社,2000.

[42]徐为民.来华留学生教育的理念与实践[M].杭州:浙江大学出版社,2011.

[43]许慎.说文解字新订[M].北京:中华书局,2002.

[44]雅克·阿达.经济全球化[M].北京:中央编译出版社,2000.

[45]严文华.跨文化沟通心理学[M].上海:上海社会科学院出版社,2008.

[46]杨军红.来华留学生跨文化适应问题研究[M].上海:上海社会科学院出版社,2009.

[47]于富增.改革开放 30 年的来华留学生教育[M].北京:北京语言大学出版社,2009.

[48]郑兴山.跨文化管理[M].北京:中国人民大学出版社,2010.

[49]中共中央马恩列斯编译局编.马克思恩格斯全集第 42 卷 [M].北京:人民出版社出版,1965.

[50]中共中央马恩列斯编译局编.马克思恩格斯全集第 21 卷 [M].北京:人民出版社出版,1965.

[51]中国社会科学院语言研究所词典室.现代汉语词典[M].5 版.北京:商务印书馆,2005.

[52]周敏凯.当代世界政治经济与国际关系[M].北京:高等教育出版社,2006.

[53]朱熹.四书章句集注·论语集注(卷十三)[M].北京:中华书局,1983.

[54]庄锡昌.多维视野中的文化理论[M].台北:淑馨出版社,1991.

[55]Berry J W. Psychology of acculturation:Understanding individuals moving between cultures[M]. London:Sage Publications,Inc,1990.

[56]Bochner S. Cultures in contact:studies in cross-cultural interaction[M]. Oxford:Pergamon Press,1982.

[57]Brislin R W. Cross-cultural encounters:face-to-face interaction[M]. Cross-cultural encounters,face-to-face interaction. Oxford:Pergamon Press,1981.

[58]Brislin, R. W. Intercultural communication training. In M. K. ,Asante, & W. B.

Gudykunst（eds.），Handbook of international and intercultural communication[M]. Newbury Park：Sage，1989.

[59]Guo-MingChen，Starosta W，陈国明，et al. Foundations of intercultural communication[M]. 上海：上海外语教育出版社，2007.

[60]Hans De Wit，Strategies for Internationalization of Higher Education（A comparative study of Australia ，Europe and the United States of America）[M]. Luna Negra，Amsterdam，1995.

[61]Hall E T. Silent Language[M]. New York：Doubleday，1959.

[62]Hall E T. The Hidden Dimension[M]. New York：Doubleday，1966.

[63]Laszlo Ervin，多种文化的星球：联合国教科文组织国际专家小组的报告[M]. 戴侃，辛未，译. 北京：社科文献出版社，2001.

[64]Mehrabian. Silent Messages[M]. 2nd ed. Belmont，California：Wadsworth，1981.

[65]Mende，T. From Aid to Recolonization[M]. London：George G. Harrap and Co. Ltd. 1973.

三、博士论文

[1]陈慧. 在京留学生适应及其影响因素研究[D]. 北京：北京师范大学，2004.

[2]程家福. 新中国来华留学教育结构研究（1950—2007 年）[D]. 上海：华东师范大学，2009.

[3]王冬燕. 来华留学生跨文化适应性规则提取研究[D]. 南京：南京师范大学，2013.

[4]杨军红. 来华留学生跨文化适应问题研究[D]. 上海：华东师范大学，2005.

[5]朱国辉. 高校来华留学生跨文化适应问题研究[D]. 上海：华东师范大学，2011.

四、期刊论文

[1]白瑛. 高校来华留学生管理中存在的问题与改进措施[J]. 山东社会科学，2015(s1)：152-153.

[2]曾满超，王美欣，蔺乐. 美国、英国、澳大利亚的高等教育国际化[J]. 北京大学教育评论，2009,7(02)：75-102.

[3]车英,欧阳云玲.冲突与融合:全球化语境下跨文化传播的主旋律[J].武汉大学学报哲学社会科学版,2004,57(4):570-576.

[4]陈国明,余彤.跨文化适应理论构建[J].学术研究,2012(1):130-138.

[5]陈丽萍,田晓苗.试点高校来华留学生教育"内涵发展"研究——国家教育体制改革试点调研报告[J].中国高教研究,2014(11):49-53.

[6]陈平.多元文化的冲突与融合[J].东北师大学报(哲学社会科学版),2004(1):35-40.

[7]陈学飞.关于高等教育国际化的若干基本问题[C]// 北京高校引进国外智力工作文集,2004:13-15.

[8]程伟华,李远,陈月红,等.农业院校外国留学生思想教育创新研究[J].高等农业教育,2010(10):66-68.

[9]崔兆玉,张晓忠.学术界关于"全球化"阶段划分的若干观点[J].当代世界与社会主义,2002(03):68-72.

[10]戴宝印,查芳灵.刍议美国海外学历留学生对我国发展学历留学生的启示[J].学术论坛,2014,37(10):163-167.

[11]单波,姜可雨."全球本土化"的跨文化悖论及其解决路径[J].新疆师范大学学报哲学社会科学版,2013(1):41-48.

[12]单波.跨文化传播的基本理论命题[J].华中师范大学学报(人文社会科学版),2011,50(1):103-113.

[13]丁笑炳.来华留学生需要什么样的教育——基于上海市四所高校的数据[J].高等教育研究,2010(6):38-43.

[14]丁笑炳.从经济收益到学生体验——英国高校留学生政策转向述评[J].高等教育研究,2011(5):104-109.

[15]段伟,刘慎军.来华留学生危机管理过程的发生学探析[J].教育评论,2014(6):65-68.

[16]樊丽明.中国开放新阶段与大学的使命[J].中国高等教育,2016,(05):11-14.

[17]菲利普·阿尔特巴赫,郭勉成.跨越国界的高等教育[J].比较教育研究,2005,26(1):5-10.

[18]冯保平.建立具有中国特色的留学生教育管理模式[J].中国高教研究,1995(2):

87-89.

[19]逄成华.论高校来华留学生管理模式[J].扬州大学学报(高教研究版),2011,15(6):29-32.

[20]弗兰克·宁柯维奇.美国对外文化关系的历史轨迹[J].编译参考,1991(8).

[21]傅索雅.略谈留学生管理者的意识增进[J].北京广播电视大学学报,2006(3):37-41.

[22]高放.从全球化浪潮看新世纪,新世界[J].开放导报,2001(04):1-13.

[23]高剑华.浅谈留学生管理干部素质[J].辽宁师范大学学报(社会科学版),1993(4):40-42.

[24]高一虹.跨文化交际能力的"道"与"器"[J].语言教学与研究,1998(3):39-53.

[25]谷力.激发学习内外驱动力的策略谈[J].上海教育科研,2011(2):77.

[26]顾斌.试析留学生教育管理多元化的评估体系[J].黑龙江高教研究,2011(5):54-56.

[27]顾莺,陈康令.高校留学生趋同化管理的比较研究——以全球 8 所高校为例[J].思想理论教育月刊,2013(5):86-89.

[28]管斌.日本的国家教育战略与"留学生 30 万人计划"[J].高教探索,2010(5):41-45.

[29]郭继超.留学生管理工作中的文化冲突及其对策[J].中国高教研究,2001(11):68-69.

[30]郭秀晶,周永源.关于我国高校留学生教育发展的综合分析[J].中国高等教育,2010(8):30-31.

[31]何淼,陆一唯,刘免,等.来沪美国留学生跨文化人际交往问题[J].青年研究,2008(10):27-36.

[32]贺美英,宗菁.外国留学生校友工作探析[J].清华大学教育研究,2007(06):48-51.

[33]哈嘉莹.来华留学生与中国国家形象的自我构建[J].山东社会科学,2010(11):152-157.

[34]胡炯梅,姚雪玲.来华留学生跨文化人际交往障碍与调适研究[J].新疆师范大学学报(哲学社会科学版),2014(2):129-132.

[35]黄骏,乔增芳.当代国际留学生教育发展的特点与走向[J].广西民族大学学报(哲

学社会科学版),2006,28(s2):205-208.

[36]黄志成,魏晓明.跨文化教育——国际教育新思潮[J].全球教育展望,2007,36(11):58-64.

[37]蒋凯.来华留学生教育的战略定位:基于多因素的分析[J].中国高教研究,2010(5):17-20.

[38]金泉元.高校留学生教育软环境建设探析[J].江苏高教,2014(1):123-124.

[39]柯佑祥.理性主义、功利主义对现代高等教育发展的影响[J].高等教育研究,2008(3):13-18.

[40]克里斯托弗·乌尔夫,刘子瑜.作为跨文化教育的教育:一场全球变革[J].北京大学教育评论,2010,8(4):163-176.

[41]雷伟中.提高留学生管理人员素质的探讨[J].高教论坛,1999(3):90-91.

[42]黎琳,吴治国.高等教育国际化:新概念与新走向[J].江苏高教,2004(01):16-18.

[43]李柏宁.略论学校物质环境及其美育功能[J].教育导刊,1995(z2):13-15.

[44]李慧琳,张营广.趋同管理背景下高校来华留学生思想教育问题探析[J].思想教育研究,2014(11):98-100.

[45]李慧琳.德国大学外国留学生事务管理的实践与启示——基于德国亚琛工业大学的分析[J].思想教育研究,2014(2):78-80.

[46]李明欢."多元文化"论争世纪回眸[J].社会学研究,2001(3):99-105.

[47]李士金.学生非理性学习心理分析[J].心理科学,2005,28(4):989-990.

[48]李涛.中国对东南亚国家来华留学生的公共外交刍议[J].云南社会科学,2013(5):29-33.

[49]李天辰.论跨文化交际研究[J].齐鲁学刊,1998(4):115-118.

[50]李同果.高校第二课堂活动课程体系探讨[J].教育评论,2009(2):74-76.

[51]李为民.论教育环境对人的能力形成和发展的影响[J].中南民族大学学报人文社会科学版,2002(s1):116-119.

[52]李彦亮.跨文化冲突与跨文化管理[J].科学社会主义,2006(2):70-73.

[53]李云雷:何谓"中国故事"[N].人民日报,2014-01-24(24).

[54]李正风.全球化发展进程的三个阶段[J].中州学刊,2002(06):158-162.

[55]梁国杰,赵新利.中国故事·中国话语·中国形象[J].青年记者,2014(3):93-94.

[56]林朝晖,李裕红.教育环境建设的实施方略[J].教育评论,2005(3):19-21.

[57]林声明,刘世清.1998—2007年中美留学生教育比较研究[J].现代教育管理,2009(12):90-93.

[58]刘凤云,刘永芳.美国高等教育质量评估模式演变、特征及其借鉴价值[J].南京师大学报(社会科学版),2010(4):126-128.

[59]刘宏宇,贾卓超.来华留学生跨文化适应研究——以来华中亚留学生为个案[J].中央民族大学学报(哲学社会科学版),2014(4):171-176.

[60]刘立华,毛浩然.话语分析视域下西方媒体中的当代中国故事——以《纽约时报》为例[J].当代传播,2011(5):31-33.

[61]刘世伟.加强来华留学生思想教育工作[J].东北大学学报(社会科学版),2000,2(2):103-105.

[62]刘双.文化身份与跨文化传播[J].外语学刊,2000(1):87-91.

[63]刘象愚.文化观念的演化[J].学术界,2006(03):7-24.

[64]刘绪,赵显通.英国大学内部治理结构探析——以伦敦大学学院为例[J]世界教育信息,2016(15):21-25.

[65]刘学蔚.文化间性:发展来华留学生教育的跨文化之思[J].华中师范大学学报(人文社会科学版),2016,55(1):160-167.

[66]鲁洁.教育的返本归真——德育之根基所在[J].华东师范大学学报(教育科学版),2001,19(4):1-6.

[67]陆德阳.加强留学生中国文化教育的思考[J].当代青年研究,2006(4):41-44.

[68]陆德阳.不容忽视来华留学生教育的镀金现象[J].探索与争鸣,2013(8):47-51.

[69]罗建河.从教育的产业属性看高等教育质量评估体系的构成[J].江苏高教,2009(6):15-17.

[70]马陆亭.大学章程地位与要素的国际比较[J].教育研究,2009(06):69-76.

[71]潘晓青.美国在华留学生跨文化人际适应质性研究[J].比较教育研究,2014(8):74-81.

[72]彭庆红,李慧琳.从特殊照顾到趋同管理:高校来华留学生事务管理的回顾与展望

[J].河南师范大学学报(哲学社会科学版),2012,39(5):241-245.

[73]彭庆红,李慧琳.高校来华留学生事务现行管理模式分析与分层管理模式探索[J].现代大学教育,2013(1):51-56.

[74]史利平.大学治理的内在逻辑及其生态构建——从人治、法治到善治的历史演变[J].大学教育科学,2015,5(05):26-29.

[75]孙伟平.论文化多样性与跨文化交流[J].山东社会科学,2011(11):5-9.

[76]谭旭虎.来华留学生跨文化交际课程教学探索[J].黑龙江高教研究,2014(7):4-6.

[77]王冬燕,钱锦昕,余嘉元.基于决策树的来华留学生跨文化适应性研究[J].心理学探新,2012,32(3):225-230.

[78]王海燕.高等教育国际化的理念与实践——论美日欧盟诸国及中国的高等教育国际化[J].北京大学学报(哲学社会科学版),2001(S1),254-260.

[79]王洪才.教育是何种善——对教育善的本质的思考[J].探索与争鸣,2011(5):1-3.

[80]王鉴,万明钢.多元文化与民族认同[J].广西民族研究,2004(02):21-28.

[81]王丽娟.跨文化适应研究现状综述[J].山东社会科学,2011(4):44-49.

[82]王苏春,王勇,唐德才.发达国家留学生教育经验对我国留学生教育的启示[J].教育探索,2009(9):146-147.

[83]王玥.霍夫斯泰德的文化维度理论解读[J].世纪桥,2012(1):35-36.

[84]王永明,潘惠香.自我管理的哲学审视[J].社会科学辑刊,2006(5):21-24.

[85]王幼敏.论留学生教育工作队伍的智力结构[J].云南师范大学学报(对外汉语教学与研究版),2003,1(3):45-47.

[86]王祖嫘.北京高校留学生跨文化适应实证研究[J].中国高教研究,2016(1):91-96.

[87]文雯,刘金青,胡蝶,等.来华留学生跨文化适应及其影响因素的实证研究[J].复旦教育论坛,2014(5):50-57.

[88]闻迪生."中国故事"的网络表达[J].新闻战线,2014(4):78-80.

[89]吴宗杰,张崇.从《史记》的文化书写探讨"中国故事"的讲述[J].新闻与传播研究,2014(5):5-24.

[90]夏青.对来华学历留学生实施"趋同教学管理"模式的思考[J].教育探索,2010(9):72-73.

［91］夏人青,张民选.高等教育国际化:从政治影响到服务贸易［J］.教育发展研究,2004,24(2):23-27.

［92］谢新.文化差异与留学生突发事件的预防及管理［J］.中国高等教育,2006(5):49-50.

［93］徐占忱.讲好中国故事的现实困难与破解之策［J］.社会主义研究,2014(3):004.

［94］杨芳.论哈贝马斯"交往理性"的当代价值［J］.贵州社会科学,2007,216(12):123-127.

［95］杨颖.中国传统心理思想在留学生"文化休克"现象中的运用［J］.兰州学刊,2012(12):211-213.

［96］姚晓东.如何向世界讲述中国故事—美国媒体国际传播的经验及启示［J］.江海学刊,2010(6):019.

［97］叶淑兰.镜像中国:上海外国留学生的中国形象认知［J］.社会科学,2013(9):14-26.

［98］伊莉曼·艾孜买提.中亚来华留学生的跨文化管理模式初探［J］.新疆社会科学(汉文版),2012(3):74-77.

［99］殷小琴.美国留学生政策的调整及原因分析［J］.教育评论,2011(3):146-149.

［100］于靖.文化概念研究［J］.哲学动态,1987(07):11-14.

［101］袁海萍.高校来华留学生健康行为现状及对策［J］.黑龙江教育(高教研究与评估版),2014(12):82-84.

［102］袁海萍.高校来华留学生资源开发研究［J］.新课程研究旬刊,2016(3):93-95.

［103］袁海萍.高校中外学生融合式培养模式探究——以上海财经大学为例［J］.新课程研究旬刊,2016(2):38-40.

［104］袁海萍.国外青年互联网行为研究及借鉴［J］.青年研究,2016(1):84-93.

［105］张德胜,金耀基,陈海文,等.论中庸理性:工具理性、价值理性和沟通理性之外［J］.社会学研究,2001(2):33-48.

［106］张铤.论高校"量化—柔性"学生管理新模式的构建［J］.黑龙江高教研究,2009(2):29-31.

［107］张琳琳,赵俊峰.来华留学生跨文化教育课程研究［J］.外语学刊,2014(5):121-123.

[108]张民选.澳大利亚:迅速崛起的教育出口大国[J].教育发展研究,2003,23(11):62-65.

[109]张民选,黄复生,闫温乐.大学的收益:留学生教育中的经济学意义[J].教育研究,2008(4):22-29.

[110]张秋红,李纯丽.留学生跨文化心理探究与高校外国留学生管理[J].兰州学刊,2009(s1):212-215.

[111]张汝伦.经济全球化和文化认同[J].哲学研究,2001(02):17-24.

[112]张苏彤.大学章程的国际比较:来自中美两国六校的样本[J].中国高教研究,2010(10):54-59.

[113]张伟.德国招收外国留学生策略研究[J].中国高教研究,2013(12):42-50.

[114]张晓郁.华裔留学生思想教育若干思考[J].沈阳大学学报(社会科学版),2014,16(2):193-195.

[115]张兴峰.教育功利化现象审视:工具理性的视角[J].教育发展研究,2008(21):26-28.

[116]张耀灿,刘伟.论教育环境是思想政治教育过程的要素[J].江汉论坛,2006(5):54-57.

[117]赵东海,牛婷.论非理性因素在认识中的作用[J].内蒙古大学学报(人文社会科学版),2000(3):11-17.

[118]赵金坡.来华留学生区域性分层教育与管理平台的构建[J].高教探索,2011(5):92-95.

[119]赵金坡.新世纪以来我国来华留学生教育发展状况、分析及展望[J].高教探索,2011(1):99-104.

[120]郑向荣.当前我国发展来华留学生教育的意义与优势分析[J].高教探索,2010(5):103-106.

[121]郑向荣.对当前扩大来华留学生教育规模的思考[J].教育探索,2010(8):83-85.

[122]郑召利.交往理性:寻找现代性困境的出路——哈贝马斯重建现代性的思想路径[J].求是学刊,2004,31(4):28-31.

[123]郅庭瑾.教育管理制度伦理问题研究[J].华东师范大学学报(教育科学版),2006,

24(4):32-37.

[124]周春明.怎样正确认识正在兴起的经济全球化浪潮[J].中国特色社会主义研究,1999(05):61-62.

[125]周庆安,黄璐.重构中国故事的多个维度——试论媒介融合趋势下的核心价值观传播[J].电视研究,2015(5):009.

[126]周群英,徐宏毅,胡绍元.高等教育国际竞争力比较研究[J].武汉理工大学学报(社会科学版),2010,23(6):903-908.

[127]Abe H,Wiseman R L. A cross-cultural confirmation of the dimensions of intercultural effectiveness[J]. International Journal of Intercultural Relations,1983,7(1):53-67.

[128]Altbach P G. Impact and adjustment:foreign students in comparative perspective[J]. Higher Education,1991,21(3):305-323.

[129]Anderson L E. A new look at an old construct:Cross-cultural adaptation[J]. International Journal of Intercultural Relations,1994,18(3):293-328.

[130]Bennett M J. A developmental approach to training for intercultural sensitivity[J]. International Journal of Intercultural Relations,1986,10(2):179-196.

[131]Berger C R,Calabrese R J. Some Explorations in Initial Interaction and Beyond:Toward a Developmental Theory of Interpersonal Communication[J]. Human Communication Research,1975,1(2):99 – 112.

[132]Graham J A,Argyle M. A Cross-Cultural Study of the Communication of Extra-Verbal Meaning by Gesture[J]. International Journal of Psychology,1975,10(1):57-67.

[133]Gudykunst W B. Toward a typology of stranger-host relationships[J]. International Journal of Intercultural Relations,1983,7(4):401-413.

[134]Hofstede G H. Culture's Consequences:Comparing Values,Behaviors,Institutions and Organizations Across Nations[C]//2th edn. Thousand Oaks:Sage Publications,Inc,2001:924-931.

[135]Jandt F E. An Introduction to Intercultural Communication[J]. Sage Publications Ltd,2012.

[136]Kim Y Y E,Gudykunst W B E. Theories in Intercultural Communication.[J]. In-

ternational & Intercultural Communication Annual,1988,12(3).

[137]Kim,Y. Y.. Cross-cultural adaptation:An integrative theory[C]//R. L. Wiseman (Ed.),Intercultural communication theory,Thousand Oaks,CA Sage,1995

[138]Kluckhohn F R,Strodtbeck F L. Variations in value orientations[J]. Variations in value orientations,1961,76.

[139]Knight B J. Internationalisation:Elements and checkpoints[C]//Ottawa:Canadian Bureau for International Education. 1994.

[140]Kroeber A L,Kluckhohn C. Culture:a critical review of concepts and definitions [J]. Papers Peabody Museum of Archaeology & Ethnology Harvard University,1952,47(1) (1-2):35-39.

[141]Lafrance M,Mayo C. Racial differences in gaze behavior during conversations:Two systematic observational studies[J]. Journal of Personality & Social Psychology,1976(5): 547-552.

[142]Langer E J. The power of mindful learning[J]. Addison-Wesley,1997.

[143]Larsen K,Vincent-Lancrin S. International Trade in Educational Services:Good or Bad?.[M]// International who's who in education /. International Biographical Centre,1987: 18-18.

[144]Larsen K,Lancrin S V. The Learning business,can trade in international education works? [J]. Organisation for Economic Cooperation & Development the Oecd Observer, 2002(235):26-28.

[145]Larsen K,Martin J P,Morris R. Trade in Educational Services:Trends and Emerging Issues[J]. World Economy,2002,25(6):849-868.

[146]Levitt T. Marketing Success through the Differentiation of Anything[J]. Harvard Business Review,1980,58(1):83-90.

[147]Lustig M,Koester J. Intercultural Competence[M]. San Francisco:Addison Wesley Longman,1999.

[148]Lysgaand S. Adjustment in a foreign society:Norwegian Fulbright grantees visiting the United States[J]. International Social Bulletin,1955,7:45-51.

［149］M. C. Mclaren. Interpreting Cultural Differences：The Challenge of Intercultural Communication［M］. Derehan：Peter Francis Publishers，1998，67.

［150］Monsell M. Transcultural experience and expressive response［J］. Communication Education，1981，30(2)：93-108.

［151］Nesdale D，Mak A S. Immigrant acculturation attitudes and host country identification［J］. Journal of Community & Applied Social Psychology，2000，10(6)：483-495.

［152］Oberg K. Culture Shock：Adjustment to New Cultural Environments［J］. Practical Anthropolody，1960，7(2)：167-211.

［153］Phillips H M，Method F J. Educational cooperation between developed and developing countries［M］. York：Praeger Publisher，1976.

［154］Redfield R，Linton R，Herskovits M J. Memorandum on the Study of Acculturation［J］. American Anthropologist，2009，38(1)：149-152.

［155］Rogers E M. Intercultural communication / Everett M. Rogers，Thomas M. Steinfatt［J］. 1999.

［156］Ryan R M，Deci E L. Overview of self-determination theory：An organismic-dialectical perspective［J］. 2002：3-33.

［157］Sussman N，Rosenfeld H. Influence of culture，language，and sex on conversational distance［J］. Journal of Personality & Social Psychology，1982，42(1)：66-74.

［158］Taylor E W. A learning model for becoming interculturally competent［J］. International Journal of Intercultural Relations，1994，18(94)：389-408.

［159］Trompenaars F，Turner C H. Riding the Waves of Culture［J］. Turner，1998，60(1)：123-124.

［160］Organization S C. UNESCO Guidelines on Intercultural Education［J］. United Nations Educational Scientific & Cultural Organization，2007：43.

［161］Torbiörn I. Living Abroad：Personal Adjustment and Personnel Policy in the Overseas Setting［J］. Psyccritiques，1983，28(5).

［162］Williams，Raymond. Keywords：A Vocabulary of Culture and Society［M］// Studies in romanticism，2010：20.

［163］Ward C，Kennedy A.［Refereed，Selected Conference Proceedings］Crossing cultures：The relationship between psychological and socio-cultural dimensions of cross-cultural adjustment［M］// Asian contributions to cross-cultural psychology，1996.

［164］Zheng X，Berry J W. Psychological Adaptation of Chinese Sojourners in Canada［J］. International Journal of Psychology，1991，26（4）：451-470.